Report on Science
and Technology Innovation Development
in China Cities 2022

中国城市科技创新发展报告 2022

关成华 赵峥 刘杨 等◎著

首都科技发展战略研究院
中国社会科学院城市与竞争力研究中心　联合支持
北京师范大学创新发展研究院

·北京·

图书在版编目（CIP）数据

中国城市科技创新发展报告. 2022 = Report on Science and Technology Innovation Development in China Cities 2022 / 关成华等著. —北京：科学技术文献出版社，2023.4
ISBN 978-7-5235-0206-8

Ⅰ.①中… Ⅱ.①关… Ⅲ.①城市建设—技术革新—研究报告—中国—2022 Ⅳ.① F124.3

中国国家版本馆 CIP 数据核字（2023）第 071665 号

中国城市科技创新发展报告2022

| 策划编辑：丁芳宇 | 责任编辑：张　红 | 责任校对：张吲哚 | 责任出版：张志平 |

出 版 者	科学技术文献出版社
地　　址	北京市复兴路15号　邮编 100038
编 务 部	（010）58882938，58882087（传真）
发 行 部	（010）58882868，58882870（传真）
邮 购 部	（010）58882873
官 方 网 址	www.stdp.com.cn
发 行 者	科学技术文献出版社发行　全国各地新华书店经销
印 刷 者	北京厚诚则铭印刷科技有限公司
版　　次	2023年4月第1版　2023年4月第1次印刷
开　　本	787×1092　1/16
字　　数	360千
印　　张	16.5
书　　号	ISBN 978-7-5235-0206-8
定　　价	68.00元

版权所有　违法必究

购买本社图书，凡字迹不清、缺页、倒页、脱页者，本社发行部负责调换

课 题 组

课题组组长

关成华

课题组副组长

赵峥　刘杨

课题组成员（按姓氏拼音排序）

白英	常含笑	陈瑾	方烨端	高海洋	高建强
高艳辉	江晋锋	雷岩	李淑敏	刘帅	刘思琪
陆祉营	栾泽宇	梅耀敏	邱英杰	史晓雷	孙阳
孙超奇	王昕	文艺璇	杨晓东	杨永恒	于悦
袁祥飞	张亮亮	赵志浩

首都科技发展战略研究院简介

首都科技发展战略研究院成立于2011年8月，由科技部、中国科学院、中国工程院和北京市人民政府发起，以北京市科学技术委员会为秘书长单位，北京市科学技术委员会、北京师范大学和北京市科学技术研究院共同承建，是立足首都、服务全国的新型智库。

首都科技发展战略研究院秉承"日新为道"的核心价值观，以"有态度的坚持，有温度的洞见，有力度的开拓"为工作理念，采取小核心、大网络的组织方式，凝聚国内外百余位知名专家、学者、企业家，组成高端、高效的研究与运营团队，致力于打造集学术与政策研究、战略与咨询服务、金融与成果转化、园区运营与升级于一体的可持续创新发展平台。

首都科技发展战略研究院旨在突出首都全国政治中心、文化中心、国际交往中心、科技创新中心功能，充分发挥和利用首都科研、人才、产业、金融等资源优势，聚焦创新创业和绿色发展，坚持"国际化、地方化、定量化"，为政府、企业和社会各界提供战略咨询、技术支持、金融服务和专业培训。

目前，首都科技发展战略研究院已连续出版《中国城市科技创新发展报告》《中国创业孵化发展报告》《中国绿色发展指数报告》《首都科技创新发展报告》等品牌研究成果30余部；完成国家部委和地方政府委托专项课题200余项；为国内外知名企业提供战略咨询服务100余项；在北京、广东、湖南、江西、贵州等地开展创业企业投资和产业基金管理等科技金融服务；在湖南等地运营"首科创新园"，为全国多个地区的园区升级进行评估与辅导；拥有专业培训资质，持续开展碳中和企业研修计划、绿色产业、京津冀协同发展、创业孵化等主题培训；举办"中国绿色发展论坛""首科新年论坛""首科创新汇"等品牌论坛与交流活动；共建京津冀国家技术创新中心、中国产学研融合创新体系研究中心、城市绿色发展科技战略研究北京市重点实验室，与联合国工业发展组织、欧盟、哈佛大学、麻省理工学院、亚洲理工学院等国际组织和高校等深入开展合作，产生了积极而广泛的社会影响。

目 录

导 论 ··· 1

　一、城市科技创新发展理论框架 ··· 1

　二、中国城市科技创新发展指数的指标体系及优化 ······························ 2

　三、测算城市选择与分类 ·· 3

　四、报告的主要内容 ·· 5

总报告

第一章　中国城市科技创新发展指数（2022）综合评价 ······················· 9

　一、中国 288 个城市科技创新发展总指数及排名 ································ 9

　二、中国省会与副省级及以上城市科技创新发展总指数及排名 ············ 14

　三、地级市科技创新发展总指数及排名 ·· 15

第二章　中国城市科技创新发展（2022）年度观察 ···························· 20

　一、城市科技创新总指数前 50 位城市排名相对稳定，部分城市波动相对较大 ···· 20

　二、科技创新前 20 名城市排名分析：整体稳定，东莞市、济南市、重庆市
　　　跻身前 20 强 ··· 21

　三、一级指标排名前 10 名城市差异分析：一线城市优势显著，合肥市、南京市、
　　　舟山市颇有亮点 ··· 22

　四、科技创新发展水平与城市人口规模正相关，超大城市具有显著优势 ···· 26

　五、国家中心城市在城市科技创新方面具有引领优势 ························· 27

　六、省会与副省级及以上城市：创新引领与辐射特征凸显，城市间存在差异化
　　　发展特征 ·· 29

七、"一带一路"节点城市：稳步推进科技合作交流，创新国际合作优势显著……30

八、省域层面：科技创新水平整体呈现"东南强、西北弱"……………………32

九、七大区域内中心城市的引领作用显著，区域内部城市科技创新能力差异较大……33

十、城市群层面：三大城市群引领创新发展，各个城市群以重点城市为核心，辐射引领周边发展……………………………………………………………34

分项指数篇

第三章　创新资源……………………………………………………………………41
　　一、创新资源指标构成…………………………………………………………41
　　二、创新资源指数排名…………………………………………………………41
　　三、创新资源核心指标分析……………………………………………………46

第四章　创新环境……………………………………………………………………58
　　一、创新环境指标构成…………………………………………………………58
　　二、创新环境指数排名…………………………………………………………58
　　三、创新环境核心指标分析……………………………………………………63

第五章　创新服务……………………………………………………………………75
　　一、创新服务指标构成…………………………………………………………75
　　二、创新服务指数排名…………………………………………………………75
　　三、创新服务核心指标分析……………………………………………………80

第六章　创新绩效……………………………………………………………………92
　　一、创新绩效指标构成…………………………………………………………92
　　二、创新绩效指数排名…………………………………………………………93
　　三、创新绩效核心指标分析……………………………………………………97

第七章 不同省域内城市科技创新发展指数比较 ····· 120

一、安徽省城市科技创新发展指数排名及分析 ····· 120

二、福建省城市科技创新发展指数排名及分析 ····· 124

三、甘肃省城市科技创新发展指数排名及分析 ····· 126

四、广东省城市科技创新发展指数排名及分析 ····· 129

五、广西壮族自治区城市科技创新发展指数排名及分析 ····· 133

六、贵州省城市科技创新发展指数排名及分析 ····· 136

七、河北省城市科技创新发展指数排名及分析 ····· 138

八、河南省城市科技创新发展指数排名及分析 ····· 141

九、黑龙江省城市科技创新发展指数排名及分析 ····· 144

十、湖北省城市科技创新发展指数排名及分析 ····· 147

十一、湖南省城市科技创新发展指数排名及分析 ····· 150

十二、吉林省城市科技创新发展指数排名及分析 ····· 153

十三、江苏省城市科技创新发展指数排名及分析 ····· 155

十四、江西省城市科技创新发展指数排名及分析 ····· 158

十五、辽宁省城市科技创新发展指数排名及分析 ····· 161

十六、内蒙古自治区城市科技创新发展指数排名及分析 ····· 164

十七、宁夏回族自治区城市科技创新发展指数排名及分析 ····· 166

十八、山东省城市科技创新发展指数排名及分析 ····· 169

十九、山西省城市科技创新发展指数排名及分析 ····· 172

二十、陕西省城市科技创新发展指数排名及分析 ····· 174

二十一、四川省城市科技创新发展指数排名及分析 ····· 177

二十二、云南省城市科技创新发展指数排名及分析 ····· 181

二十三、浙江省城市科技创新发展指数排名及分析 ····· 183

专题篇

第八章 美国建设创新强国之路的镜鉴 ····· 189

一、美国建设创新强国之路的历程回顾 ····· 189

  二、美国建设创新强国之路的基本特征 …………………………………… 192

  三、美国建设创新强国之路存在的问题与挑战 …………………………… 194

第九章 超大城市推动共同富裕的经验、挑战与路径：基于北京的调查研究 ……… 197

  一、北京推动共同富裕的经验与成效 ……………………………………… 197

  二、北京推动共同富裕面临的问题与挑战 ………………………………… 200

  三、推动超大城市实现共同富裕的主要路径 ……………………………… 201

第十章 从"首科指数"看北京谱写中国式现代化建设新篇章：
**   基于对"首科指数2022"的解读** ………………………………………… 204

  一、数读"首科指数2022" …………………………………………………… 204

  二、北京建设国际科技创新中心的3个突出特征 ………………………… 205

  三、数据分析北京谱写中国式现代化建设新篇章 ………………………… 205

  四、推动中国式现代化建设面临的挑战与思考 …………………………… 206

第十一章 煤电企业综合能源服务：能源转型与科技创新的融合之路 ……… 208

  一、煤电企业开展综合能源服务的现状 …………………………………… 208

  二、煤电企业开展综合能源服务的意义 …………………………………… 210

  三、煤电企业开展综合能源服务的路径 …………………………………… 211

  四、推动煤电企业发展综合能源服务的建议 ……………………………… 215

第十二章 建设三生友好山区，以城乡融合助推怀柔科学城高质量发展 ……… 217

  一、怀柔山区发展面临的机遇与挑战 ……………………………………… 217

  二、科学城引领怀柔城乡融合的发展思路 ………………………………… 218

  三、怀柔山区与科学城融合发展的战略路径 ……………………………… 218

第十三章 以"京珠协同"凝聚珠海高质量发展新动能 …………………………… 221

  一、破题"双循环"，京珠协同擘画湾区内外联动新图景 ……………… 221

  二、寻找"公约数"，核心赛道描摹产业协同发展同心圆 ……………… 222

  三、攥紧"强拳头"，战略招商筑牢新旧动能转换压舱石 ……………… 223

第十四章 "多链融合"城市创新生态系统：理论框架与机制设计 225

一、城市创新生态系统理论基础及组织结构 225

二、城市创新生态系统"多链"紧密融合机制 226

三、城市创新生态系统"多链融合"总体要求 228

第十五章 城市建设国家自主创新示范区的价值与路径 233

一、城市建设国家自主创新示范区价值意义 233

二、城市建设国家自主创新示范区目标定位 234

三、城市建设国家自主创新示范区重要路径 234

第十六章 城市创新发展国际前沿：基于"2022西丽湖论坛"国际专家主题演讲 239

一、科技对健康城市的发展具有重要意义 239

二、未来的城市创新发展会越来越依赖于基础学科教育 240

三、城市的创新发展必须彻底重新思考与科技的所有关系 241

四、在处理城市发展未来时，必须把重点放在民生福祉的优先事项上 242

附录 243

附录1 指标解释及数据来源 243

附录2 评价方法 248

后 记 251

导 论

习近平总书记在党的二十大报告中强调，必须坚持科技是第一生产力、人才是第一资源、创新是第一动力，深入实施科教兴国战略、人才强国战略、创新驱动发展战略，开辟发展新领域新赛道，不断塑造发展新动能新优势。创新不仅是推动一个国家、一个民族向前发展的不竭动力，也是推动城市高质量发展的重要力量。"十四五"时期，我国发展的内部条件和外部环境正发生深刻复杂变化，仅靠要素驱动的发展已经难以为继，走创新驱动发展的道路将是大势所趋。

城市是国家创新活动的主阵地，提高城市创新能力是完善国家创新体系、实施创新驱动发展战略、建设创新型国家的重要途径。创新型城市是指主要依靠科技、知识、人力、文化、体制等创新要素驱动发展的城市，对其他区域具有高端辐射与引领作用。当前，国家大力推动创新型城市建设，把科技创新摆在城市发展全局的核心位置，充分发挥科技创新策源地作用，积极探索各具特色的创新发展模式，在引领经济高质量发展、深化科技体制改革、健全科技创新体系、优化创新创业环境、支撑区域协同创新等方面发挥了重要作用。

当前，党中央的中心任务就是团结带领全国各族人民全面建成社会主义现代化强国、实现第二个百年奋斗目标，以中国式现代化全面推进中华民族伟大复兴。在中国式现代化建设背景下，探索城市现代化发展新模式，不仅有利于认识和把握城市创新面临的新形势和新挑战，而且有利于挖掘科技创新的区域集聚规律，助力实现高水平科技自立自强，推动创新型国家和科技强国建设。

本报告依据"城市科技创新发展理论框架"构建"中国城市科技创新发展指数指标体系"，并对中国288个地级及以上城市的科技创新水平进行评估，旨在全景式地揭示中国城市科技创新发展特征和趋势，分析影响城市科技创新发展的主要因素，总结中国城市迈向创新驱动发展过程中的经验和不足，提出城市创新发展关键问题的解决思路和政策建议，为中央和各级地方政府提供决策参考。

一、城市科技创新发展理论框架

"中国城市科技创新发展指数指标体系"是基于城市科技创新发展理论框架构建而成的（图0-1）。城市科技创新发展是城市各类创新主体在特定的支撑条件下运用创新资源开展创新活动、形成创新成果并作用于经济社会发展的复杂过程。具体而言，政府和市场共同为科技创新活动提供环境和服务支撑，企业、科研院所和高等院校等创新主体通过人力资本和研发经费等资源投入，开展知识创新、技术创新、管理创新、体制创新、商业模式创新和生产组织方式创新,形成知识、技术和产品的产出,进而推动经济发展、结构优化和民生改善,同时通过技术创新溢出,形成辐射、引领效应。

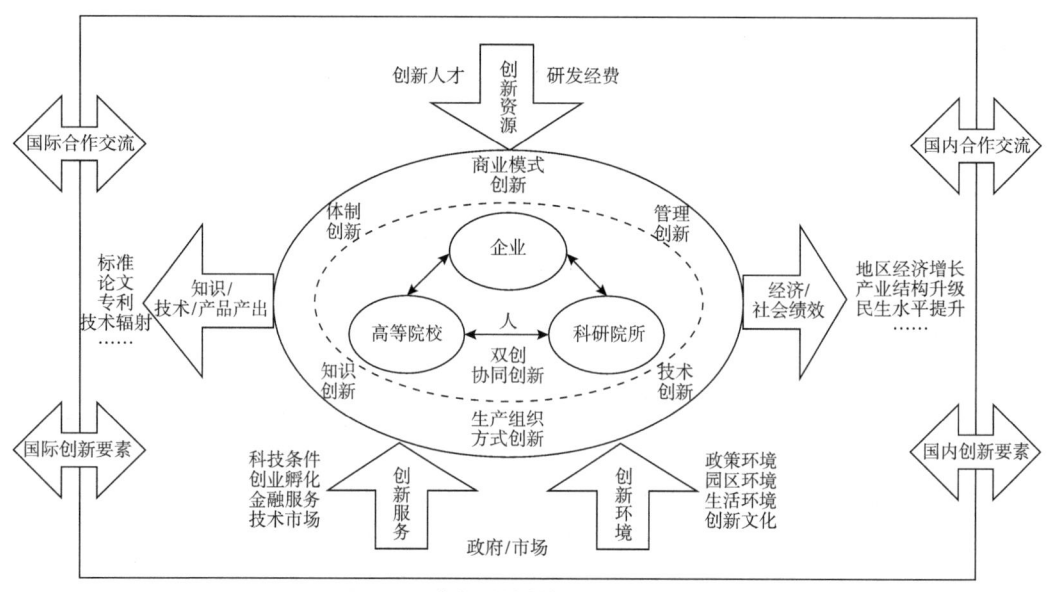

图 0-1　城市科技创新发展理论框架

二、中国城市科技创新发展指数的指标体系及优化

本报告充分研究吸收了科技部、中国科学院、中国社会科学院、世界银行、经济合作与发展组织等国内外机构相关城市创新报告和评价指标。在此基础上,按照逻辑性原则、代表性原则、可比性原则和导向性原则,构建由3个层次指标构成的中国城市科技创新发展指数指标体系,以综合反映中国城市之间的创新发展差异。其中,一级指标共4个,包括创新资源、创新环境、创新服务、创新绩效;二级指标共10个,包括创新人才、研发经费、政策环境、信息环境、创业服务、金融服务、科技产出、经济发展、绿色发展、辐射引领;三级指标共21个,包括创新资源三级指标4个,创新环境三级指标4个,创新服务三级指标4个,创新绩效三级指标9个(表0-1)。

表 0-1　中国城市科技创新发展指数指标体系

一级指标	二级指标	序号	三级指标	正逆	权重
创新资源	创新人才	1	居民中大专以上学历人数比重	正向	4.76%
		2	万名从业人员中科学技术人员数/人	正向	4.76%
	研发经费	3	地方财政科技投入占地方财政支出比重	正向	4.76%
		4	R&D 投入强度	正向	4.76%

续表

一级指标	二级指标	序号	三级指标	正逆	权重
创新环境	政策环境	5	每万人吸引外商投资额/万美元	正向	4.76%
		6	平均融资披露金额/(亿元/件)	正向	4.76%
	信息环境	7	人均教育经费/元	正向	4.76%
		8	互联网宽带接入用户数/万户	正向	4.76%
创新服务	创业服务	9	孵化器数量/个	正向	4.76%
		10	在孵企业数/家	正向	4.76%
	金融服务	11	创业板上市和新三板、科创板挂牌企业数/家	正向	4.76%
		12	A股上市企业数/家	正向	4.76%
创新绩效	科技产出	13	每万人专利申请量/件	正向	4.76%
		14	每万人发明专利授权量/件	正向	4.76%
	经济发展	15	地均GDP/(万元/平方公里)	正向	4.76%
		16	城镇居民人均可支配收入/元	正向	4.76%
	绿色发展	17	PM2.5年均浓度/微米	逆向	4.76%
		18	万元地区生产总值能耗/千瓦时	逆向	4.76%
	辐射引领	19	国家技术转移示范机构数/个	正向	4.76%
		20	中国大学ESI高被引论文数/篇	正向	4.76%
		21	科技创新型企业规模/家	正向	4.76%

三、测算城市选择与分类

中国城市科技创新发展评估样本的广泛性和典型性，关系到评估与研究结论的准确性和价值。本报告在考虑城市统计数据的可得性、准确性和标准性的基础上，参考城市与创新研究相关领域资深专家的意见，在中国大陆选取288个地级及以上城市进行量化研究。具体的城市样本选取标准包括以下两个方面：第一，城市统计数据的可得性、准确性和标准性；第二，城市在所在省域的社会经济地位和代表性。

依据以上标准选择了288个城市（表0-2），从空间分布看，涉及除香港、澳门、台湾以外的31个省、自治区和直辖市。其中，86个城市位于东部地区、80个城市位于中部地区、88个城市位于西部地区，34个城市位于东北地区。从行政等级看，包括36个省会与副省级及以上城市，252个地级市。这288个城市基本体现了中国不同区域、不同行政等级和不同经济发展水平的城市状况，样本涵盖了全国各个规模等级的城市，具有很强的代表性。

表 0-2　中国城市科技创新发展指数测度城市省域分布

省域	城市
北京（1）	北京
天津（1）	天津
河北（11）	石家庄、张家口、承德、唐山、秦皇岛、廊坊、保定、沧州、衡水、邢台、邯郸
山西（11）	太原、大同、朔州、忻州、阳泉、晋中、吕梁、长治、临汾、晋城、运城
内蒙古（9）	呼和浩特、包头、乌海、赤峰、通辽、鄂尔多斯、呼伦贝尔、巴彦淖尔、乌兰察布
辽宁（14）	沈阳、铁岭、阜新、抚顺、朝阳、本溪、辽阳、鞍山、盘锦、锦州、葫芦岛、营口、丹东、大连
吉林（8）	长春、白城、松原、吉林、四平、辽源、白山、通化
黑龙江（12）	哈尔滨、黑河、伊春、齐齐哈尔、鹤岗、佳木斯、双鸭山、绥化、大庆、七台河、鸡西、牡丹江
上海（1）	上海
江苏（13）	南京、连云港、徐州、宿迁、淮安、盐城、泰州、扬州、镇江、南通、常州、无锡、苏州
浙江（11）	杭州、湖州、嘉兴、绍兴、舟山、宁波、金华、衢州、台州、丽水、温州
安徽（16）	合肥、淮北、亳州、宿州、蚌埠、阜阳、淮南、滁州、六安、马鞍山、芜湖、宣城、铜陵、池州、安庆、黄山
福建（9）	福州、宁德、南平、三明、莆田、龙岩、泉州、漳州、厦门
江西（11）	南昌、九江、景德镇、上饶、鹰潭、抚州、新余、宜春、萍乡、吉安、赣州
山东（16）	济南、德州、滨州、东营、烟台、威海、淄博、潍坊、聊城、泰安、青岛、日照、济宁、菏泽、临沂、枣庄
河南（17）	郑州、安阳、鹤壁、濮阳、新乡、焦作、三门峡、开封、洛阳、商丘、许昌、平顶山、周口、漯河、南阳、驻马店、信阳
湖北（12）	武汉、十堰、襄樊、随州、荆门、孝感、宜昌、黄冈、鄂州、荆州、黄石、咸宁
湖南（13）	长沙、岳阳、张家界、常德、益阳、湘潭、株洲、娄底、怀化、郴州、邵阳、衡阳、永州
广东（21）	广州、深圳、东莞、珠海、汕头、佛山、韶关、河源、梅州、惠州、汕尾、中山、江门、阳江、湛江、茂名、肇庆、清远、潮州、揭阳、云浮
广西（14）	南宁、桂林、河池、贺州、柳州、百色、来宾、梧州、贵港、玉林、崇左、钦州、防城港、北海
海南（2）	海口、三亚
重庆（1）	重庆
四川（18）	成都、广元、巴中、绵阳、德阳、达州、南充、遂宁、广安、资阳、眉山、雅安、内江、乐山、自贡、泸州、宜宾、攀枝花
贵州（6）	贵阳、遵义、六盘水、安顺、毕节、铜仁

续表

省域	城市
云南（8）	昆明、昭通、丽江、曲靖、保山、玉溪、临沧、普洱
西藏（1）	拉萨
陕西（10）	西安、榆林、延安、铜川、渭南、宝鸡、咸阳、商洛、汉中、安康
甘肃（12）	兰州、嘉峪关、酒泉、张掖、金昌、武威、白银、庆阳、平凉、定西、天水、陇南
青海（2）	西宁、海东
宁夏（5）	银川、石嘴山、吴忠、中卫、固原
新疆（2）	乌鲁木齐、克拉玛依

注：括号中数字为城市数量，单位为个。

对中国地级及以上城市的科技创新发展进行量化评估，要求各样本城市数据完整、来源权威，因此，本报告数据均来源于公开统计数据，以保证数据的连续性，利于以后年度进行纵向动态比较。本报告相关数据主要来源于《中国城市统计年鉴》及国家、地区、城市政府公布的统计年鉴、统计公报等官方出版物。另外，由于指标可比性及数据可得性限制，港澳台城市不在报告中体现。各个指标的解释和数据来源详见附录1，评价方法详见附录2。

四、报告的主要内容

本报告由三大部分组成，分别为总报告、分项指数篇、专题篇。总报告旨在全面评价中国城市科技创新发展总体特征；分项指数篇旨在细化创新评估尺度，从更微观的视角把握地区创新状况、能力、潜力；专题篇旨在对城市创新进行理论探索和反思，以及对实践经验进行总结和归纳，主要来自首都科技发展战略研究院课题组和全国各地专题课题组的思考。

具体而言，总报告具体展示288个地级及以上城市科技创新发展指数2022年综合评价结果，并通过指数测算结果，全景式地揭示中国城市科技创新总体态势与特征，同时瞄准国家战略，挖掘和分析重点城市和区域的科技创新进展，聚焦中国式现代化的城市创新模式，提出思考与建议。

分项指数篇包括5章，第三章至第六章分别对创新资源、创新环境、创新服务和创新绩效4项一级指标进行具体评估与分析；第七章主要对不同省域内城市科技创新发展指数进行比较分析，明晰各城市在所属省域内的地位及与省域内其他城市相比具有的优势和劣势，为城市提升自身科技创新实力提供参考。

专题篇包括9章，第八章为美国建设创新强国之路的镜鉴，通过对美国建设创新强国之路的历程回顾，提出美国建设创新强国之路的基本特征，并指出美国建设创新强国之路存在的问题与挑战；第九章为超大城市推动共同富裕的经验、挑战与路径：基于北京的调查研究，本章聚焦北京，梳理了北京推动共同富裕的经验与成效、面临的问题与挑战，最终总结出了推动超大城市实现共同富裕的主要路径；第十章为从"首科指数"看北京谱写中国式现代化建设新篇章：基于对"首科指数2022"的解读，"首科指数2022"以"创新驱动北京中国式现代化建设"为主题开展研究，回顾过去10年党的十八大和党的十九大时期首都科技创新发展的基本情况，同时围绕中国式现代化建设，对北京相关发展问题进行具体的解读和探讨；第十一章为煤电企业综合能源服务：能源转型与科技创新的融合之路，本章系统阐述了煤电企业开展综合能源服务的现状，揭示了煤电企业开展综合能源服务的意义，厘清了煤电企业开展综合能源服务的路径，提出了推动煤电企业发展综合能源服务的建议；第十二章为建设三生友好山区，以城乡融合助推怀柔科学城高质量发展，本章梳理了怀柔山区发展面临的机遇与挑战，提出了科学城引领怀柔城乡融合发展的思路，厘清了怀柔山区与科学城融合发展的战略路径；第十三章为以"京珠协同"凝聚珠海高质量发展动能，本章提出，在北京加快疏解非首都功能的战略背景下，"京企"的流动和外迁已成为趋势，一些城市正全力支持在京高科技企业在地方建立生产基地、销售中心和区域总部，积极承接北京外溢的央企总部、金融机构、科研院所、科技人才等创新资源，促进各类要素在北京和地方有序合理流动，珠海应紧抓北京疏解非首都功能的机遇，加强北京—珠海高科技产业和创新资源的对接和引进，打造承接北京非首都功能疏解的大湾区支点；第十四章为"多链融合"城市创新生态系统：理论框架与机制设计，本章阐释了城市创新生态系统理论基础及组织结构，厘清了城市创新生态系统"多链"紧密融合的机制，提出了城市创新生态系统"多链融合"总体要求；第十五章为城市建设国家自主创新示范区的价值与路径，本章提出了城市建设国家自主创新示范区的价值意义、目标定位和重要路径；第十六章为城市创新发展国际前沿：基于"2022西丽湖论坛"国际专家主题演讲，本章围绕健康城市、城市教育、城市数字发展及民生城市等方面，对4位国际专家的主旨演讲内容进行了汇编。

总报告

第一章 中国城市科技创新发展指数（2022）综合评价

一、中国288个城市科技创新发展总指数及排名

2022年度，中国城市科技创新发展总指数排名前20位的城市依次为北京市、上海市、深圳市、广州市、杭州市、南京市、苏州市、武汉市、天津市、西安市、合肥市、长沙市、成都市、珠海市、常州市、东莞市、无锡市、济南市、青岛市、重庆市（表1-1）。

从省级区域来看，排名前20位的城市中，除北京市、上海市、天津市、重庆市4个直辖市外，江苏省和广东省的城市最多，江苏省包括南京市、苏州市、常州市和无锡市4个，广东省包括深圳市、广州市、珠海市和东莞市4个；山东省有2个，分别是济南市和青岛市；浙江省、湖北省、陕西省、安徽省、湖南省、四川省分别有1个城市进入前20位。

表1-1 中国城市科技创新发展总指数及排名

城市	总指数	排名	城市	总指数	排名
北京市	0.7312	1	珠海市	0.3036	14
上海市	0.5733	2	常州市	0.2915	15
深圳市	0.5533	3	东莞市	0.2906	16
广州市	0.4517	4	无锡市	0.2787	17
杭州市	0.4475	5	济南市	0.2778	18
南京市	0.4404	6	青岛市	0.2764	19
苏州市	0.3806	7	重庆市	0.2581	20
武汉市	0.3710	8	厦门市	0.2525	21
天津市	0.3257	9	宁波市	0.2447	22
西安市	0.3150	10	郑州市	0.2444	23
合肥市	0.3070	11	佛山市	0.2432	24
长沙市	0.3058	12	舟山市	0.2422	25
成都市	0.3038	13	嘉兴市	0.2378	26

续表

城市	总指数	排名	城市	总指数	排名
湖州市	0.2293	27	中山市	0.1776	59
芜湖市	0.2226	28	保定市	0.1774	60
长春市	0.2219	29	株洲市	0.1759	61
呼和浩特市	0.2196	30	洛阳市	0.1758	62
福州市	0.2155	31	泰州市	0.1753	63
太原市	0.2140	32	韶关市	0.1738	64
南通市	0.2127	33	大庆市	0.1727	65
镇江市	0.2104	34	盐城市	0.1719	66
南昌市	0.2103	35	宿迁市	0.1686	67
沈阳市	0.2094	36	台州市	0.1686	68
丽水市	0.2047	37	新余市	0.1681	69
兰州市	0.2046	38	淮北市	0.1667	70
拉萨市	0.2007	39	汕头市	0.1660	71
绍兴市	0.2003	40	廊坊市	0.1645	72
昆明市	0.1992	41	乌鲁木齐市	0.1629	73
扬州市	0.1990	42	宜昌市	0.1618	74
惠州市	0.1981	43	南宁市	0.1614	75
温州市	0.1964	44	包头市	0.1589	76
威海市	0.1951	45	铜陵市	0.1559	77
大连市	0.1948	46	银川市	0.1535	78
绵阳市	0.1917	47	唐山市	0.1525	79
东营市	0.1908	48	衢州市	0.1518	80
徐州市	0.1890	49	鹰潭市	0.1511	81
马鞍山市	0.1888	50	秦皇岛市	0.1511	82
鄂尔多斯市	0.1875	51	潍坊市	0.1507	83
克拉玛依市	0.1869	52	宁德市	0.1505	84
哈尔滨市	0.1863	53	江门市	0.1502	85
石家庄市	0.1846	54	铜川市	0.1491	86
贵阳市	0.1827	55	连云港市	0.1487	87
烟台市	0.1821	56	淄博市	0.1481	88
金华市	0.1806	57	德阳市	0.1476	89
海口市	0.1793	58	泉州市	0.1469	90

续表

城市	总指数	排名	城市	总指数	排名
九江市	0.1463	91	通化市	0.1271	123
池州市	0.1457	92	岳阳市	0.1268	124
湘潭市	0.1448	93	长治市	0.1260	125
赣州市	0.1448	94	三门峡市	0.1256	126
泰安市	0.1439	95	北海市	0.1255	127
龙岩市	0.1429	96	普洱市	0.1254	128
肇庆市	0.1415	97	宜春市	0.1250	129
宣城市	0.1410	98	玉溪市	0.1243	130
淮安市	0.1398	99	临沂市	0.1242	131
蚌埠市	0.1395	100	攀枝花市	0.1239	132
西宁市	0.1389	101	承德市	0.1236	133
三明市	0.1383	102	嘉峪关市	0.1236	134
柳州市	0.1365	103	铜仁市	0.1234	135
吉安市	0.1363	104	榆林市	0.1232	136
盘锦市	0.1360	105	吉林市	0.1225	137
黄石市	0.1357	106	驻马店市	0.1218	138
南平市	0.1352	107	淮南市	0.1208	139
黄山市	0.1351	108	张家口市	0.1198	140
延安市	0.1343	109	内江市	0.1198	141
襄阳市	0.1335	110	乌海市	0.1197	142
安庆市	0.1334	111	吕梁市	0.1195	143
上饶市	0.1333	112	赤峰市	0.1192	144
滁州市	0.1333	113	漳州市	0.1187	145
日照市	0.1323	114	济宁市	0.1187	146
萍乡市	0.1321	115	张掖市	0.1187	147
郴州市	0.1319	116	酒泉市	0.1183	148
景德镇市	0.1306	117	抚州市	0.1180	149
三亚市	0.1306	118	新乡市	0.1179	150
营口市	0.1298	119	金昌市	0.1179	151
天水市	0.1296	120	固原市	0.1175	152
十堰市	0.1284	121	莆田市	0.1173	153
沧州市	0.1271	122	清远市	0.1172	154

续表

城市	总指数	排名	城市	总指数	排名
荆门市	0.1171	155	中卫市	0.1063	187
常德市	0.1171	156	南阳市	0.1063	188
鄂州市	0.1167	157	河源市	0.1062	189
漯河市	0.1167	158	湛江市	0.1059	190
开封市	0.1159	159	咸阳市	0.1058	191
许昌市	0.1149	160	益阳市	0.1054	192
德州市	0.1145	161	濮阳市	0.1053	193
衡阳市	0.1139	162	石嘴山市	0.1045	194
防城港市	0.1138	163	宜宾市	0.1042	195
呼伦贝尔市	0.1133	164	雅安市	0.1042	196
平凉市	0.1125	165	武威市	0.1038	197
邯郸市	0.1124	166	滨州市	0.1036	198
曲靖市	0.1123	167	白银市	0.1032	199
安顺市	0.1123	168	吴忠市	0.1029	200
永州市	0.1119	169	巴彦淖尔市	0.1026	201
丽江市	0.1116	170	大同市	0.1023	202
荆州市	0.1111	171	丹东市	0.1023	203
聊城市	0.1106	172	白山市	0.1020	204
桂林市	0.1106	173	鹤壁市	0.1019	205
遵义市	0.1103	174	孝感市	0.1018	206
六安市	0.1094	175	晋城市	0.1014	207
六盘水市	0.1093	176	乌兰察布市	0.1012	208
焦作市	0.1093	177	阳江市	0.1012	209
汉中市	0.1091	178	娄底市	0.1012	210
白城市	0.1087	179	梅州市	0.1009	211
乐山市	0.1085	180	陇南市	0.1009	212
宿州市	0.1080	181	枣庄市	0.1007	213
宝鸡市	0.1080	182	广元市	0.1004	214
茂名市	0.1073	183	遂宁市	0.1001	215
怀化市	0.1071	184	平顶山市	0.1000	216
伊春市	0.1071	185	崇左市	0.0998	217
晋中市	0.1068	186	随州市	0.0998	218

续表

城市	总指数	排名	城市	总指数	排名
泸州市	0.0993	219	临沧市	0.0911	251
阳泉市	0.0991	220	梧州市	0.0910	252
辽源市	0.0990	221	佳木斯市	0.0909	253
齐齐哈尔市	0.0984	222	潮州市	0.0907	254
黄冈市	0.0984	223	四平市	0.0903	255
咸宁市	0.0979	224	锦州市	0.0898	256
庆阳市	0.0978	225	阜新市	0.0897	257
松原市	0.0977	226	眉山市	0.0896	258
衡水市	0.0976	227	阜阳市	0.0896	259
安阳市	0.0975	228	牡丹江市	0.0896	260
商洛市	0.0972	229	亳州市	0.0892	261
渭南市	0.0971	230	资阳市	0.0887	262
信阳市	0.0962	231	运城市	0.0885	263
毕节市	0.0961	232	达州市	0.0882	264
定西市	0.0961	233	汕尾市	0.0879	265
邢台市	0.0956	234	本溪市	0.0869	266
安康市	0.0953	235	鹤岗市	0.0866	267
朝阳市	0.0950	236	广安市	0.0858	268
自贡市	0.0949	237	辽阳市	0.0855	269
抚顺市	0.0949	238	商丘市	0.0854	270
通辽市	0.0946	239	忻州市	0.0854	271
邵阳市	0.0941	240	临汾市	0.0853	272
鞍山市	0.0933	241	朔州市	0.0848	273
海东市	0.0933	242	菏泽市	0.0847	274
玉林市	0.0924	243	黑河市	0.0847	275
张家界市	0.0923	244	百色市	0.0847	276
巴中市	0.0920	245	葫芦岛市	0.0828	277
昭通市	0.0920	246	揭阳市	0.0827	278
云浮市	0.0919	247	贺州市	0.0826	279
南充市	0.0917	248	双鸭山市	0.0822	280
保山市	0.0916	249	七台河市	0.0811	281
钦州市	0.0911	250	周口市	0.0807	282

续表

城市	总指数	排名	城市	总指数	排名
河池市	0.0807	283	来宾市	0.0749	286
贵港市	0.0784	284	铁岭市	0.0702	287
鸡西市	0.0760	285	绥化市	0.0683	288

二、中国省会与副省级及以上城市科技创新发展总指数及排名

2022年度，中国省会与副省级及以上城市科技创新发展总指数排名前10位的城市依次为北京市、上海市、深圳市、广州市、杭州市、南京市、武汉市、天津市、西安市和合肥市（表1-2）。

表1-2 中国省会与副省级及以上城市科技创新发展总指数及排名

城市	总指数	全国排名	组内排名	城市	总指数	全国排名	组内排名
北京市	0.7312	1	1	长春市	0.2219	29	19
上海市	0.5733	2	2	呼和浩特市	0.2196	30	20
深圳市	0.5533	3	3	福州市	0.2155	31	21
广州市	0.4517	4	4	太原市	0.2140	32	22
杭州市	0.4475	5	5	南昌市	0.2103	35	23
南京市	0.4404	6	6	沈阳市	0.2094	36	24
武汉市	0.3710	8	7	兰州市	0.2046	38	25
天津市	0.3257	9	8	拉萨市	0.2007	39	26
西安市	0.3150	10	9	昆明市	0.1992	41	27
合肥市	0.3070	11	10	大连市	0.1948	46	28
长沙市	0.3058	12	11	哈尔滨市	0.1863	53	29
成都市	0.3038	13	12	石家庄市	0.1846	54	30
济南市	0.2778	18	13	贵阳市	0.1827	55	31
青岛市	0.2764	19	14	海口市	0.1793	58	32
重庆市	0.2581	20	15	乌鲁木齐市	0.1629	73	33
厦门市	0.2525	21	16	南宁市	0.1614	75	34
宁波市	0.2447	22	17	银川市	0.1535	78	35
郑州市	0.2444	23	18	西宁市	0.1389	101	36

三、地级市科技创新发展总指数及排名

2022年度,中国地级市科技创新发展总指数排名前20位的城市依次为苏州市、珠海市、常州市、东莞市、无锡市、佛山市、舟山市、嘉兴市、湖州市、芜湖市、南通市、镇江市、丽水市、绍兴市、扬州市、惠州市、温州市、威海市、绵阳市和东营市（表1-3）。

表1-3 中国地级市科技创新发展总指数及排名

城市	总指数	全国排名	组内排名	城市	总指数	全国排名	组内排名
苏州市	0.3806	7	1	金华市	0.1806	57	26
珠海市	0.3036	14	2	中山市	0.1776	59	27
常州市	0.2915	15	3	保定市	0.1774	60	28
东莞市	0.2906	16	4	株洲市	0.1759	61	29
无锡市	0.2787	17	5	洛阳市	0.1758	62	30
佛山市	0.2432	24	6	泰州市	0.1753	63	31
舟山市	0.2422	25	7	韶关市	0.1738	64	32
嘉兴市	0.2378	26	8	大庆市	0.1727	65	33
湖州市	0.2293	27	9	盐城市	0.1719	66	34
芜湖市	0.2226	28	10	宿迁市	0.1686	67	35
南通市	0.2127	33	11	台州市	0.1686	68	36
镇江市	0.2104	34	12	新余市	0.1681	69	37
丽水市	0.2047	37	13	淮北市	0.1667	70	38
绍兴市	0.2003	40	14	汕头市	0.1660	71	39
扬州市	0.1990	42	15	廊坊市	0.1645	72	40
惠州市	0.1981	43	16	宜昌市	0.1618	74	41
温州市	0.1964	44	17	包头市	0.1589	76	42
威海市	0.1951	45	18	铜陵市	0.1559	77	43
绵阳市	0.1917	47	19	唐山市	0.1525	79	44
东营市	0.1908	48	20	衢州市	0.1518	80	45
徐州市	0.1890	49	21	鹰潭市	0.1511	81	46
马鞍山市	0.1888	50	22	秦皇岛市	0.1511	82	47
鄂尔多斯市	0.1875	51	23	潍坊市	0.1507	83	48
克拉玛依市	0.1869	52	24	宁德市	0.1505	84	49
烟台市	0.1821	56	25	江门市	0.1502	85	50

续表

城市	总指数	全国排名	组内排名	城市	总指数	全国排名	组内排名
铜川市	0.1491	86	51	营口市	0.1298	119	83
连云港市	0.1487	87	52	天水市	0.1296	120	84
淄博市	0.1481	88	53	十堰市	0.1284	121	85
德阳市	0.1476	89	54	沧州市	0.1271	122	86
泉州市	0.1469	90	55	通化市	0.1271	123	87
九江市	0.1463	91	56	岳阳市	0.1268	124	88
池州市	0.1457	92	57	长治市	0.1260	125	89
湘潭市	0.1448	93	58	三门峡市	0.1256	126	90
赣州市	0.1448	94	59	北海市	0.1255	127	91
泰安市	0.1439	95	60	普洱市	0.1254	128	92
龙岩市	0.1429	96	61	宜春市	0.1250	129	93
肇庆市	0.1415	97	62	玉溪市	0.1243	130	94
宣城市	0.1410	98	63	临沂市	0.1242	131	95
淮安市	0.1398	99	64	攀枝花市	0.1239	132	96
蚌埠市	0.1395	100	65	承德市	0.1236	133	97
三明市	0.1383	102	66	嘉峪关市	0.1236	134	98
柳州市	0.1365	103	67	铜仁市	0.1234	135	99
吉安市	0.1363	104	68	榆林市	0.1232	136	100
盘锦市	0.1360	105	69	吉林市	0.1225	137	101
黄石市	0.1357	106	70	驻马店市	0.1218	138	102
南平市	0.1352	107	71	淮南市	0.1208	139	103
黄山市	0.1351	108	72	张家口市	0.1198	140	104
延安市	0.1343	109	73	内江市	0.1198	141	105
襄阳市	0.1335	110	74	乌海市	0.1197	142	106
安庆市	0.1334	111	75	吕梁市	0.1195	143	107
上饶市	0.1333	112	76	赤峰市	0.1192	144	108
滁州市	0.1333	113	77	漳州市	0.1187	145	109
日照市	0.1323	114	78	济宁市	0.1187	146	110
萍乡市	0.1321	115	79	张掖市	0.1187	147	111
郴州市	0.1319	116	80	酒泉市	0.1183	148	112
景德镇市	0.1306	117	81	抚州市	0.1180	149	113
三亚市	0.1306	118	82	新乡市	0.1179	150	114

续表

城市	总指数	全国排名	组内排名	城市	总指数	全国排名	组内排名
金昌市	0.1179	151	115	茂名市	0.1073	183	147
固原市	0.1175	152	116	怀化市	0.1071	184	148
莆田市	0.1173	153	117	伊春市	0.1071	185	149
清远市	0.1172	154	118	晋中市	0.1068	186	150
荆门市	0.1171	155	119	中卫市	0.1063	187	151
常德市	0.1171	156	120	南阳市	0.1063	188	152
鄂州市	0.1167	157	121	河源市	0.1062	189	153
漯河市	0.1167	158	122	湛江市	0.1059	190	154
开封市	0.1159	159	123	咸阳市	0.1058	191	155
许昌市	0.1149	160	124	益阳市	0.1054	192	156
德州市	0.1145	161	125	濮阳市	0.1053	193	157
衡阳市	0.1139	162	126	石嘴山市	0.1045	194	158
防城港市	0.1138	163	127	宜宾市	0.1042	195	159
呼伦贝尔市	0.1133	164	128	雅安市	0.1042	196	160
平凉市	0.1125	165	129	武威市	0.1038	197	161
邯郸市	0.1124	166	130	滨州市	0.1036	198	162
曲靖市	0.1123	167	131	白银市	0.1032	199	163
安顺市	0.1123	168	132	吴忠市	0.1029	200	164
永州市	0.1119	169	133	巴彦淖尔市	0.1026	201	165
丽江市	0.1116	170	134	大同市	0.1023	202	166
荆州市	0.1111	171	135	丹东市	0.1023	203	167
聊城市	0.1106	172	136	白山市	0.1020	204	168
桂林市	0.1106	173	137	鹤壁市	0.1019	205	169
遵义市	0.1103	174	138	孝感市	0.1018	206	170
六安市	0.1094	175	139	晋城市	0.1014	207	171
六盘水市	0.1093	176	140	乌兰察布市	0.1012	208	172
焦作市	0.1093	177	141	阳江市	0.1012	209	173
汉中市	0.1091	178	142	娄底市	0.1012	210	174
白城市	0.1087	179	143	梅州市	0.1009	211	175
乐山市	0.1085	180	144	陇南市	0.1009	212	176
宿州市	0.1080	181	145	枣庄市	0.1007	213	177
宝鸡市	0.1080	182	146	广元市	0.1004	214	178

续表

城市	总指数	全国排名	组内排名	城市	总指数	全国排名	组内排名
遂宁市	0.1001	215	179	云浮市	0.0919	247	211
平顶山市	0.1000	216	180	南充市	0.0917	248	212
崇左市	0.0998	217	181	保山市	0.0916	249	213
随州市	0.0998	218	182	钦州市	0.0911	250	214
泸州市	0.0993	219	183	临沧市	0.0911	251	215
阳泉市	0.0991	220	184	梧州市	0.0910	252	216
辽源市	0.0990	221	185	佳木斯市	0.0909	253	217
齐齐哈尔市	0.0984	222	186	潮州市	0.0907	254	218
黄冈市	0.0984	223	187	四平市	0.0903	255	219
咸宁市	0.0979	224	188	锦州市	0.0898	256	220
庆阳市	0.0978	225	189	阜新市	0.0897	257	221
松原市	0.0977	226	190	眉山市	0.0896	258	222
衡水市	0.0976	227	191	阜阳市	0.0896	259	223
安阳市	0.0975	228	192	牡丹江市	0.0896	260	224
商洛市	0.0972	229	193	亳州市	0.0892	261	225
渭南市	0.0971	230	194	资阳市	0.0887	262	226
信阳市	0.0962	231	195	运城市	0.0885	263	227
毕节市	0.0961	232	196	达州市	0.0882	264	228
定西市	0.0961	233	197	汕尾市	0.0879	265	229
邢台市	0.0956	234	198	本溪市	0.0869	266	230
安康市	0.0953	235	199	鹤岗市	0.0866	267	231
朝阳市	0.0950	236	200	广安市	0.0858	268	232
自贡市	0.0949	237	201	辽阳市	0.0855	269	233
抚顺市	0.0949	238	202	商丘市	0.0854	270	234
通辽市	0.0946	239	203	忻州市	0.0854	271	235
邵阳市	0.0941	240	204	临汾市	0.0853	272	236
鞍山市	0.0933	241	205	朔州市	0.0848	273	237
海东市	0.0933	242	206	菏泽市	0.0847	274	238
玉林市	0.0924	243	207	黑河市	0.0847	275	239
张家界市	0.0923	244	208	百色市	0.0847	276	240
巴中市	0.0920	245	209	葫芦岛市	0.0828	277	241
昭通市	0.0920	246	210	揭阳市	0.0827	278	242

续表

城市	总指数	全国排名	组内排名	城市	总指数	全国排名	组内排名
贺州市	0.0826	279	243	贵港市	0.0784	284	248
双鸭山市	0.0822	280	244	鸡西市	0.0760	285	249
七台河市	0.0811	281	245	来宾市	0.0749	286	250
周口市	0.0807	282	246	铁岭市	0.0702	287	251
河池市	0.0807	283	247	绥化市	0.0683	288	252

第二章 中国城市科技创新发展（2022）年度观察

本章聚焦创新主体的集聚区和创新活动的主战场——城市，以中国288个地级及以上城市为对象，通过"中国城市科技创新发展指数"测算结果，系统展示中国城市科技创新总体态势与特征，瞄准国家战略，挖掘和分析重点城市和区域的科技创新进展。

一、城市科技创新总指数前50位城市排名相对稳定，部分城市波动相对较大

报告对中国城市科技创新发展总指数排名前50位城市的2021—2022年排名变化进行对比，发现城市排名整体相对稳定，排名波动超过20个位次的城市仅有4个。

其中，排名跃迁较大的城市由高到低依次为拉萨市、丽水市、舟山市、东营市、呼和浩特市、马鞍山市、绵阳市、太原市、长春市和威海市，上述城市跃迁位次均超过10位。与此同时，大连市、昆明市、扬州市、厦门市、宁波市、温州市、郑州市、徐州市、珠海市和嘉兴市10个城市的科技创新发展指数得分排名出现下滑，但8个城市下滑位次在10个以内（图2-1）。

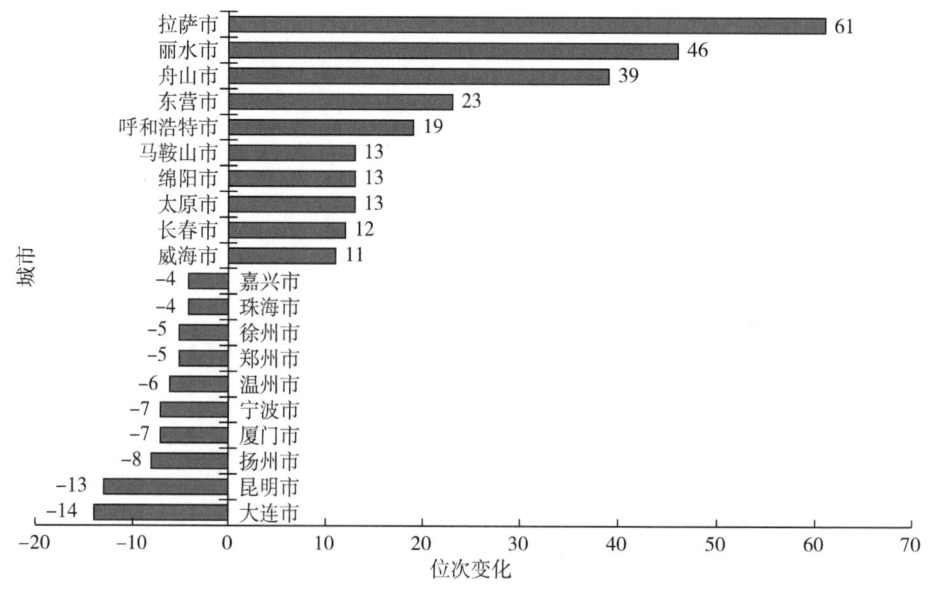

图2-1 总指数排名前50位城市中波动较大的城市排名波动情况（2021—2022年）

从4项一级指标的波动情况来看，创新资源、创新环境、创新服务和创新绩效排名波动超过20位的城市分别有14个、14个、2个和11个；波动超过40位的城市分别有2个、6个、0个和5个（图2-2）。由此可见，创新环境波动幅度最为显著，而创新服务的排名相对稳定，波动幅度最小。

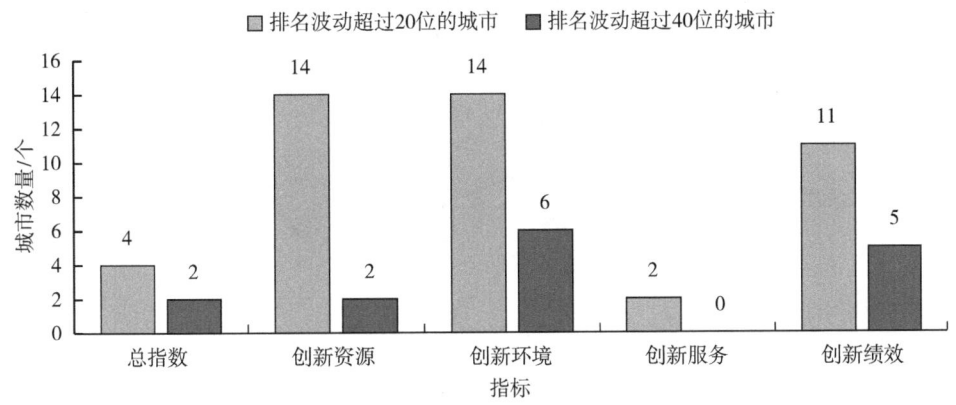

图2-2　总指数排名前50位城市一级指标排名波动情况（2021—2022年）

二、科技创新前20名城市排名分析：整体稳定，东莞市、济南市、重庆市跻身前20强

2022年，北京市、上海市、深圳市、广州市、杭州市、南京市、苏州市、武汉市、天津市、西安市、合肥市、长沙市、成都市、珠海市、常州市、无锡市、青岛市等17个城市依然占据前20强，整体波动相对平稳（图2-3）。东莞市、济南市重返前20强，重庆市首次跻身前20强。重庆市排名提升的主要原因是创新资源和创新环境指标排名上升。厦门市、宁波市和郑州市3个城市跌出前20强。厦门市、宁波市跌出前20强的主要原因是创新资源指标排名有所下降，如万名从业人员中科学技术人员数、地方财政科技投入占地方财政支出比重等指标得分明显下降。郑州市跌出前20强的原因是创新环境排名有所下降，如平均融资披露金额、人均地方财政教育支出等指标排名出现下降。

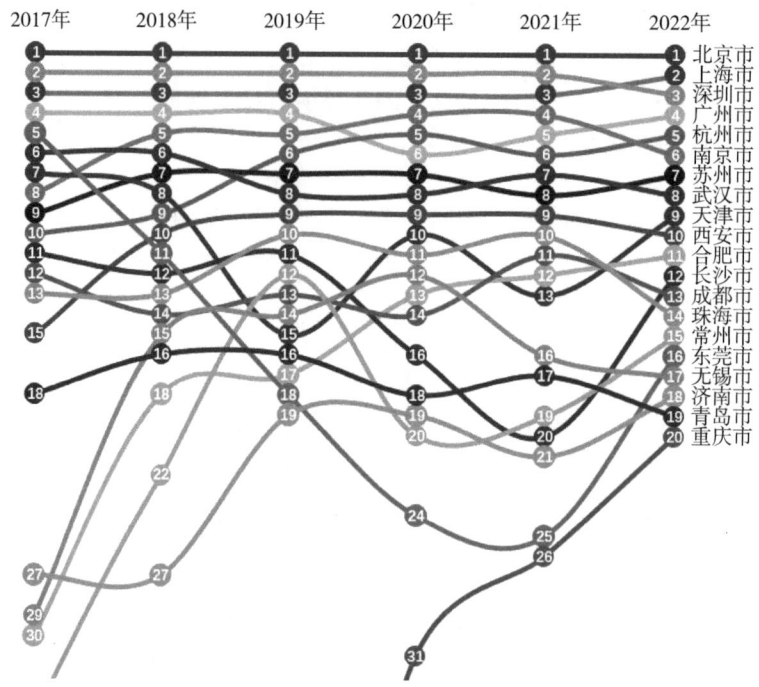

图 2-3 科技创新头部城市排名波动情况（2017—2022年）

三、一级指标排名前 10 名城市差异分析：一线城市优势显著，合肥市、南京市、舟山市颇有亮点

创新资源主要从创新人才和研发经费 2 个维度进行测度。创新资源得分排名全国前 10 名的城市从高到低依次为北京市、上海市、深圳市、合肥市、南京市、杭州市、西安市、长沙市、太原市、常州市（图 2-4）。

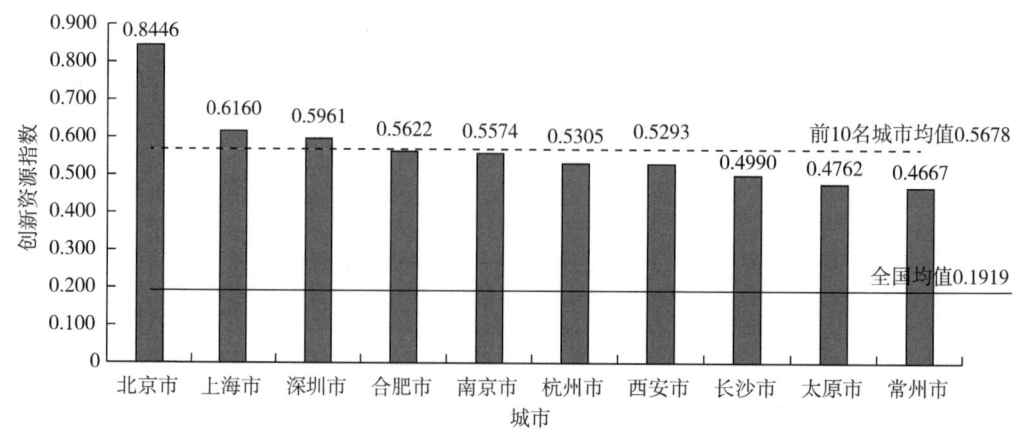

图 2-4 创新资源指数排名前 10 名城市

其中，北京市、上海市和西安市的创新人才资源集聚明显，得分居前3名；深圳市、北京市和合肥市的研发经费得分较高。太原市创新资源得分为0.4762，全国排名第9名，优势明显，主要原因在于太原市居民中大专以上学历人数比重较高，达30.77%（图2-5）。

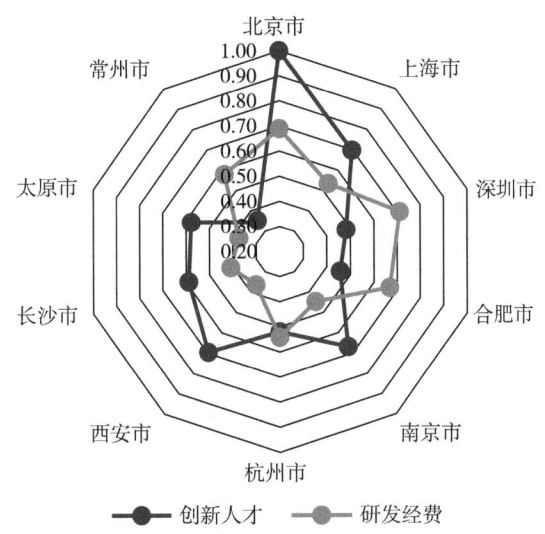

图2-5　创新资源指数排名前10名城市二级指标雷达图

创新环境主要是从政策环境和信息环境2个维度进行测度。2022年，创新环境得分排名全国前10名的城市从高到低依次为北京市、上海市、舟山市、深圳市、重庆市、珠海市、淮北市、杭州市、克拉玛依市、鄂尔多斯市（图2-6）。

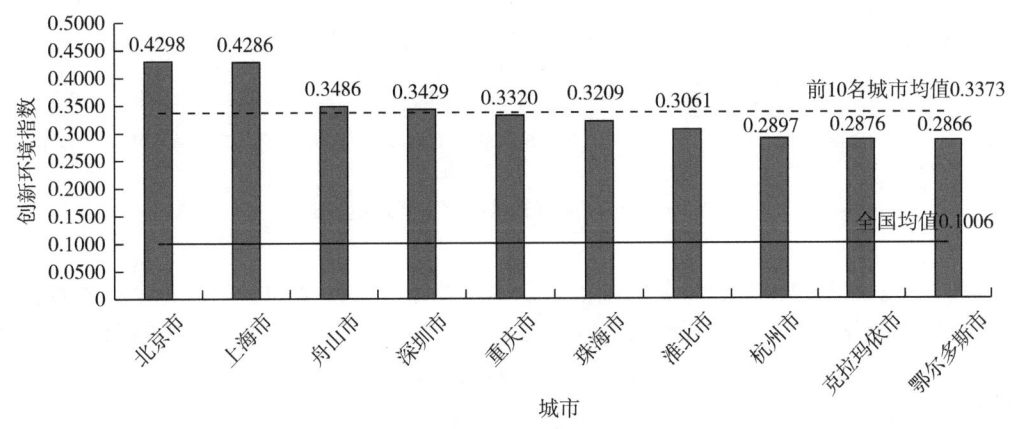

图2-6　创新环境指数排名前10名城市

其中，淮北市、舟山市和鄂尔多斯市的政策环境得分居前3名；北京市、重庆市和上海市的信息环境得分居前3名（图2-7）。

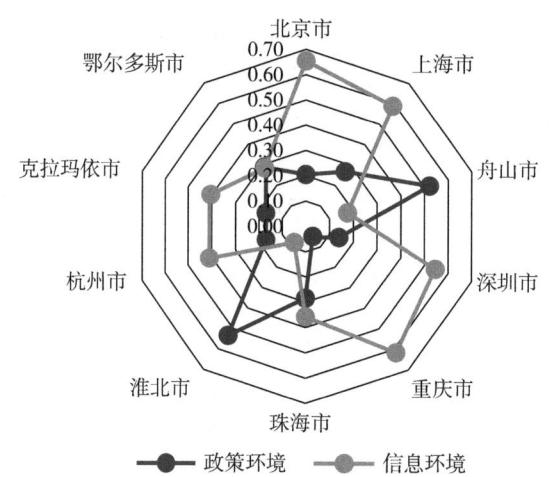

图 2-7 创新环境指数排名前 10 名城市二级指标雷达图

创新服务主要是从创业服务和金融服务 2 个维度进行测度。2022 年，创新服务得分排名前 10 名的城市从高到低依次为北京市、上海市、广州市、深圳市、杭州市、苏州市、南京市、武汉市、东莞市、天津市（图 2-8）。

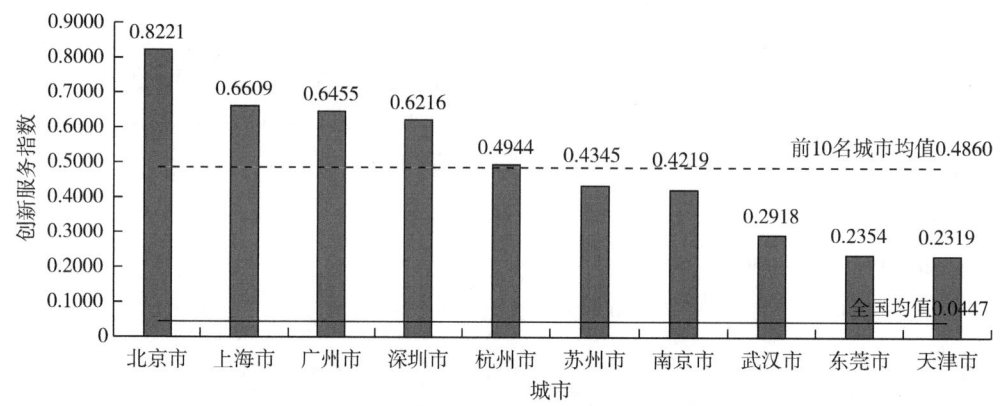

图 2-8 创新服务指数排名前 10 名城市

其中，创业服务得分前 3 名的城市分别为广州市、上海市和杭州市；金融服务得分前 3 名的城市分别为北京市、深圳市和上海市（图 2-9）。整体来看，创新服务得分较高城市的总指数排名均位于全国前列，这些城市在孵化器数量、在孵企业数、创业板和科创板企业数、A 股上市企业数等指标方面具有相对优势。

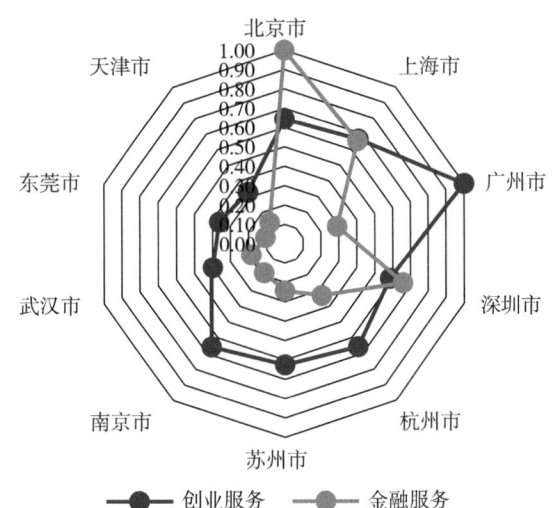

图 2-9 创新服务指数排名前 10 名城市二级指标雷达图

创新绩效主要是从科技产出、经济发展、绿色发展、辐射引领 4 个维度进行测度。2022 年，创新绩效得分排名前 10 名的城市从高到低依次为北京市、深圳市、上海市、南京市、武汉市、杭州市、广州市、苏州市、珠海市、青岛市（图 2-10）。

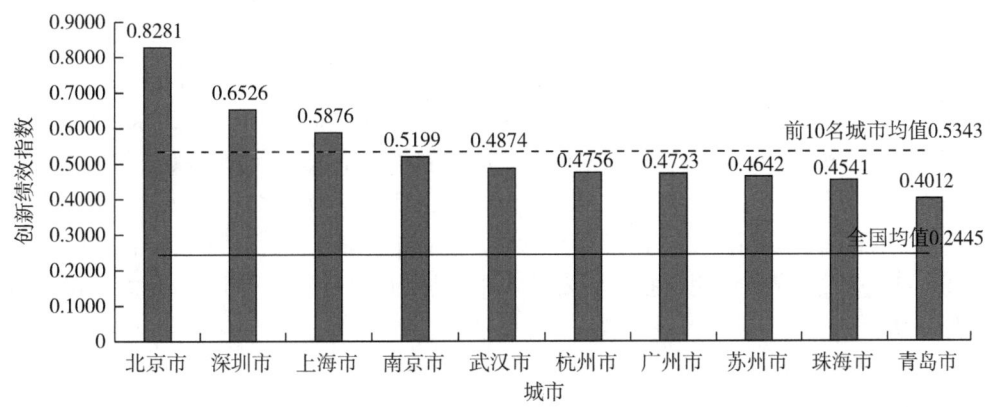

图 2-10 创新绩效指数排名前 10 名城市

其中，科技产出得分前 3 名的城市分别为北京市、深圳市和珠海市；经济发展得分前 3 名的城市分别为深圳市、上海市和北京市；绿色发展得分前 3 名的城市分别是深圳市、珠海市和广州市；辐射引领得分前 3 名的城市分别为北京市、上海市和南京市（图 2-11）。整体来看，创新绩效得分较高城市的总指数排名均居全国前 20 名，这些城市在每万人专利申请量、每万人发明专利授权量、地均 GDP 等指标方面具有优势。

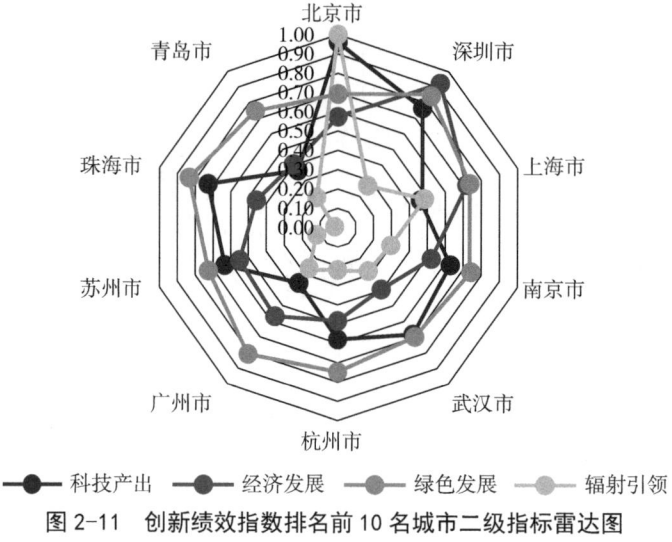

图 2-11　创新绩效指数排名前 10 名城市二级指标雷达图

四、科技创新发展水平与城市人口规模正相关，超大城市具有显著优势

按照人口规模，中国城市可以划分为超大城市、特大城市、Ⅰ型大城市、Ⅱ型大城市、中等城市、Ⅰ型小城市和Ⅱ型小城市 7 种类型。2022 年报告显示，城市科技创新发展水平与城市人口规模存在正相关关系。超大城市总指数得分 0.4567，科技创新发展水平显著领先于其他规模类型城市。超大城市、特大城市和Ⅰ型大城市总指数高于 7 类人口规模城市均值 0.2072（图 2-12）。超大城市在科技创新总指数及 4 个一级指标方面均具有显著优势，尤其是在创新环境与创新服务方面，超大城市得分分别为特大城市的 1.9 倍、2.4 倍（图 2-13）。这充分说明科技创新发展水平与城市人口规模正相关，超大城市科技创新优势显著。

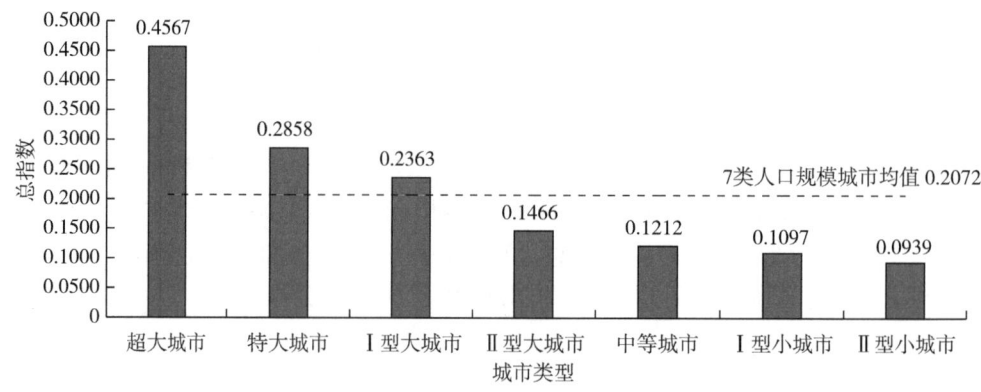

图 2-12　7 类人口规模城市总指数得分情况

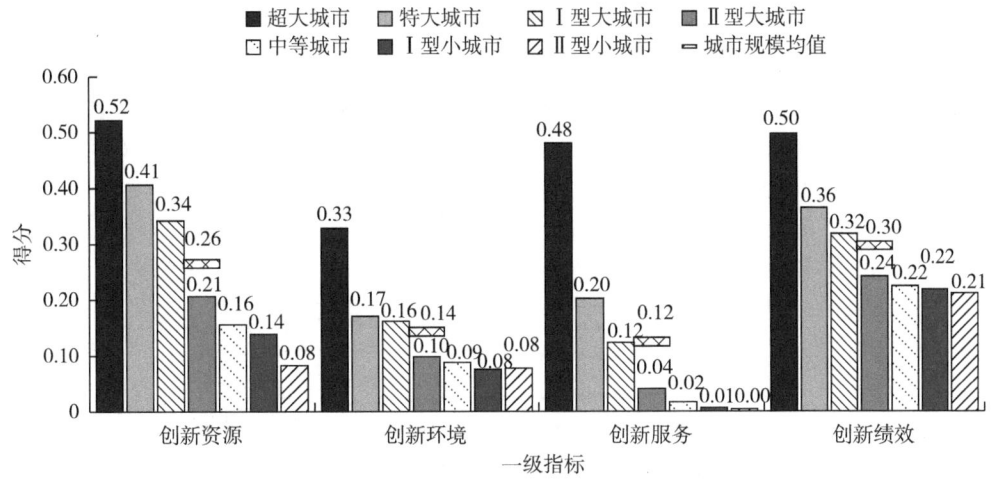

图 2-13　7 类人口规模城市一级指标得分情况

五、国家中心城市在城市科技创新方面具有引领优势

从 9 个国家中心城市的科技创新发展指数排名来看,由高到低依次为北京市、上海市、广州市、武汉市、天津市、西安市、成都市、重庆市、郑州市(图 2-14)。

其中,北京市、上海市、广州市、武汉市和天津市 5 个城市总指数排名全国前 10 位。9 个国家中心城市的指数均值为 0.3971,为全国均值的 2.7 倍。除郑州市以外,其余 8 个国家中心城市均排名全国前 20 位,说明国家中心城市在城市科技创新方面具有引领优势。

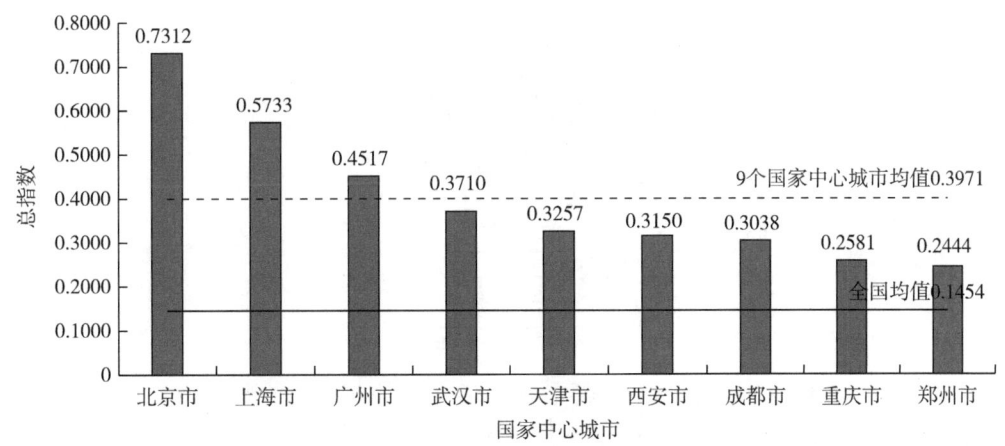

图 2-14　国家中心城市 2022 年科技创新总指数得分情况

国家中心城市排名波动相对稳定,部分城市稳中有进,郑州市排名下滑较多,由第 18 名下降到第 23 名(图 2-15)。对比各中心城市的一级指标,北京以显著优势领先其

他国家中心城市；上海市和西安市在创新资源方面表现突出，创新人才集聚，创新发展后劲十足；重庆市在创新环境方面表现出色，该城市信息环境良好，极大地促进创新发展；广州市创新服务水平较高，其创业服务表现突出，孵化器数量及在孵企业数量均为全国第一；武汉市创新绩效表现亮眼，其辐射引领表现处于全国上游，表明武汉市科技创新已取得一定成就（图2-16）。

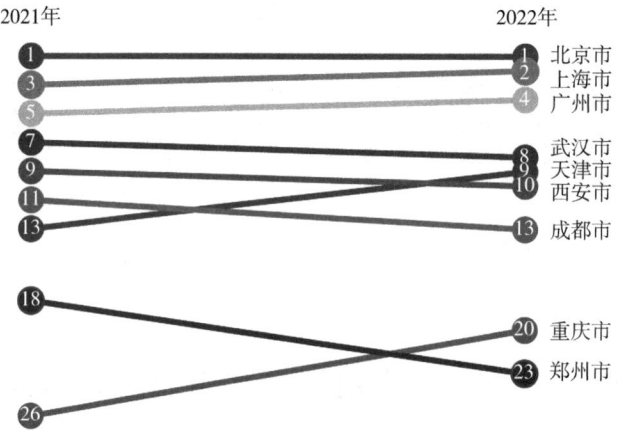

图2-15　国家中心城市科技创新发展总指数排名波动情况（2021—2022年）

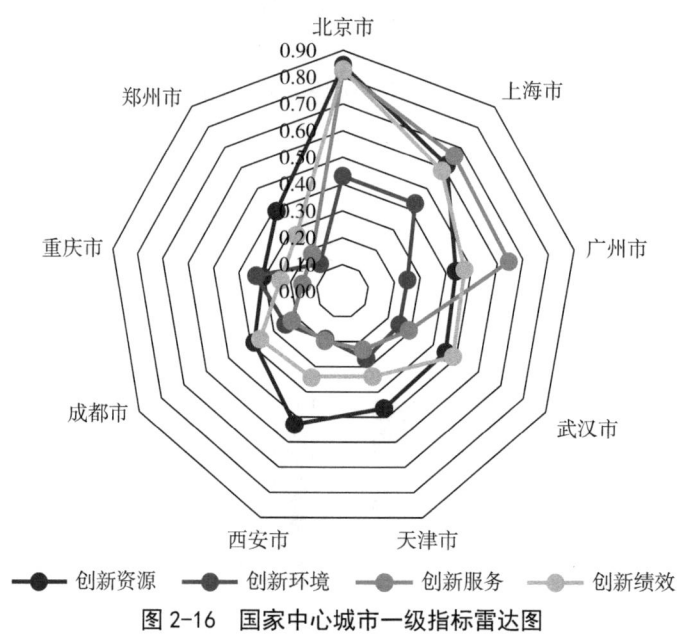

图2-16　国家中心城市一级指标雷达图

六、省会与副省级及以上城市：创新引领与辐射特征凸显，城市间存在差异化发展特征

2022年，省会与副省级及以上城市均值0.2811，高于全国均值0.1454。除西宁市外，其他城市的科技创新发展指数得分均高于全国均值。整体来看，省会与副省级及以上城市引领与辐射特征凸显（图2-17）。

从引领特征上看，36个省会与副省级及以上城市中，9个城市排名进入全国前10位，28个城市排名进入全国前50位，仅有西宁市排名未进入全国前100位。由此可见，省会与副省级及以上城市在国家政策的扶持下开启自主创新、先行先试，起到了很强的引领带动作用。

从辐射特征来看，省会与副省级及以上城市的科技创新辐射效应明显，31个省会或直辖市均凝聚全省域政策、资源的倾斜支持之力，在其对应的省域积聚创新资源，优化创新环境，对省域其他城市的科技创新发展具有很强的辐射效应。

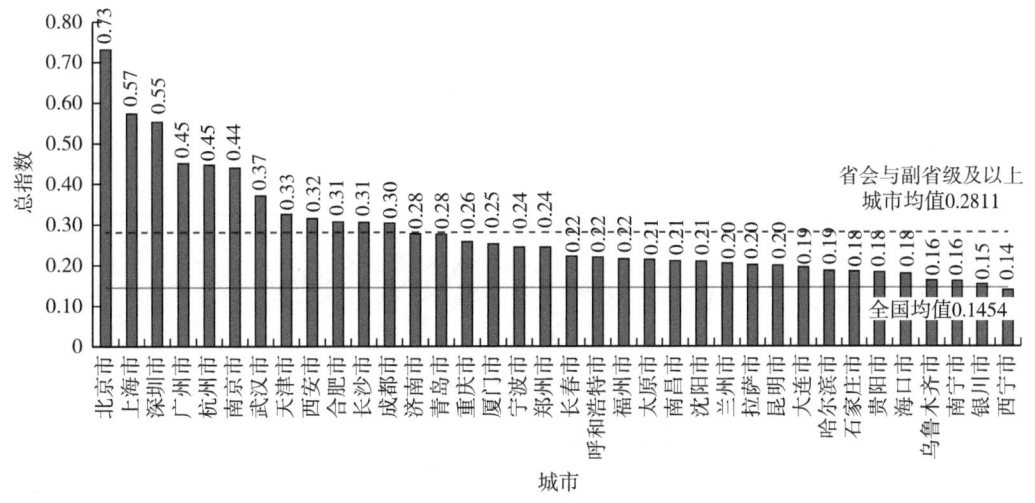

图2-17 省会与副省级及以上城市科技创新总指数情况

此外，省会与副省级及以上城市间存在差异化发展特征，各有特色。其中，省会及直辖市创新资源排名前3位的城市依次为北京市、上海市、合肥市，创新环境排名前3位的城市依次为北京市、上海市、重庆市，创新服务排名前3位的城市依次为北京市、上海市、广州市，创新绩效排名前3位的城市依次为北京市、上海市、南京市（图2-18）。从一级指标上来看，5个计划单列市中深圳市各项一级指标具有显著优势，得分均高于全国均值；青岛市在创新资源、创新绩效方面表现突出（图2-19）。

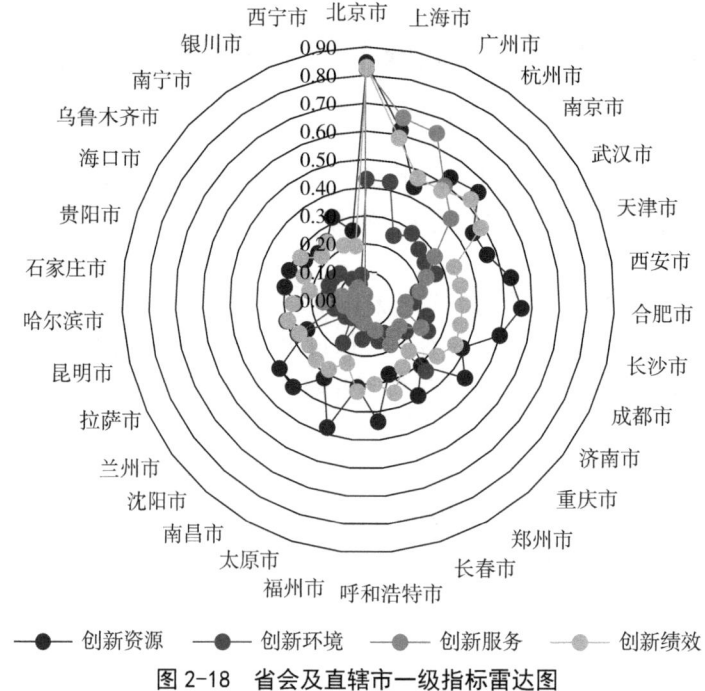

图 2-18 省会及直辖市一级指标雷达图

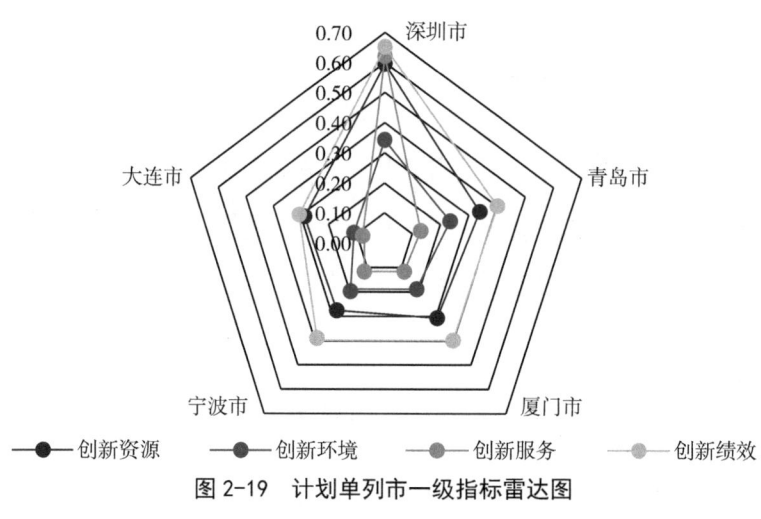

图 2-19 计划单列市一级指标雷达图

七、"一带一路"节点城市：稳步推进科技合作交流，创新国际合作优势显著

"一带一路"节点城市是"一带一路"倡议对沿线国家推进广阔跨区域合作的重要载体和行动者，包括新丝绸之路经济带的10个城市和21世纪海上丝绸之路的16个城市，在科技创新方面，国家给予"一带一路"节点城市重点支持，实现了资源集聚，整体创新实力较高。2022年，26个"一带一路"节点城市均值为0.2654，高于全国均值0.1454。

除西宁市、三亚市和湛江市外，其余的"一带一路"节点城市总指数得分均高于全国均值（图2-20）。

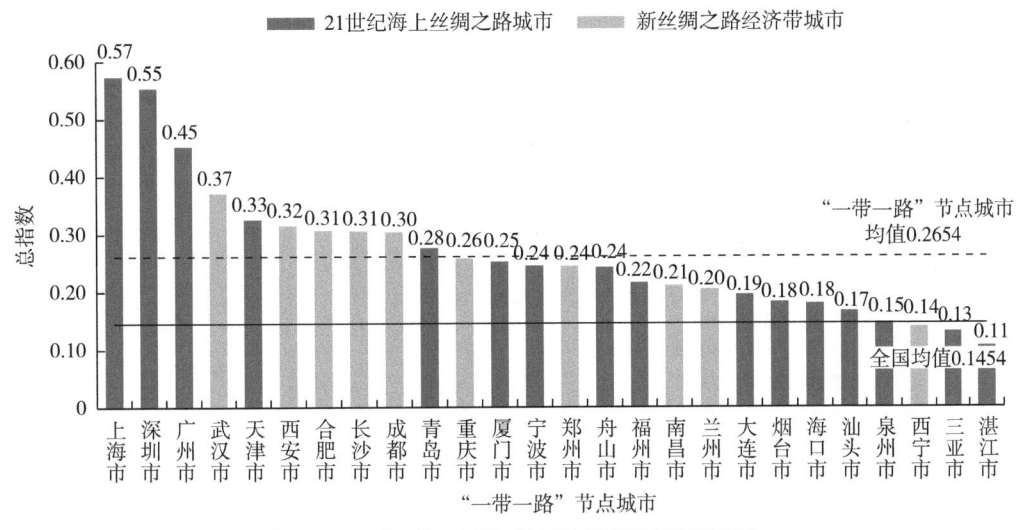

图 2-20　"一带一路"节点城市科技创新总指数

对比新丝绸之路经济带城市和21世纪海上丝绸之路城市一级指标得分均值，可以发现以下特点：一是新丝绸之路经济带城市与21世纪海上丝绸之路城市的科技创新发展质量相当，二者总指数均值分别为0.2659和0.2651。二是21世纪海上丝绸之路城市在创新环境、创新服务、创新绩效3项一级指标上的得分均高于新丝绸之路经济带城市，新丝绸之路经济带城市在创新资源方面表现更优（图2-21）。三是新丝绸之路经济带城市的科技创新发展更为均衡，10个新丝绸之路经济带城市科技创新发展指数的标准差为0.0646，低于21世纪海上丝绸之路城市的0.1384。

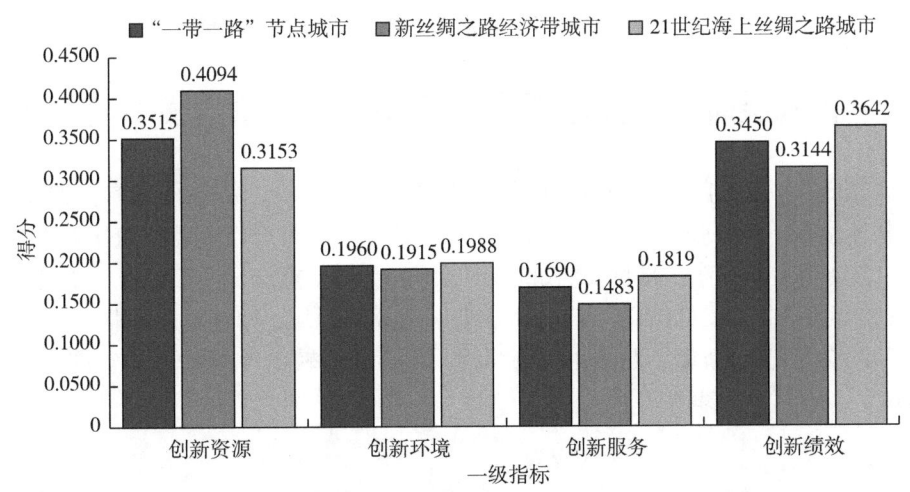

图 2-21　"一带一路"节点城市科技创新分项指标均值对比

从三级指标看，26个"一带一路"节点城市的"每万人吸引外商投资额"得分均在全国均值以上，充分表明"一带一路"节点城市在参与国际合作、吸引外资方面具有显著优势（图2-22）。

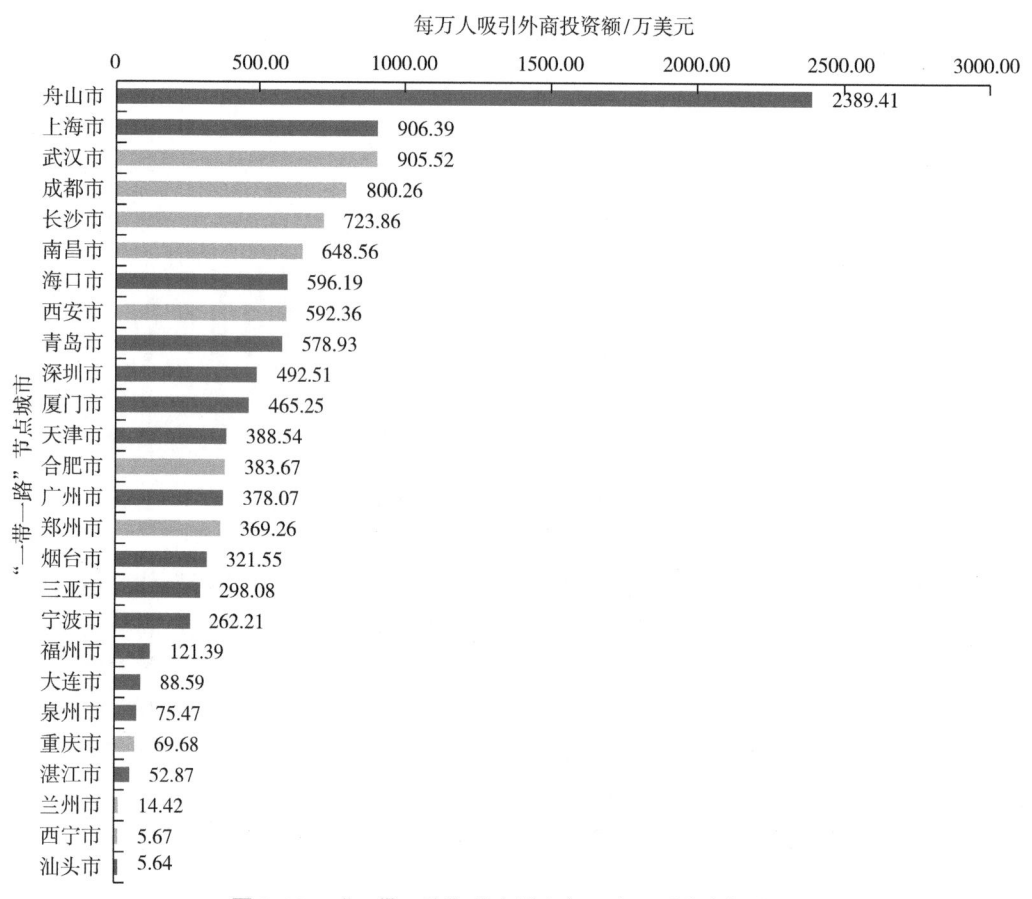

图 2-22 "一带一路"节点城市每万人吸引外商投资额

八、省域层面：科技创新水平整体呈现"东南强、西北弱"

报告按31个省、自治区、直辖市对城市进行归类分析，从整体来看，省域科技创新水平整体呈现"东南强、西北弱"的特征。2022年，城市科技创新指数排名前列的省、自治区、直辖市主要在东南部区域，如北京、上海、天津、重庆、江苏、浙江、广东、福建、海南等；排名后端的省、自治区、直辖市主要在西北部区域，如甘肃、四川、宁夏、青海、广西等（图2-23）。新疆、西藏由于测算样本城市相对较少（西藏仅1个城市，新疆仅2个城市），不具有代表性。

第二章 中国城市科技创新发展（2022）年度观察

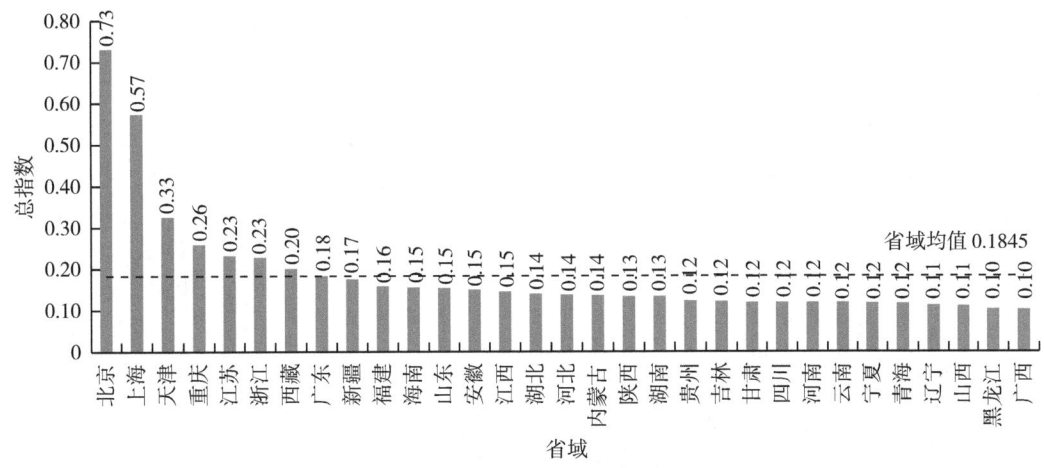

图 2-23 各省、自治区、直辖市城市科技创新发展总指数得分情况

九、七大区域内中心城市的引领作用显著，区域内部城市科技创新能力差异较大

从七大区域看，得分从高到低依次为华东地区、华北地区、华南地区、华中地区、西北地区、西南地区、东北地区。其中，华东地区、华北地区、华南地区总指数得分高于七大区域均值，华中地区、西北地区、西南地区、东北地区的总指数得分低于七大区域均值（图 2-24）。

七大区域内中心城市的主导作用显著，各区域内部城市科技创新能力差异较大。例如，华东地区得分最高的为上海市，排名全国第 2 位，最低的为菏泽市，排名全国第 274 位。

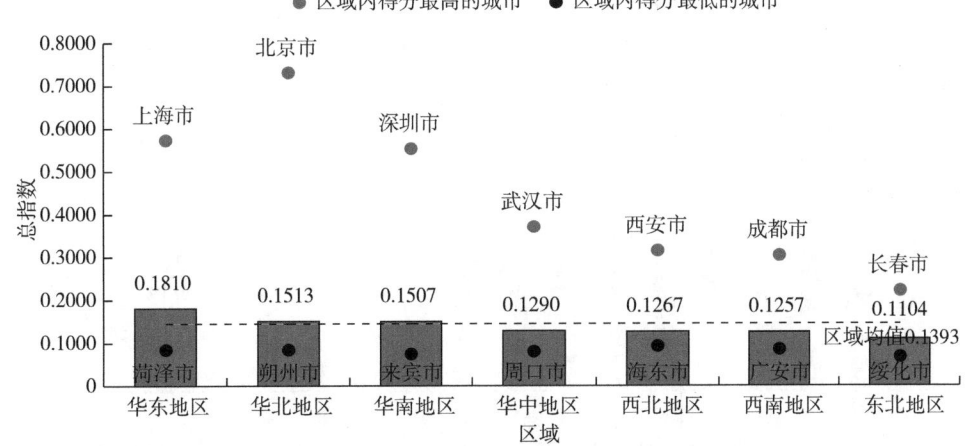

图 2-24 七大区域城市科技创新发展总指数均值及区域间差距情况

在一级指标方面，华东地区创新资源、创新环境、创新服务、创新绩效各个方面均拔得头筹；华北地区在创新资源、创新环境方面成绩优异；华南地区在创新服务、创新

绩效方面表现出色（图2-25）。整体来看，科技创新发展总指数在区域层面呈现东强西弱的特点。

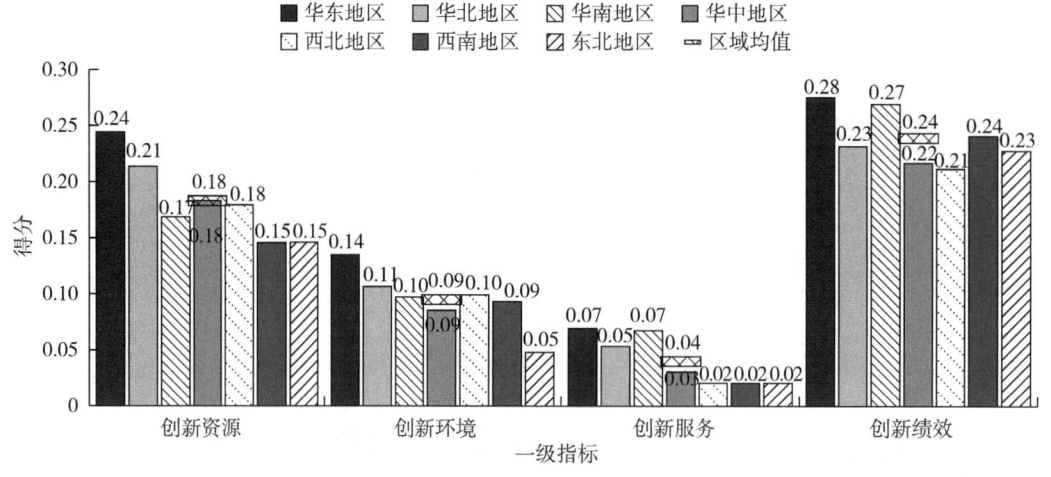

图2-25 七大区域一级指标得分情况

十、城市群层面：三大城市群引领创新发展，各个城市群以重点城市为核心，辐射引领周边发展

2022年，19个城市群总指数均值为0.3064。其中，珠三角城市群科技创新发展水平具有显著领先优势，总指数得分为0.81；长三角城市群、京津冀城市群紧随其后，总指数得分分别为0.66、0.55；天山北坡城市群、呼包鄂榆城市群和山东半岛城市群总指数高于城市群均值，总指数得分分别为0.35、0.33、0.31（图2-26）。

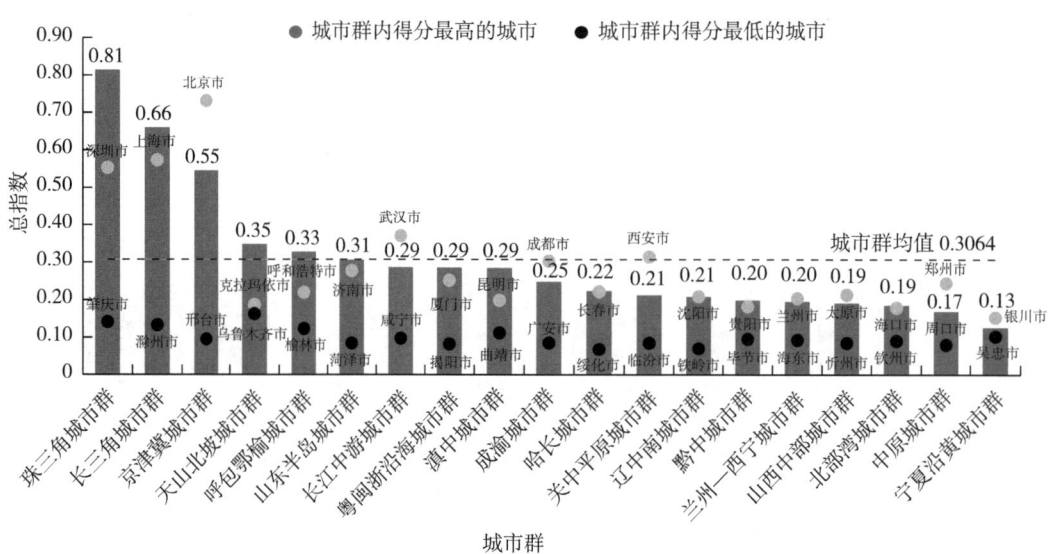

图2-26 各城市群科技创新发展总指数及城市群内部差距情况

对比近两年城市群科技创新总指数波动情况，长江中游城市群跃迁幅度最大，较上一年提升9位（图2-27）。

从一级指标来看，2022年，珠三角城市群在创新环境、创新服务和创新绩效方面的表现领跑全国；长三角城市群具有创新资源方面的优势；京津冀城市群各个一级指标排名均处于19个城市群的前列。此外，呼包鄂榆城市群在创新资源、创新环境方面发展劲头十足；山东半岛城市群在创新环境方面表现亮眼；粤闽浙沿海城市群在创新绩效方面表现优秀（图2-28）。

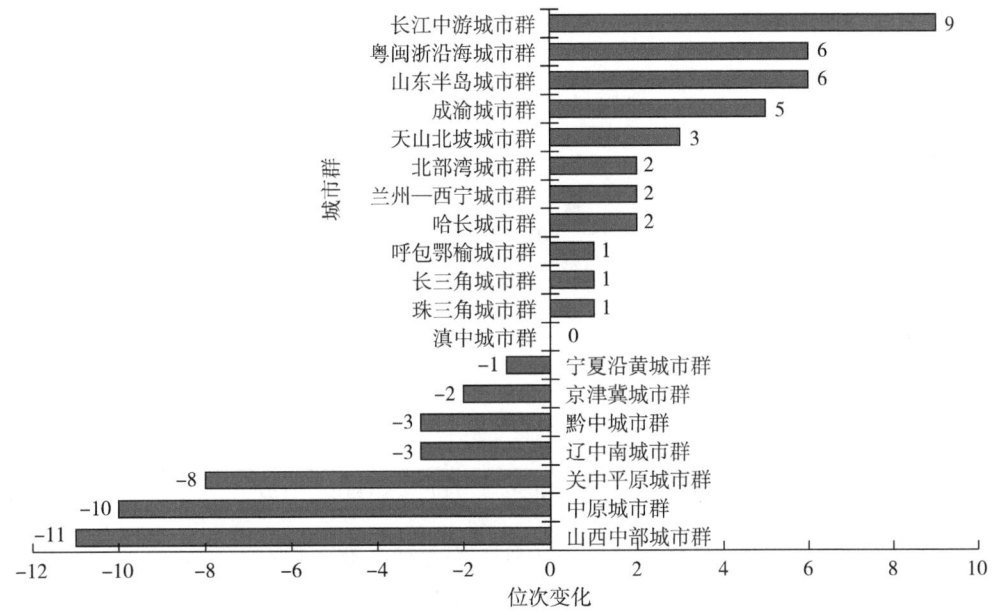

图2-27　各城市群科技创新发展总指数得分排名波动情况（2021—2022年）

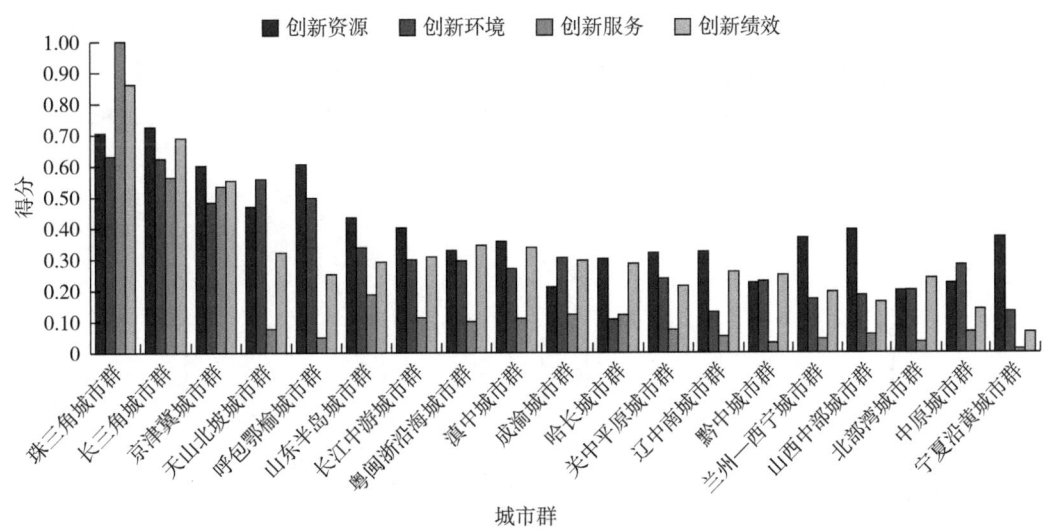

图2-28　各城市群科技创新发展指数一级指标得分情况

从科技创新型企业数量地理分布可以看出，各个城市群以重点城市为核心，辐射引领周边发展。北京市、上海市、深圳市作为"三极"，以点带面辐射引领京津冀城市群、长三角城市群和珠三角城市群创新主体的培育及发展。青岛市、武汉市、成都市、西安市、重庆市、长沙市等城市作为相应区域的核心城市，以较高数量的科技创新型企业带动中西部地区创新主体发展（图2-29）。

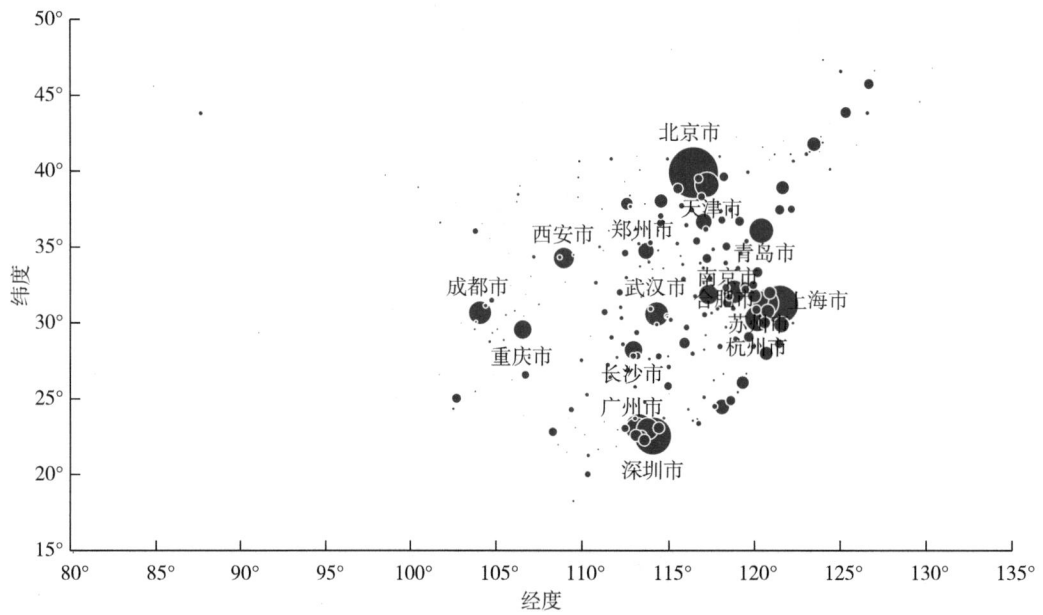

注：气泡大小代表城市科技创新型企业数量多少。

图 2-29　科技创新型企业分布概况

通过对19个城市群及其包含城市的总指数得分分布情况进行分析可知，京津冀城市群、长三角城市群和珠三角城市群科技创新水平显著高于其他城市群（图2-30）。以城市科技发展总指数标准差来衡量城市群内部差异，可以发现，目前，长三角城市群内部城市差异最小，标准差仅为0.107；京津冀城市群内部城市差异最大，标准差为0.17。

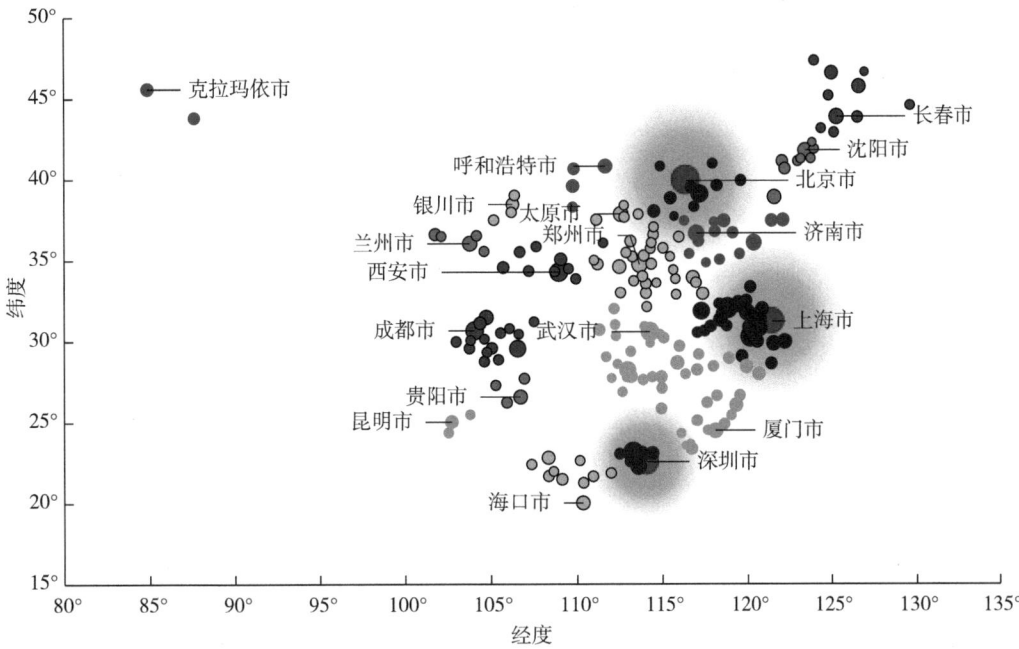

注：气泡大小代表城市总指数得分高低，数据标签所示城市为对应城市群中总指数得分最高的城市。

图 2-30 19 个城市群及其包含城市的总指数得分分布情况

分项指数篇

第三章 创新资源

一、创新资源指标构成

创新资源反映一个城市对创新活动的投入力度、创新人才资源的储备状况和创新资源的配置结构。创新人才和研发经费,即人的投入和财的投入,是创新资源中最为核心的部分。人才是创新的核心要素,而研发经费是推进科技创新的基本物质保障。因此,创新资源分指数采用创新人才和研发经费2个二级指标。创新资源占总指数的权重为19.05%。二级指标中,创新人才和研发经费的权重均为9.52%。

创新人才二级指标下设2个三级指标,分别是居民中大专以上学历人数比重和万名从业人员中科学技术人员数,均为正向指标。

研发经费二级指标下设2个三级指标,分别是地方财政科技投入占地方财政支出比重和R&D投入强度,其中,地方财政科技投入占地方财政支出比重用于衡量地方政府在科技领域的投资和支出,R&D投入强度用于衡量国家和企业在科技创新方面的整体投入程度,均为正向指标。

三级指标权重均为4.76%。创新资源指标构成如表3-1所示。

表3-1 创新资源指标构成

一级指标	权重	二级指标	权重	三级指标	指标属性	权重
创新资源	19.05%	创新人才	9.52%	居民中大专以上学历人数比重	正向	4.76%
				万名从业人员中科学技术人员数/人	正向	4.76%
		研发经费	9.52%	地方财政科技投入占地方财政支出比重	正向	4.76%
				R&D投入强度	正向	4.76%

二、创新资源指数排名

在创新资源指数方面,排名前20位的城市依次为北京市、上海市、深圳市、合肥市、南京市、杭州市、西安市、长沙市、太原市、常州市、天津市、武汉市、济南市、广州市、呼和浩特市、沈阳市、东莞市、兰州市、绵阳市、丽水市(表3-2)。

表 3-2 创新资源指数排名

城市	创新资源指数	排名	城市	创新资源指数	排名
北京市	0.8446	1	珠海市	0.3366	33
上海市	0.6160	2	银川市	0.3198	34
深圳市	0.5961	3	南昌市	0.3178	35
合肥市	0.5622	4	嘉兴市	0.3172	36
南京市	0.5574	5	福州市	0.3120	37
杭州市	0.5305	6	株洲市	0.3119	38
西安市	0.5293	7	嘉峪关市	0.3099	39
长沙市	0.4990	8	重庆市	0.3067	40
太原市	0.4762	9	厦门市	0.3067	41
常州市	0.4667	10	镇江市	0.3050	42
天津市	0.4650	11	汕头市	0.3012	43
武汉市	0.4544	12	石家庄市	0.3001	44
济南市	0.4516	13	昆明市	0.2991	45
广州市	0.4384	14	贵阳市	0.2989	46
呼和浩特市	0.4353	15	新余市	0.2958	47
沈阳市	0.4082	16	扬州市	0.2895	48
东莞市	0.4047	17	宜昌市	0.2880	49
兰州市	0.3987	18	大连市	0.2857	50
绵阳市	0.3910	19	佛山市	0.2799	51
丽水市	0.3897	20	洛阳市	0.2787	52
郑州市	0.3892	21	包头市	0.2776	53
成都市	0.3846	22	铜川市	0.2773	54
韶关市	0.3771	23	宁波市	0.2758	55
大庆市	0.3629	24	长春市	0.2758	56
苏州市	0.3563	25	铜陵市	0.2712	57
无锡市	0.3458	26	舟山市	0.2663	58
湖州市	0.3447	27	海口市	0.2641	59
芜湖市	0.3427	28	池州市	0.2641	60
东营市	0.3423	29	威海市	0.2626	61
宿迁市	0.3406	30	哈尔滨市	0.2594	62
青岛市	0.3392	31	德阳市	0.2578	63
保定市	0.3380	32	南宁市	0.2532	64

续表

城市	创新资源指数	排名	城市	创新资源指数	排名
西宁市	0.2516	65	衢州市	0.1970	97
鹰潭市	0.2490	66	南平市	0.1964	98
绍兴市	0.2488	67	克拉玛依市	0.1963	99
温州市	0.2450	68	龙岩市	0.1945	100
淄博市	0.2438	69	襄阳市	0.1943	101
乌鲁木齐市	0.2413	70	宣城市	0.1933	102
拉萨市	0.2404	71	开封市	0.1927	103
马鞍山市	0.2400	72	唐山市	0.1924	104
连云港市	0.2381	73	十堰市	0.1920	105
徐州市	0.2381	74	宁德市	0.1908	106
泰州市	0.2380	75	石嘴山市	0.1889	107
泰安市	0.2377	76	荆门市	0.1880	108
烟台市	0.2367	77	九江市	0.1871	109
南通市	0.2349	78	潍坊市	0.1866	110
盘锦市	0.2328	79	沧州市	0.1863	111
驻马店市	0.2314	80	普洱市	0.1850	112
廊坊市	0.2310	81	黄石市	0.1846	113
淮安市	0.2239	82	滨州市	0.1840	114
聊城市	0.2201	83	台州市	0.1837	115
金华市	0.2170	84	承德市	0.1834	116
黄山市	0.2169	85	景德镇市	0.1830	117
乌海市	0.2147	86	郴州市	0.1826	118
惠州市	0.2133	87	萍乡市	0.1822	119
湘潭市	0.2114	88	金昌市	0.1802	120
蚌埠市	0.2097	89	张掖市	0.1800	121
鄂尔多斯市	0.2086	90	许昌市	0.1793	122
盐城市	0.2085	91	延安市	0.1780	123
日照市	0.2075	92	鄂州市	0.1769	124
岳阳市	0.2070	93	吉安市	0.1766	125
秦皇岛市	0.2070	94	江门市	0.1760	126
淮南市	0.2002	95	攀枝花市	0.1757	127
安庆市	0.1977	96	中山市	0.1721	128

续表

城市	创新资源指数	排名	城市	创新资源指数	排名
天水市	0.1718	129	宿州市	0.1454	161
德州市	0.1712	130	巴彦淖尔市	0.1448	162
三门峡市	0.1702	131	汉中市	0.1444	163
上饶市	0.1701	132	孝感市	0.1443	164
临沂市	0.1693	133	宜春市	0.1439	165
中卫市	0.1686	134	怀化市	0.1418	166
抚顺市	0.1683	135	安顺市	0.1414	167
肇庆市	0.1680	136	玉溪市	0.1411	168
滁州市	0.1678	137	运城市	0.1394	169
晋中市	0.1677	138	平顶山市	0.1392	170
防城港市	0.1674	139	衡阳市	0.1391	171
新乡市	0.1666	140	呼伦贝尔市	0.1391	172
三明市	0.1658	141	咸阳市	0.1386	173
柳州市	0.1657	142	邯郸市	0.1377	174
随州市	0.1655	143	宝鸡市	0.1372	175
阳泉市	0.1639	144	雅安市	0.1365	176
酒泉市	0.1621	145	鹤壁市	0.1361	177
益阳市	0.1581	146	崇左市	0.1360	178
晋城市	0.1579	147	营口市	0.1354	179
赣州市	0.1561	148	娄底市	0.1347	180
长治市	0.1547	149	永州市	0.1346	181
辽源市	0.1537	150	锦州市	0.1345	182
荆州市	0.1515	151	伊春市	0.1344	183
安阳市	0.1514	152	张家口市	0.1334	184
常德市	0.1505	153	临汾市	0.1321	185
吉林市	0.1484	154	南阳市	0.1319	186
焦作市	0.1483	155	榆林市	0.1315	187
三亚市	0.1476	156	大同市	0.1314	188
濮阳市	0.1465	157	漯河市	0.1313	189
枣庄市	0.1465	158	丽江市	0.1312	190
清远市	0.1462	159	丹东市	0.1298	191
淮北市	0.1458	160	曲靖市	0.1298	192

续表

城市	创新资源指数	排名	城市	创新资源指数	排名
济宁市	0.1297	193	商洛市	0.1106	225
武威市	0.1296	194	泉州市	0.1103	226
乌兰察布市	0.1294	195	资阳市	0.1087	227
通化市	0.1288	196	七台河市	0.1077	228
鞍山市	0.1286	197	忻州市	0.1071	229
抚州市	0.1279	198	吕梁市	0.1067	230
渭南市	0.1273	199	莆田市	0.1054	231
六安市	0.1264	200	黄冈市	0.1045	232
固原市	0.1262	201	朝阳市	0.1041	233
阜新市	0.1253	202	双鸭山市	0.1013	234
衡水市	0.1251	203	松原市	0.1005	235
本溪市	0.1243	204	遵义市	0.1004	236
桂林市	0.1240	205	六盘水市	0.1002	237
白城市	0.1240	206	达州市	0.0997	238
通辽市	0.1231	207	牡丹江市	0.0991	239
白银市	0.1229	208	张家界市	0.0990	240
吴忠市	0.1215	209	白山市	0.0978	241
漳州市	0.1207	210	佳木斯市	0.0975	242
阳江市	0.1203	211	河源市	0.0973	243
茂名市	0.1198	212	广元市	0.0947	244
咸宁市	0.1196	213	邢台市	0.0947	245
辽阳市	0.1182	214	庆阳市	0.0927	246
邵阳市	0.1182	215	信阳市	0.0920	247
自贡市	0.1173	216	眉山市	0.0916	248
齐齐哈尔市	0.1169	217	宜宾市	0.0912	249
四平市	0.1141	218	朔州市	0.0910	250
平凉市	0.1130	219	定西市	0.0901	251
乐山市	0.1125	220	梧州市	0.0875	252
铜仁市	0.1121	221	商丘市	0.0872	253
北海市	0.1116	222	海东市	0.0868	254
葫芦岛市	0.1113	223	泸州市	0.0865	255
赤峰市	0.1110	224	湛江市	0.0837	256

续表

城市	创新资源指数	排名	城市	创新资源指数	排名
阜阳市	0.0831	257	内江市	0.0687	273
南充市	0.0817	258	黑河市	0.0681	274
保山市	0.0817	259	遂宁市	0.0642	275
玉林市	0.0812	260	昭通市	0.0633	276
巴中市	0.0790	261	陇南市	0.0630	277
梅州市	0.0790	262	百色市	0.0627	278
潮州市	0.0784	263	毕节市	0.0620	279
临沧市	0.0781	264	菏泽市	0.0607	280
鹤岗市	0.0779	265	钦州市	0.0605	281
铁岭市	0.0776	266	汕尾市	0.0532	282
亳州市	0.0754	267	来宾市	0.0517	283
揭阳市	0.0742	268	贵港市	0.0492	284
云浮市	0.0708	269	绥化市	0.0445	285
周口市	0.0699	270	贺州市	0.0443	286
安康市	0.0698	271	河池市	0.0438	287
鸡西市	0.0695	272	广安市	0.0429	288

三、创新资源核心指标分析

（一）创新人才

创新驱动实质上是人才驱动。城市经济实现持续发展的动力是科技创新，而要建设创新型城市，更要广泛吸引各类创新人才，尤其要集聚一批站在行业科技前沿、具有国际视野和竞争力的领军人才。因此，必须要实施更加积极的创新人才政策，用好人才、吸引人才、培养人才，形成一支规模宏大、勇于创新的创新型人才队伍。创新人才是衡量一个城市的科技创新资源首先要重点测度的要素。在城市科技创新发展指标体系中，创新人才指标所占权重为9.52%，反映了一个城市的科技和教育智力资源情况。

在创新人才指数方面，排名前10位的城市依次为北京市、呼和浩特市、上海市、西安市、南京市、武汉市、大庆市、兰州市、长沙市、太原市；排名后10位的城市依次为邵阳市、菏泽市、周口市、毕节市、亳州市、遂宁市、广安市、汕尾市、资阳市、揭阳市（图3-1，表3-3）。

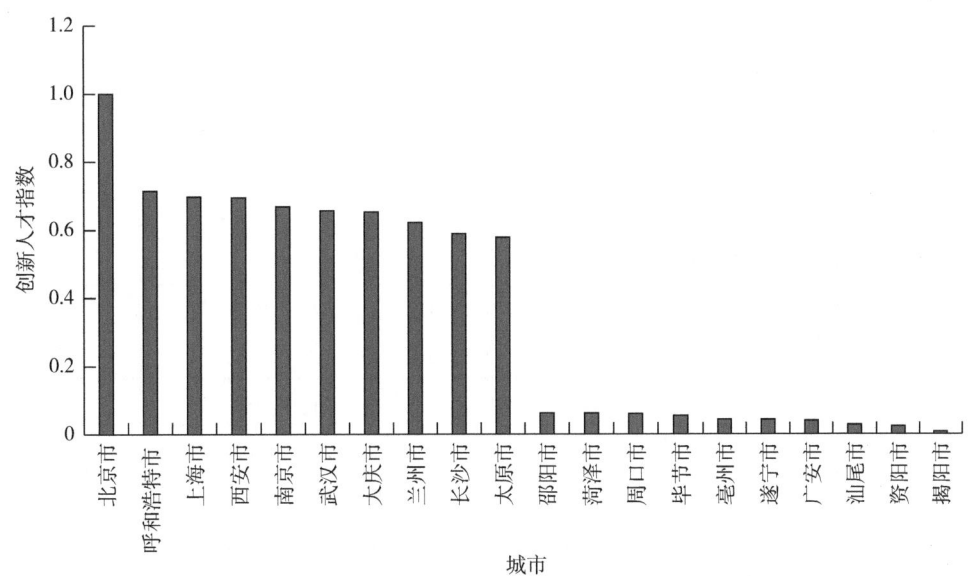

图 3-1 创新人才指数排名前 10 位和后 10 位的城市

表 3-3 创新人才指数排名

城市	创新人才指数	排名	城市	创新人才指数	排名
北京市	1.0000	1	长春市	0.4802	19
呼和浩特市	0.7143	2	昆明市	0.4634	20
上海市	0.6975	3	合肥市	0.4565	21
西安市	0.6951	4	成都市	0.4504	22
南京市	0.6684	5	银川市	0.4427	23
武汉市	0.6565	6	海口市	0.4337	24
大庆市	0.6531	7	铜川市	0.4269	25
兰州市	0.6222	8	南昌市	0.4207	26
长沙市	0.5892	9	乌鲁木齐市	0.4166	27
太原市	0.5784	10	贵阳市	0.4095	28
广州市	0.5641	11	西宁市	0.4082	29
郑州市	0.5550	12	石家庄市	0.3989	30
济南市	0.5466	13	南宁市	0.3890	31
天津市	0.5360	14	青岛市	0.3834	32
沈阳市	0.5264	15	珠海市	0.3795	33
杭州市	0.5197	16	嘉峪关市	0.3787	34
保定市	0.5016	17	包头市	0.3703	35
深圳市	0.4815	18	厦门市	0.3665	36

续表

城市	创新人才指数	排名	城市	创新人才指数	排名
拉萨市	0.3652	37	天水市	0.2423	69
大连市	0.3593	38	岳阳市	0.2409	70
常州市	0.3533	39	宿迁市	0.2403	71
无锡市	0.3521	40	巴彦淖尔市	0.2400	72
哈尔滨市	0.3506	41	嘉兴市	0.2387	73
东营市	0.3495	42	马鞍山市	0.2383	74
普洱市	0.3320	43	淄博市	0.2374	75
镇江市	0.3273	44	阳泉市	0.2358	76
鄂尔多斯市	0.3199	45	榆林市	0.2348	77
克拉玛依市	0.3160	46	烟台市	0.2323	78
乌海市	0.3135	47	抚顺市	0.2293	79
苏州市	0.3097	48	通化市	0.2283	80
洛阳市	0.3049	49	三亚市	0.2276	81
福州市	0.3016	50	东莞市	0.2273	82
秦皇岛市	0.2892	51	株洲市	0.2271	83
廊坊市	0.2748	52	池州市	0.2265	84
扬州市	0.2690	53	金昌市	0.2247	85
张掖市	0.2678	54	佛山市	0.2240	86
宜昌市	0.2657	55	襄阳市	0.2239	87
宁波市	0.2644	56	晋中市	0.2232	88
舟山市	0.2583	57	乌兰察布市	0.2216	89
呼伦贝尔市	0.2579	58	郴州市	0.2214	90
酒泉市	0.2578	59	黄山市	0.2214	91
盘锦市	0.2549	60	崇左市	0.2214	92
延安市	0.2529	61	长治市	0.2213	93
沧州市	0.2525	62	威海市	0.2208	94
吉林市	0.2520	63	四平市	0.2176	95
连云港市	0.2516	64	鹰潭市	0.2168	96
重庆市	0.2495	65	湘潭市	0.2133	97
芜湖市	0.2495	66	通辽市	0.2133	98
锦州市	0.2488	67	铜陵市	0.2125	99
承德市	0.2465	68	辽源市	0.2117	100

续表

城市	创新人才指数	排名	城市	创新人才指数	排名
丽江市	0.2115	101	临汾市	0.1779	133
张家口市	0.2086	102	衢州市	0.1760	134
大同市	0.2055	103	泰州市	0.1744	135
晋城市	0.2043	104	汉中市	0.1720	136
常德市	0.2041	105	湖州市	0.1715	137
淮安市	0.2030	106	滁州市	0.1708	138
北海市	0.2022	107	丽水市	0.1707	139
九江市	0.2016	108	潍坊市	0.1703	140
新余市	0.2014	109	宝鸡市	0.1700	141
攀枝花市	0.2012	110	牡丹江市	0.1685	142
平凉市	0.1991	111	南通市	0.1682	143
赤峰市	0.1972	112	日照市	0.1676	144
武威市	0.1957	113	固原市	0.1675	145
玉溪市	0.1954	114	佳木斯市	0.1673	146
咸阳市	0.1909	115	蚌埠市	0.1665	147
忻州市	0.1902	116	绍兴市	0.1646	148
阜新市	0.1900	117	松原市	0.1644	149
白城市	0.1887	118	中卫市	0.1632	150
柳州市	0.1869	119	德阳市	0.1628	151
白山市	0.1869	120	荆州市	0.1627	152
本溪市	0.1864	121	朔州市	0.1619	153
黄石市	0.1861	122	三明市	0.1600	154
桂林市	0.1845	123	营口市	0.1583	155
徐州市	0.1842	124	庆阳市	0.1573	156
七台河市	0.1820	125	鄂州市	0.1572	157
白银市	0.1812	126	盐城市	0.1569	158
鞍山市	0.1804	127	海东市	0.1568	159
渭南市	0.1797	128	韶关市	0.1568	160
安庆市	0.1794	129	泰安市	0.1563	161
石嘴山市	0.1790	130	伊春市	0.1559	162
丹东市	0.1789	131	运城市	0.1559	163
唐山市	0.1782	132	惠州市	0.1545	164

续表

城市	创新人才指数	排名	城市	创新人才指数	排名
金华市	0.1540	165	鸡西市	0.1259	197
温州市	0.1531	166	铁岭市	0.1249	198
淮南市	0.1530	167	自贡市	0.1246	199
辽阳市	0.1524	168	滨州市	0.1244	200
绵阳市	0.1524	169	咸宁市	0.1233	201
吕梁市	0.1515	170	台州市	0.1221	202
荆门市	0.1509	171	衡阳市	0.1212	203
乐山市	0.1503	172	信阳市	0.1209	204
淮北市	0.1496	173	宣城市	0.1203	205
齐齐哈尔市	0.1490	174	雅安市	0.1200	206
宿州市	0.1487	175	济宁市	0.1189	207
南平市	0.1487	176	双鸭山市	0.1187	208
萍乡市	0.1484	177	清远市	0.1165	209
江门市	0.1477	178	随州市	0.1163	210
许昌市	0.1477	179	南阳市	0.1160	211
三门峡市	0.1457	180	六安市	0.1157	212
朝阳市	0.1444	181	枣庄市	0.1148	213
商洛市	0.1442	182	新乡市	0.1142	214
定西市	0.1432	183	广元市	0.1142	215
中山市	0.1424	184	保山市	0.1139	216
开封市	0.1393	185	鹤壁市	0.1135	217
吴忠市	0.1389	186	临沧市	0.1128	218
曲靖市	0.1382	187	玉林市	0.1121	219
十堰市	0.1368	188	平顶山市	0.1101	220
鹤岗市	0.1358	189	邯郸市	0.1099	221
焦作市	0.1352	190	怀化市	0.1090	222
龙岩市	0.1329	191	遵义市	0.1081	223
黑河市	0.1323	192	景德镇市	0.1070	224
葫芦岛市	0.1323	193	漯河市	0.1064	225
防城港市	0.1318	194	赣州市	0.1062	226
濮阳市	0.1306	195	梧州市	0.1062	227
阳江市	0.1266	196	茂名市	0.1060	228

续表

城市	创新人才指数	排名	城市	创新人才指数	排名
铜仁市	0.1058	229	眉山市	0.0856	259
邢台市	0.1054	230	吉安市	0.0846	260
梅州市	0.1048	231	永州市	0.0833	261
昭通市	0.1048	232	绥化市	0.0808	262
安顺市	0.1038	233	宜宾市	0.0805	263
湛江市	0.1035	234	六盘水市	0.0805	264
衡水市	0.1022	235	莆田市	0.0794	265
益阳市	0.1018	236	抚州市	0.0767	266
河源市	0.1016	237	潮州市	0.0760	267
德州市	0.1005	238	驻马店市	0.0758	268
孝感市	0.1000	239	达州市	0.0745	269
张家界市	0.0997	240	贺州市	0.0721	270
娄底市	0.0995	241	宜春市	0.0715	271
百色市	0.0984	242	黄冈市	0.0714	272
汕头市	0.0984	243	云浮市	0.0704	273
安阳市	0.0983	244	贵港市	0.0694	274
商丘市	0.0973	245	阜阳市	0.0677	275
南充市	0.0969	246	内江市	0.0666	276
宁德市	0.0967	247	泸州市	0.0628	277
肇庆市	0.0935	248	河池市	0.0625	278
聊城市	0.0931	249	邵阳市	0.0620	279
安康市	0.0926	250	菏泽市	0.0614	280
临沂市	0.0916	251	周口市	0.0598	281
钦州市	0.0914	252	毕节市	0.0542	282
漳州市	0.0910	253	亳州市	0.0433	283
上饶市	0.0906	254	遂宁市	0.0426	284
来宾市	0.0891	255	广安市	0.0400	285
巴中市	0.0888	256	汕尾市	0.0277	286
泉州市	0.0871	257	资阳市	0.0234	287
陇南市	0.0861	258	揭阳市	0.0074	288

（二）研发经费

城市科技创新发展需要有坚实的物质基础，研发经费是推进科技创新的基本保障。由于创新成果具有公共物品特征，所以创新投入的私人回报率低于社会回报率，同时，创新的高风险特征也构成创新活动的障碍，市场经济中创新主体的创新投入可能低于社会最优水平。与税收、明晰产权等公共政策相比，政府财政支出能够更有效地弥补因上述问题而产生的创新投入不足。因此，研发经费指数将着眼于财政支出对城市科技创新的影响，以地方财政科技投入占地方财政支出比重来衡量城市政府对科技创新活动的物质资本投入强度，同时，鉴于人力资本是技术创新的核心要素，财政教育支出可以通过作用于人力资本积累而间接影响科技创新，以地方财政教育投入占地方财政支出比重来衡量对创新的人力资本投入强度。

在研发经费指数方面，排名前 10 位的城市依次为深圳市、北京市、合肥市、绵阳市、丽水市、韶关市、东莞市、常州市、杭州市、上海市；排名后 10 位的城市依次为朔州市、鹤岗市、海东市、贺州市、来宾市、鸡西市、四平市、白山市、绥化市、黑河市（图 3-2，表 3-4）。

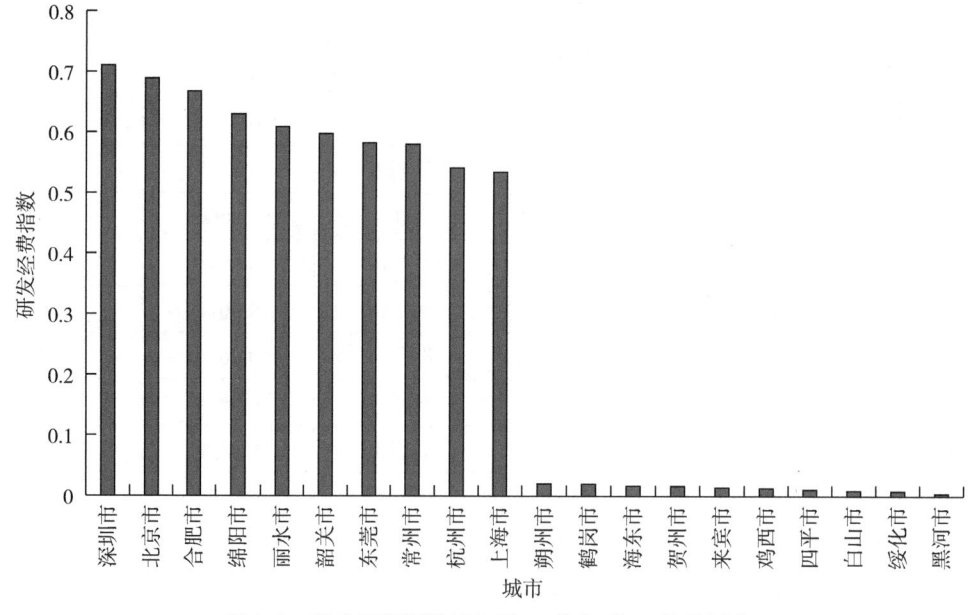

图 3-2　研发经费指数排名前 10 位和后 10 位的城市

表3-4 研发经费指数排名

城市	研发经费指数	排名	城市	研发经费指数	排名
深圳市	0.7107	1	绍兴市	0.3329	33
北京市	0.6892	2	铜陵市	0.3299	34
合肥市	0.6678	3	福州市	0.3223	35
绵阳市	0.6296	4	泰安市	0.3191	36
丽水市	0.6087	5	成都市	0.3188	37
韶关市	0.5974	6	广州市	0.3127	38
东莞市	0.5822	7	宜昌市	0.3103	39
常州市	0.5800	8	扬州市	0.3100	40
杭州市	0.5413	9	威海市	0.3044	41
上海市	0.5344	10	南通市	0.3016	42
湖州市	0.5180	11	泰州市	0.3016	43
汕头市	0.5039	12	池州市	0.3016	44
南京市	0.4464	13	青岛市	0.2949	45
宿迁市	0.4409	14	珠海市	0.2938	46
芜湖市	0.4360	15	徐州市	0.2920	47
长沙市	0.4089	16	沈阳市	0.2901	48
苏州市	0.4030	17	宁波市	0.2873	49
株洲市	0.3967	18	宁德市	0.2849	50
嘉兴市	0.3958	19	镇江市	0.2827	51
天津市	0.3940	20	鹰潭市	0.2813	52
新余市	0.3902	21	金华市	0.2800	53
驻马店市	0.3870	22	舟山市	0.2743	54
太原市	0.3741	23	惠州市	0.2721	55
重庆市	0.3639	24	吉安市	0.2686	56
西安市	0.3636	25	宣城市	0.2663	57
济南市	0.3567	26	盐城市	0.2602	58
德阳市	0.3528	27	景德镇市	0.2590	59
聊城市	0.3471	28	龙岩市	0.2561	60
无锡市	0.3396	29	蚌埠市	0.2529	61
温州市	0.3368	30	洛阳市	0.2525	62
佛山市	0.3359	31	武汉市	0.2522	63
东营市	0.3352	32	淄博市	0.2502	64

续表

城市	研发经费指数	排名	城市	研发经费指数	排名
上饶市	0.2495	65	唐山市	0.2067	97
日照市	0.2474	66	赣州市	0.2060	98
淮南市	0.2473	67	安阳市	0.2044	99
十堰市	0.2471	68	江门市	0.2042	100
临沂市	0.2470	69	防城港市	0.2030	101
厦门市	0.2470	70	潍坊市	0.2029	102
开封市	0.2460	71	中山市	0.2017	103
台州市	0.2453	72	石家庄市	0.2013	104
淮安市	0.2447	73	石嘴山市	0.1989	105
南平市	0.2442	74	银川市	0.1969	106
滨州市	0.2436	75	鄂州市	0.1966	107
肇庆市	0.2426	76	三门峡市	0.1947	108
德州市	0.2419	77	资阳市	0.1940	109
马鞍山市	0.2417	78	孝感市	0.1886	110
烟台市	0.2411	79	贵阳市	0.1882	111
嘉峪关市	0.2410	80	廊坊市	0.1873	112
荆门市	0.2251	81	永州市	0.1859	113
连云港市	0.2247	82	包头市	0.1849	114
郑州市	0.2234	83	黄石市	0.1830	115
新乡市	0.2191	84	抚州市	0.1791	116
衢州市	0.2180	85	安顺市	0.1790	117
宜春市	0.2164	86	枣庄市	0.1781	118
安庆市	0.2160	87	清远市	0.1760	119
萍乡市	0.2159	88	兰州市	0.1752	120
南昌市	0.2149	89	怀化市	0.1746	121
随州市	0.2148	90	保定市	0.1744	122
益阳市	0.2145	91	邵阳市	0.1743	123
黄山市	0.2124	92	中卫市	0.1739	124
大连市	0.2120	93	岳阳市	0.1732	125
许昌市	0.2109	94	九江市	0.1725	126
盘锦市	0.2107	95	三明市	0.1716	127
湘潭市	0.2095	96	娄底市	0.1699	128

续表

城市	研发经费指数	排名	城市	研发经费指数	排名
平顶山市	0.1683	129	秦皇岛市	0.1248	161
哈尔滨市	0.1681	130	运城市	0.1229	162
邯郸市	0.1656	131	曲靖市	0.1213	163
滁州市	0.1648	132	承德市	0.1203	164
襄阳市	0.1647	133	沧州市	0.1200	165
濮阳市	0.1624	134	六盘水市	0.1199	166
焦作市	0.1614	135	铜仁市	0.1184	167
鹤壁市	0.1587	136	南宁市	0.1175	168
衡阳市	0.1571	137	汉中市	0.1168	169
漯河市	0.1563	138	乌海市	0.1158	170
呼和浩特市	0.1562	139	咸宁市	0.1158	171
雅安市	0.1531	140	拉萨市	0.1156	172
漳州市	0.1504	141	阳江市	0.1141	173
攀枝花市	0.1501	142	伊春市	0.1128	174
衡水市	0.1481	143	营口市	0.1124	175
南阳市	0.1477	144	晋中市	0.1123	176
柳州市	0.1446	145	晋城市	0.1115	177
郴州市	0.1437	146	泸州市	0.1103	178
宿州市	0.1422	147	自贡市	0.1100	179
淮北市	0.1420	148	亳州市	0.1076	180
揭阳市	0.1410	149	抚顺市	0.1073	181
济宁市	0.1405	150	宝鸡市	0.1045	182
荆州市	0.1403	151	吴忠市	0.1040	183
黄冈市	0.1376	152	延安市	0.1031	184
六安市	0.1371	153	宜宾市	0.1019	185
金昌市	0.1358	154	天水市	0.1013	186
昆明市	0.1347	155	阜阳市	0.0985	187
茂名市	0.1336	156	张家界市	0.0984	188
泉州市	0.1335	157	眉山市	0.0976	189
莆田市	0.1314	158	鄂尔多斯市	0.0973	190
铜川市	0.1276	159	常德市	0.0968	191
达州市	0.1250	160	辽源市	0.0957	192

续表

城市	研发经费指数	排名	城市	研发经费指数	排名
西宁市	0.0951	193	毕节市	0.0698	225
海口市	0.0946	194	巴中市	0.0693	226
河源市	0.0930	195	梧州市	0.0687	227
遵义市	0.0927	196	三亚市	0.0675	228
张掖市	0.0921	197	南充市	0.0666	229
阳泉市	0.0920	198	酒泉市	0.0664	230
葫芦岛市	0.0904	199	乌鲁木齐市	0.0660	231
长治市	0.0881	200	白银市	0.0646	232
玉溪市	0.0868	201	湛江市	0.0640	233
咸阳市	0.0863	202	朝阳市	0.0639	234
临汾市	0.0862	203	桂林市	0.0635	235
遂宁市	0.0858	204	武威市	0.0634	236
固原市	0.0849	205	信阳市	0.0630	237
齐齐哈尔市	0.0848	206	本溪市	0.0621	238
双鸭山市	0.0840	207	吕梁市	0.0619	239
辽阳市	0.0839	208	阜新市	0.0606	240
邢台市	0.0839	209	菏泽市	0.0599	241
丹东市	0.0807	210	白城市	0.0592	242
潮州市	0.0807	211	张家口市	0.0582	243
周口市	0.0799	212	大同市	0.0574	244
汕尾市	0.0786	213	梅州市	0.0533	245
商丘市	0.0772	214	丽江市	0.0509	246
商洛市	0.0771	215	崇左市	0.0506	247
鞍山市	0.0769	216	玉林市	0.0503	248
克拉玛依市	0.0766	217	巴彦淖尔市	0.0496	249
广元市	0.0752	218	保山市	0.0494	250
渭南市	0.0749	219	安康市	0.0470	251
乐山市	0.0748	220	广安市	0.0459	252
大庆市	0.0726	221	吉林市	0.0448	253
长春市	0.0714	222	临沧市	0.0434	254
云浮市	0.0712	223	陇南市	0.0399	255
内江市	0.0709	224	普洱市	0.0381	256

续表

城市	研发经费指数	排名	城市	研发经费指数	排名
乌兰察布市	0.0372	257	赤峰市	0.0248	273
定西市	0.0371	258	忻州市	0.0239	274
松原市	0.0366	259	昭通市	0.0218	275
七台河市	0.0335	260	北海市	0.0211	276
通辽市	0.0330	261	呼伦贝尔市	0.0204	277
铁岭市	0.0302	262	锦州市	0.0202	278
牡丹江市	0.0297	263	朔州市	0.0201	279
钦州市	0.0297	264	鹤岗市	0.0199	280
通化市	0.0293	265	海东市	0.0168	281
贵港市	0.0289	266	贺州市	0.0165	282
庆阳市	0.0282	267	来宾市	0.0142	283
榆林市	0.0281	268	鸡西市	0.0130	284
佳木斯市	0.0276	269	四平市	0.0106	285
百色市	0.0270	270	白山市	0.0088	286
平凉市	0.0268	271	绥化市	0.0082	287
河池市	0.0251	272	黑河市	0.0039	288

第四章 创新环境

一、创新环境指标构成

创新环境主要反映培育创新活动和创新企业所面临的硬环境和软环境，是提升城市创新能力的重要基础与保障。创新环境占总指数的权重为 19.05%。创新环境下又分设政策环境、信息环境 2 个二级指标。

政策环境二级指标下设 2 个三级指标，分别是每万人吸引外商投资额和平均融资披露金额，均为正向指标。

信息环境二级指标下设 2 个三级指标，分别是人均教育经费和互联网宽带接入用户数，均为正向指标。

三级指标权重均为 4.76%。创新环境指标构成如表 4-1 所示。

表 4-1 创新环境指标构成

一级指标	权重	二级指标	权重	三级指标	指标属性	权重
创新环境	19.05%	政策环境	9.52%	每万人吸引外商投资额/万美元	正向	4.76%
				平均融资披露金额/（亿元/件）	正向	4.76%
		信息环境	9.52%	人均教育经费/元	正向	4.76%
				互联网宽带接入用户数/万户	正向	4.76%

二、创新环境指数排名

在创新环境指数方面，排名前 20 位的城市依次为北京市、上海市、舟山市、深圳市、重庆市、珠海市、淮北市、杭州市、克拉玛依市、鄂尔多斯市、拉萨市、天津市、苏州市、南京市、武汉市、广州市、成都市、青岛市、长沙市、无锡市（表 4-2）。

表 4-2 创新环境指数排名

城市	创新环境指数	排名	城市	创新环境指数	排名
北京市	0.4298	1	深圳市	0.3429	4
上海市	0.4286	2	重庆市	0.3320	5
舟山市	0.3486	3	珠海市	0.3209	6

续表

城市	创新环境指数	排名	城市	创新环境指数	排名
淮北市	0.3061	7	长春市	0.1521	39
杭州市	0.2897	8	漯河市	0.1474	40
克拉玛依市	0.2876	9	唐山市	0.1472	41
鄂尔多斯市	0.2866	10	赣州市	0.1471	42
拉萨市	0.2773	11	贵阳市	0.1461	43
天津市	0.2673	12	绍兴市	0.1450	44
苏州市	0.2672	13	海口市	0.1444	45
南京市	0.2623	14	温州市	0.1433	46
武汉市	0.2505	15	三门峡市	0.1414	47
广州市	0.2504	16	福州市	0.1406	48
成都市	0.2488	17	徐州市	0.1402	49
青岛市	0.2348	18	石家庄市	0.1381	50
长沙市	0.2268	19	榆林市	0.1380	51
无锡市	0.2075	20	洛阳市	0.1368	52
惠州市	0.2036	21	东营市	0.1368	53
宁波市	0.1972	22	乌鲁木齐市	0.1355	54
马鞍山市	0.1903	23	北海市	0.1349	55
西安市	0.1899	24	烟台市	0.1346	56
厦门市	0.1885	25	郑州市	0.1345	57
济南市	0.1812	26	扬州市	0.1330	58
常州市	0.1795	27	新余市	0.1321	59
南通市	0.1780	28	延安市	0.1315	60
南昌市	0.1752	29	丽水市	0.1288	61
芜湖市	0.1731	30	秦皇岛市	0.1286	62
合肥市	0.1722	31	铜川市	0.1281	63
吕梁市	0.1704	32	包头市	0.1275	64
嘉兴市	0.1669	33	镇江市	0.1274	65
九江市	0.1612	34	台州市	0.1273	66
廊坊市	0.1611	35	固原市	0.1273	67
宁德市	0.1607	36	泉州市	0.1271	68
威海市	0.1566	37	东莞市	0.1271	69
湖州市	0.1544	38	金华市	0.1265	70

续表

城市	创新环境指数	排名	城市	创新环境指数	排名
天水市	0.1254	71	保定市	0.1016	103
盐城市	0.1224	72	吴忠市	0.1013	104
昆明市	0.1205	73	龙岩市	0.1012	105
潍坊市	0.1204	74	六盘水市	0.1010	106
衢州市	0.1195	75	中卫市	0.1005	107
宜春市	0.1176	76	连云港市	0.0993	108
吉安市	0.1174	77	玉溪市	0.0979	109
佛山市	0.1173	78	襄阳市	0.0979	110
陇南市	0.1171	79	肇庆市	0.0968	111
内江市	0.1152	80	株洲市	0.0966	112
营口市	0.1128	81	兰州市	0.0958	113
平凉市	0.1128	82	蚌埠市	0.0958	114
鹰潭市	0.1125	83	安康市	0.0954	115
三明市	0.1117	84	宿迁市	0.0953	116
泰州市	0.1106	85	宜宾市	0.0953	117
呼和浩特市	0.1106	86	南阳市	0.0939	118
宣城市	0.1105	87	柳州市	0.0927	119
上饶市	0.1104	88	张家口市	0.0925	120
大连市	0.1097	89	抚州市	0.0923	121
通化市	0.1093	90	遂宁市	0.0921	122
海东市	0.1092	91	济宁市	0.0919	123
泰安市	0.1081	92	鹤壁市	0.0909	124
萍乡市	0.1081	93	南宁市	0.0897	125
郴州市	0.1075	94	淄博市	0.0895	126
铜仁市	0.1071	95	西宁市	0.0894	127
滁州市	0.1063	96	湛江市	0.0894	128
沧州市	0.1052	97	淮安市	0.0885	129
中山市	0.1052	98	铜陵市	0.0881	130
三亚市	0.1044	99	常德市	0.0877	131
黄石市	0.1041	100	焦作市	0.0873	132
莆田市	0.1036	101	临沂市	0.0871	133
湘潭市	0.1025	102	承德市	0.0871	134

续表

城市	创新环境指数	排名	城市	创新环境指数	排名
白山市	0.0868	135	庆阳市	0.0768	167
毕节市	0.0864	136	日照市	0.0764	168
信阳市	0.0854	137	太原市	0.0763	169
赤峰市	0.0853	138	邢台市	0.0762	170
景德镇市	0.0852	139	开封市	0.0760	171
德阳市	0.0847	140	新乡市	0.0755	172
邯郸市	0.0845	141	通辽市	0.0752	173
朝阳市	0.0839	142	宝鸡市	0.0751	174
池州市	0.0838	143	渭南市	0.0751	175
菏泽市	0.0837	144	衡阳市	0.0744	176
永州市	0.0836	145	白银市	0.0739	177
安庆市	0.0835	146	安顺市	0.0736	178
昭通市	0.0835	147	百色市	0.0734	179
普洱市	0.0835	148	汕头市	0.0728	180
沈阳市	0.0831	149	韶关市	0.0723	181
武威市	0.0829	150	呼伦贝尔市	0.0718	182
江门市	0.0826	151	广安市	0.0715	183
清远市	0.0824	152	盘锦市	0.0713	184
遵义市	0.0821	153	梅州市	0.0708	185
宜昌市	0.0814	154	平顶山市	0.0707	186
六安市	0.0810	155	乌兰察布市	0.0697	187
河源市	0.0806	156	商洛市	0.0682	188
濮阳市	0.0805	157	广元市	0.0676	189
定西市	0.0802	158	钦州市	0.0671	190
南平市	0.0798	159	贺州市	0.0666	191
宿州市	0.0798	160	周口市	0.0665	192
曲靖市	0.0792	161	云浮市	0.0664	193
咸阳市	0.0790	162	阜阳市	0.0663	194
漳州市	0.0777	163	岳阳市	0.0661	195
泸州市	0.0776	164	驻马店市	0.0659	196
亳州市	0.0776	165	攀枝花市	0.0658	197
十堰市	0.0774	166	丹东市	0.0649	198

续表

城市	创新环境指数	排名	城市	创新环境指数	排名
怀化市	0.0646	199	巴中市	0.0553	231
酒泉市	0.0646	200	枣庄市	0.0543	232
张掖市	0.0645	201	黄山市	0.0535	233
许昌市	0.0641	202	白城市	0.0534	234
南充市	0.0640	203	吉林市	0.0522	235
滨州市	0.0638	204	玉林市	0.0522	236
临沧市	0.0634	205	张家界市	0.0521	237
丽江市	0.0632	206	大同市	0.0516	238
淮南市	0.0631	207	防城港市	0.0515	239
鄂州市	0.0630	208	雅安市	0.0495	240
绵阳市	0.0626	209	运城市	0.0488	241
长治市	0.0623	210	益阳市	0.0486	242
安阳市	0.0617	211	梧州市	0.0473	243
巴彦淖尔市	0.0615	212	潮州市	0.0473	244
哈尔滨市	0.0614	213	忻州市	0.0472	245
黄冈市	0.0613	214	保山市	0.0464	246
河池市	0.0611	215	荆门市	0.0449	247
汉中市	0.0604	216	朔州市	0.0445	248
石嘴山市	0.0603	217	邵阳市	0.0443	249
银川市	0.0598	218	阳江市	0.0431	250
桂林市	0.0598	219	崇左市	0.0427	251
汕尾市	0.0591	220	金昌市	0.0425	252
茂名市	0.0590	221	辽源市	0.0424	253
衡水市	0.0585	222	自贡市	0.0418	254
乌海市	0.0584	223	贵港市	0.0416	255
晋城市	0.0583	224	四平市	0.0406	256
娄底市	0.0575	225	孝感市	0.0387	257
晋中市	0.0570	226	眉山市	0.0386	258
德州市	0.0568	227	临汾市	0.0383	259
商丘市	0.0566	228	大庆市	0.0380	260
荆州市	0.0565	229	来宾市	0.0378	261
聊城市	0.0553	230	达州市	0.0375	262

续表

城市	创新环境指数	排名	城市	创新环境指数	排名
伊春市	0.0374	263	辽阳市	0.0263	276
乐山市	0.0372	264	阜新市	0.0259	277
齐齐哈尔市	0.0368	265	随州市	0.0237	278
揭阳市	0.0365	266	锦州市	0.0226	279
咸宁市	0.0347	267	铁岭市	0.0223	280
鞍山市	0.0329	268	鸡西市	0.0214	281
绥化市	0.0329	269	资阳市	0.0204	282
阳泉市	0.0328	270	本溪市	0.0201	283
佳木斯市	0.0320	271	牡丹江市	0.0185	284
松原市	0.0306	272	七台河市	0.0176	285
葫芦岛市	0.0291	273	鹤岗市	0.0167	286
黑河市	0.0272	274	双鸭山市	0.0142	287
嘉峪关市	0.0271	275	抚顺市	0.0106	288

三、创新环境核心指标分析

（一）政策环境

政策环境指标主要反映并度量城市为促进科技进步、激励创业创新而实施的相关政策支持力度。政府可以通过制定和完善公共科技政策来降低企业成本，同时为企业创办及不同阶段的发展提供多元化的资本支持，以此来激励企业创新行为的实施和落地，进一步提高企业的创新能力，增加创新产出。

在政策环境指数方面，排名前10位的城市依次为淮北市、舟山市、马鞍山市、鄂尔多斯市、珠海市、上海市、惠州市、漯河市、海口市、吕梁市；排名后10位的城市依次为百色市、抚顺市、临沧市、双鸭山市、伊春市、张掖市、鹤岗市、七台河市、固原市、金昌市（图4-1，表4-3）。

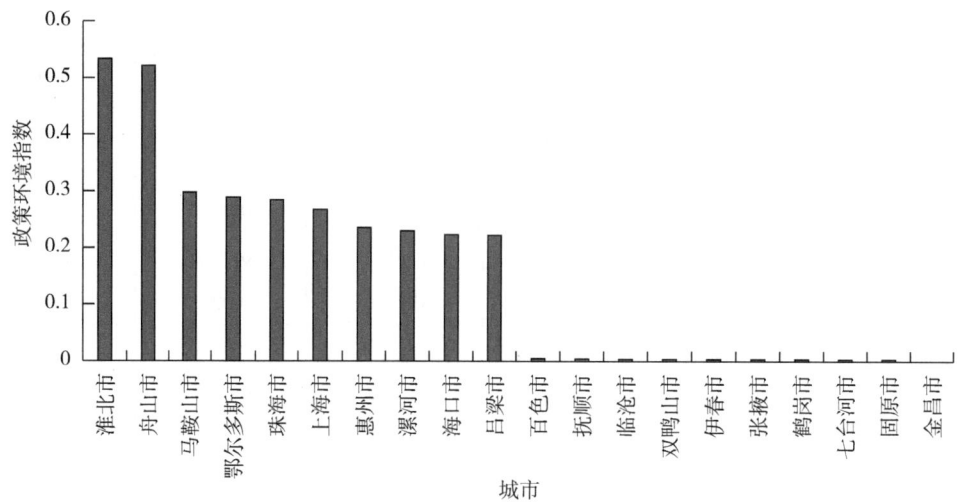

图 4-1　政策环境指数排名前 10 位和后 10 位的城市

表 4-3　政策环境指数排名

城市	政策环境指数	排名	城市	政策环境指数	排名
淮北市	0.5337	1	廊坊市	0.1627	21
舟山市	0.5215	2	南昌市	0.1618	22
马鞍山市	0.2975	3	新余市	0.1583	23
鄂尔多斯市	0.2888	4	西安市	0.1537	24
珠海市	0.2842	5	天津市	0.1524	25
上海市	0.2675	6	湘潭市	0.1459	26
惠州市	0.2355	7	青岛市	0.1458	27
漯河市	0.2300	8	洛阳市	0.1435	28
海口市	0.2235	9	常州市	0.1428	29
吕梁市	0.2224	10	无锡市	0.1407	30
武汉市	0.2185	11	秦皇岛市	0.1405	31
北京市	0.2050	12	深圳市	0.1394	32
营口市	0.1989	13	德阳市	0.1349	33
芜湖市	0.1950	14	北海市	0.1340	34
长沙市	0.1949	15	九江市	0.1339	35
成都市	0.1910	16	南京市	0.1325	36
宁德市	0.1896	17	嘉兴市	0.1308	37
克拉玛依市	0.1707	18	广州市	0.1284	38
杭州市	0.1699	19	贵阳市	0.1258	39
三门峡市	0.1638	20	鹤壁市	0.1255	40

续表

城市	政策环境指数	排名	城市	政策环境指数	排名
泰安市	0.1248	41	池州市	0.0854	75
陇南市	0.1236	42	镇江市	0.0803	76
天水市	0.1230	43	铜川市	0.0802	77
苏州市	0.1222	44	中山市	0.0796	78
遂宁市	0.1218	45	绍兴市	0.0793	79
焦作市	0.1209	46	宁波市	0.0790	80
郴州市	0.1203	47	吉安市	0.0768	81
合肥市	0.1196	48	上饶市	0.0763	82
黄石市	0.1186	49	平顶山市	0.0762	83
烟台市	0.1155	50	玉溪市	0.0760	84
宣城市	0.1141	51	金华市	0.0751	85
乌鲁木齐市	0.1103	52	佛山市	0.0740	86
株洲市	0.1096	53	呼和浩特市	0.0729	87
厦门市	0.1081	54	湛江市	0.0703	88
南通市	0.1077	55	鹰潭市	0.0696	89
威海市	0.1068	56	襄阳市	0.0694	90
湖州市	0.1057	57	衢州市	0.0683	91
唐山市	0.1054	58	沈阳市	0.0680	92
蚌埠市	0.1041	59	淮安市	0.0664	93
大连市	0.1034	60	萍乡市	0.0655	94
济南市	0.1011	61	长春市	0.0654	95
滁州市	0.0948	62	潍坊市	0.0654	96
郑州市	0.0942	63	亳州市	0.0651	97
泰州市	0.0939	64	徐州市	0.0644	98
开封市	0.0938	65	宜春市	0.0642	99
朝阳市	0.0932	66	丹东市	0.0641	100
赣州市	0.0904	67	菏泽市	0.0640	101
昆明市	0.0897	68	永州市	0.0637	102
三亚市	0.0895	69	东莞市	0.0629	103
铜陵市	0.0893	70	宿迁市	0.0628	104
常德市	0.0882	71	普洱市	0.0627	105
延安市	0.0871	72	台州市	0.0622	106
扬州市	0.0868	73	衡阳市	0.0611	107
盘锦市	0.0867	74	咸阳市	0.0609	108

续表

城市	政策环境指数	排名	城市	政策环境指数	排名
钦州市	0.0596	109	包头市	0.0421	143
宿州市	0.0593	110	雅安市	0.0417	144
新乡市	0.0592	111	渭南市	0.0413	145
岳阳市	0.0590	112	黄山市	0.0410	146
宜宾市	0.0589	113	娄底市	0.0406	147
石家庄市	0.0584	114	泸州市	0.0398	148
连云港市	0.0580	115	景德镇市	0.0393	149
淮南市	0.0572	116	温州市	0.0392	150
内江市	0.0570	117	吴忠市	0.0391	151
荆州市	0.0558	118	巴彦淖尔市	0.0391	152
柳州市	0.0539	119	周口市	0.0381	153
盐城市	0.0537	120	济宁市	0.0380	154
南阳市	0.0535	121	安阳市	0.0375	155
白山市	0.0529	122	广元市	0.0370	156
东营市	0.0529	123	长治市	0.0368	157
兰州市	0.0520	124	邢台市	0.0368	158
福州市	0.0518	125	信阳市	0.0359	159
濮阳市	0.0516	126	晋城市	0.0353	160
保定市	0.0507	127	鄂州市	0.0352	161
六盘水市	0.0506	128	沧州市	0.0345	162
泉州市	0.0490	129	银川市	0.0344	163
拉萨市	0.0483	130	莆田市	0.0344	164
重庆市	0.0483	131	清远市	0.0335	165
西宁市	0.0479	132	商丘市	0.0335	166
江门市	0.0475	133	赤峰市	0.0334	167
张家口市	0.0472	134	荆门市	0.0332	168
日照市	0.0456	135	六安市	0.0331	169
宜昌市	0.0455	136	安庆市	0.0330	170
贺州市	0.0451	137	哈尔滨市	0.0327	171
邯郸市	0.0438	138	通辽市	0.0326	172
十堰市	0.0437	139	佳木斯市	0.0325	173
许昌市	0.0435	140	三明市	0.0320	174
中卫市	0.0427	141	通化市	0.0320	175
汕头市	0.0423	142	抚州市	0.0317	176

续表

城市	政策环境指数	排名	城市	政策环境指数	排名
南平市	0.0309	177	鞍山市	0.0186	211
漳州市	0.0308	178	肇庆市	0.0182	212
益阳市	0.0306	179	大同市	0.0182	213
德州市	0.0303	180	龙岩市	0.0180	214
韶关市	0.0302	181	承德市	0.0175	215
滨州市	0.0298	182	聊城市	0.0173	216
安康市	0.0296	183	乌海市	0.0169	217
辽源市	0.0295	184	朔州市	0.0167	218
宝鸡市	0.0294	185	齐齐哈尔市	0.0164	219
淄博市	0.0283	186	眉山市	0.0158	220
榆林市	0.0282	187	吉林市	0.0152	221
绵阳市	0.0281	188	怀化市	0.0143	222
南宁市	0.0273	189	丽水市	0.0142	223
枣庄市	0.0269	190	广安市	0.0141	224
阜阳市	0.0266	191	玉林市	0.0139	225
张家界市	0.0261	192	攀枝花市	0.0136	226
临沂市	0.0255	193	毕节市	0.0132	227
桂林市	0.0254	194	河源市	0.0128	228
衡水市	0.0253	195	辽阳市	0.0123	229
商洛市	0.0253	196	乐山市	0.0121	230
潮州市	0.0229	197	海东市	0.0120	231
邵阳市	0.0227	198	酒泉市	0.0119	232
南充市	0.0227	199	阳泉市	0.0112	233
定西市	0.0226	200	巴中市	0.0104	234
四平市	0.0223	201	铜仁市	0.0103	235
晋中市	0.0220	202	随州市	0.0097	236
驻马店市	0.0217	203	庆阳市	0.0096	237
曲靖市	0.0214	204	本溪市	0.0087	238
运城市	0.0206	205	云浮市	0.0081	239
安顺市	0.0200	206	嘉峪关市	0.0079	240
防城港市	0.0192	207	白城市	0.0079	241
孝感市	0.0190	208	黄冈市	0.0078	242
太原市	0.0189	209	临汾市	0.0078	243
武威市	0.0187	210	丽江市	0.0077	244

续表

城市	政策环境指数	排名	城市	政策环境指数	排名
乌兰察布市	0.0076	245	葫芦岛市	0.0036	267
大庆市	0.0075	246	呼伦贝尔市	0.0034	268
松原市	0.0073	247	咸宁市	0.0031	269
白银市	0.0071	248	贵港市	0.0029	270
自贡市	0.0067	249	保山市	0.0027	271
汉中市	0.0065	250	来宾市	0.0024	272
石嘴山市	0.0064	251	揭阳市	0.0023	273
梧州市	0.0062	252	茂名市	0.0020	274
铁岭市	0.0062	253	汕尾市	0.0019	275
资阳市	0.0056	254	阜新市	0.0017	276
昭通市	0.0050	255	锦州市	0.0016	277
崇左市	0.0049	256	牡丹江市	0.0015	278
遵义市	0.0047	257	百色市	0.0014	279
阳江市	0.0047	258	抚顺市	0.0011	280
忻州市	0.0046	259	临沧市	0.0004	281
平凉市	0.0045	260	双鸭山市	0.0003	282
河池市	0.0045	261	伊春市	0.0002	283
达州市	0.0043	262	张掖市	0.0002	284
绥化市	0.0042	263	鹤岗市	0.0002	285
黑河市	0.0039	264	七台河市	0.0001	286
梅州市	0.0039	265	固原市	0	287
鸡西市	0.0037	266	金昌市	0	288

(二)信息环境

信息环境是一个社会中由个人或群体接触可能的信息及其传播活动的总体构成的环境。这些信息不仅是知识,而且包含着特定的观念和价值。信息环境具有社会控制的功能,是制约人的行为的重要因素。现代社会越来越巨大化和复杂化,人们由于实际活动的范围、精力和注意力有限,不可能同与他们有关的整个外部环境和众多事情都保持经验性接触,对超出自己亲身感知以外的事物,人们只能通过各种媒介去了解认知。教育事业的发展也促进了信息的传播,与此同时,互联网基础设施为人类认知世界和获取信息提供了重要的媒介。

在信息环境指数方面，排名前 10 位的城市依次为北京市、重庆市、上海市、深圳市、拉萨市、苏州市、杭州市、克拉玛依市、南京市、天津市；排名后 10 位的城市依次为牡丹江市、资阳市、七台河市、德阳市、鹤岗市、佳木斯市、本溪市、双鸭山市、营口市、抚顺市（图 4-2，表 4-4）。

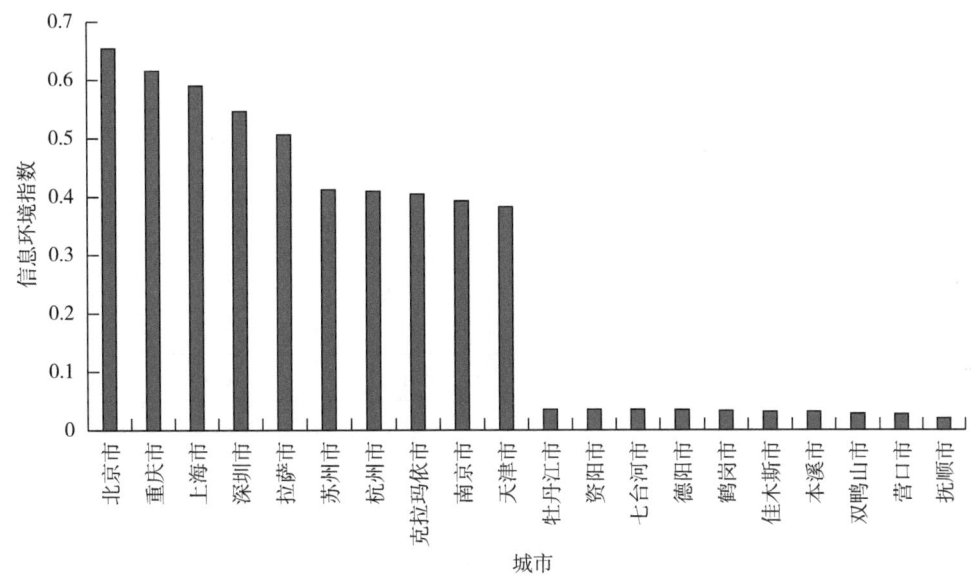

图 4-2　信息环境指数排名前 10 位和后 10 位的城市

表 4-4　信息环境指数排名

城市	信息环境指数	排名	城市	信息环境指数	排名
北京市	0.6546	1	宁波市	0.3153	14
重庆市	0.6157	2	成都市	0.3067	15
上海市	0.5897	3	鄂尔多斯市	0.2843	16
深圳市	0.5463	4	武汉市	0.2824	17
拉萨市	0.5062	5	无锡市	0.2742	18
苏州市	0.4122	6	厦门市	0.2689	19
杭州市	0.4095	7	济南市	0.2613	20
克拉玛依市	0.4045	8	长沙市	0.2587	21
南京市	0.3921	9	固原市	0.2546	22
天津市	0.3822	10	南通市	0.2484	23
广州市	0.3725	11	榆林市	0.2479	24
珠海市	0.3576	12	温州市	0.2475	25
青岛市	0.3238	13	丽水市	0.2435	26

续表

城市	信息环境指数	排名	城市	信息环境指数	排名
长春市	0.2388	27	舟山市	0.1757	59
福州市	0.2293	28	潍坊市	0.1755	60
西安市	0.2262	29	肇庆市	0.1754	61
合肥市	0.2247	30	郑州市	0.1748	62
平凉市	0.2211	31	镇江市	0.1746	63
东营市	0.2207	32	内江市	0.1734	64
石家庄市	0.2178	33	莆田市	0.1728	65
常州市	0.2161	34	惠州市	0.1717	66
徐州市	0.2159	35	宜春市	0.1711	67
包头市	0.2128	36	衢州市	0.1706	68
绍兴市	0.2106	37	贵阳市	0.1664	69
威海市	0.2064	38	吴忠市	0.1635	70
海东市	0.2064	39	昭通市	0.1620	71
泉州市	0.2052	40	安康市	0.1612	72
铜仁市	0.2040	41	乌鲁木齐市	0.1607	73
赣州市	0.2038	42	佛山市	0.1606	74
湖州市	0.2031	43	毕节市	0.1596	75
嘉兴市	0.2030	44	廊坊市	0.1595	76
台州市	0.1925	45	遵义市	0.1595	77
三明市	0.1914	46	中卫市	0.1583	78
东莞市	0.1912	47	吉安市	0.1580	79
盐城市	0.1912	48	承德市	0.1566	80
唐山市	0.1890	49	鹰潭市	0.1554	81
九江市	0.1886	50	烟台市	0.1536	82
南昌市	0.1885	51	抚州市	0.1529	83
通化市	0.1867	52	保定市	0.1526	84
龙岩市	0.1843	53	南宁市	0.1522	85
扬州市	0.1792	54	六盘水市	0.1515	86
金华市	0.1779	55	昆明市	0.1513	87
铜川市	0.1761	56	芜湖市	0.1513	88
延安市	0.1759	57	淄博市	0.1508	89
沧州市	0.1758	58	萍乡市	0.1507	90

续表

城市	信息环境指数	排名	城市	信息环境指数	排名
临沂市	0.1488	91	六安市	0.1289	123
河源市	0.1484	92	张掖市	0.1288	124
呼和浩特市	0.1483	93	南平市	0.1287	125
武威市	0.1471	94	天水市	0.1279	126
济宁市	0.1459	95	宿迁市	0.1278	127
百色市	0.1453	96	泰州市	0.1274	128
上饶市	0.1446	97	安顺市	0.1273	129
庆阳市	0.1440	98	临沧市	0.1264	130
白银市	0.1408	99	襄阳市	0.1263	131
连云港市	0.1406	100	邯郸市	0.1252	132
呼伦贝尔市	0.1402	101	云浮市	0.1247	133
兰州市	0.1397	102	漳州市	0.1246	134
定西市	0.1378	103	宝鸡市	0.1208	135
张家口市	0.1377	104	白山市	0.1206	136
梅州市	0.1377	105	玉溪市	0.1198	137
赤峰市	0.1372	106	三亚市	0.1193	138
曲靖市	0.1371	107	三门峡市	0.1189	139
北海市	0.1357	108	丽江市	0.1187	140
信阳市	0.1348	109	吕梁市	0.1183	141
南阳市	0.1342	110	攀枝花市	0.1181	142
安庆市	0.1341	111	滁州市	0.1178	143
太原市	0.1337	112	通辽市	0.1178	144
乌兰察布市	0.1318	113	江门市	0.1178	145
宁德市	0.1317	114	河池市	0.1177	146
宜宾市	0.1316	115	宜昌市	0.1173	147
柳州市	0.1314	116	酒泉市	0.1172	148
清远市	0.1312	117	秦皇岛市	0.1168	149
景德镇市	0.1311	118	汕尾市	0.1164	150
西宁市	0.1310	119	茂名市	0.1160	151
中山市	0.1307	120	大连市	0.1159	152
洛阳市	0.1301	121	邢台市	0.1157	153
广安市	0.1290	122	泸州市	0.1154	154

续表

城市	信息环境指数	排名	城市	信息环境指数	排名
怀化市	0.1150	155	郴州市	0.0946	187
黄冈市	0.1148	156	桂林市	0.0941	188
韶关市	0.1144	157	聊城市	0.0933	189
汉中市	0.1144	158	晋中市	0.0919	190
石嘴山市	0.1142	159	新乡市	0.0917	191
商洛市	0.1111	160	衡水市	0.0917	192
十堰市	0.1111	161	泰安市	0.0914	193
淮安市	0.1106	162	鄂州市	0.0908	194
陇南市	0.1105	163	玉林市	0.0906	195
驻马店市	0.1101	164	保山市	0.0902	196
濮阳市	0.1094	165	亳州市	0.0900	197
渭南市	0.1088	166	哈尔滨市	0.0900	198
湛江市	0.1086	167	忻州市	0.0898	199
日照市	0.1073	168	黄石市	0.0896	200
宣城市	0.1069	169	吉林市	0.0892	201
阜阳市	0.1059	170	梧州市	0.0884	202
新余市	0.1059	171	贺州市	0.0881	203
南充市	0.1053	172	长治市	0.0878	204
普洱市	0.1043	173	衡阳市	0.0877	205
永州市	0.1036	174	蚌埠市	0.0875	206
汕头市	0.1034	175	常德市	0.0872	207
菏泽市	0.1033	176	铜陵市	0.0869	208
宿州市	0.1003	177	安阳市	0.0859	209
巴中市	0.1001	178	银川市	0.0851	210
乌海市	0.0998	179	金昌市	0.0851	211
白城市	0.0989	180	大同市	0.0850	212
广元市	0.0982	181	许昌市	0.0847	213
沈阳市	0.0981	182	巴彦淖尔市	0.0839	214
滨州市	0.0977	183	防城港市	0.0839	215
绵阳市	0.0972	184	株洲市	0.0837	216
咸阳市	0.0971	185	德州市	0.0833	217
周口市	0.0949	186	马鞍山市	0.0831	218

续表

城市	信息环境指数	排名	城市	信息环境指数	排名
池州市	0.0822	219	乐山市	0.0623	251
枣庄市	0.0816	220	遂宁市	0.0623	252
阳江市	0.0816	221	绥化市	0.0615	253
晋城市	0.0813	222	眉山市	0.0614	254
崇左市	0.0804	223	湘潭市	0.0590	255
贵港市	0.0803	224	四平市	0.0589	256
商丘市	0.0796	225	孝感市	0.0584	257
淮北市	0.0785	226	开封市	0.0581	258
张家界市	0.0781	227	齐齐哈尔市	0.0573	259
运城市	0.0770	228	雅安市	0.0572	260
自贡市	0.0770	229	荆州市	0.0572	261
钦州市	0.0745	230	荆门市	0.0566	262
伊春市	0.0745	231	鹤壁市	0.0563	263
朝阳市	0.0745	232	盘锦市	0.0559	264
娄底市	0.0744	233	辽源市	0.0554	265
来宾市	0.0732	234	葫芦岛市	0.0546	266
岳阳市	0.0732	235	阳泉市	0.0543	267
朔州市	0.0723	236	松原市	0.0539	268
潮州市	0.0717	237	焦作市	0.0537	269
揭阳市	0.0707	238	黑河市	0.0505	270
达州市	0.0707	239	阜新市	0.0502	271
淮南市	0.0691	240	鞍山市	0.0473	272
临汾市	0.0689	241	嘉峪关市	0.0462	273
大庆市	0.0684	242	锦州市	0.0436	274
益阳市	0.0666	243	辽阳市	0.0402	275
咸宁市	0.0663	244	鸡西市	0.0391	276
邵阳市	0.0660	245	铁岭市	0.0384	277
黄山市	0.0659	246	随州市	0.0378	278
丹东市	0.0658	247	牡丹江市	0.0354	279
海口市	0.0654	248	资阳市	0.0353	280
平顶山市	0.0653	249	七台河市	0.0350	281
漯河市	0.0648	250	德阳市	0.0345	282

续表

城市	信息环境指数	排名	城市	信息环境指数	排名
鹤岗市	0.0332	283	双鸭山市	0.0280	286
佳木斯市	0.0316	284	营口市	0.0267	287
本溪市	0.0316	285	抚顺市	0.0201	288

第五章 创新服务

一、创新服务指标构成

创新服务是提升城市创新能力的重要保证，是城市创新体系的核心组成部分。一个城市的科技创新服务水平，既决定了其整合、集聚创新资源的能力和对创新资源的利用效率，又在相当程度上影响到科技创新主体的创新产出及创新成果的辐射效应。创新服务一级指标着重体现城市促进科技创新的服务职能，强调政府通过提供科技条件及金融等服务发挥对创新的引导作用。创新服务占总指数的权重为 19.05%。创新服务下设创业服务和金融服务 2 个二级指标，分别从城市的企业孵化和融资能力考察城市的创新服务状况。

创业服务二级指标下设 2 个三级指标，分别为孵化器数量和在孵企业数，均为正向指标。

金融服务二级指标下设 2 个三级指标，分别为创业板上市和新三板、科创板挂牌企业数和 A 股上市企业数，均为正向指标。

三级指标权重均为 4.76%。创新服务指标构成如表 5-1 所示。

表 5-1 创新服务指标构成

一级指标	权重	二级指标	权重	三级指标	指标属性	权重
创新服务	19.05%	创业服务	9.52%	孵化器数量 / 个	正向	4.76%
				在孵企业数 / 家	正向	4.76%
		金融服务	9.52%	创业板上市和新三板、科创板挂牌企业数 / 家	正向	4.76%
				A 股上市企业数 / 家	正向	4.76%

二、创新服务指数排名

在创新服务指数方面，排名前 20 位的城市依次为北京市、上海市、广州市、深圳市、杭州市、苏州市、南京市、武汉市、东莞市、天津市、成都市、西安市、佛山市、郑州市、常州市、无锡市、哈尔滨市、重庆市、济南市、徐州市（表 5-2）。

表 5-2 创新服务指数排名

城市	创新服务指数	排名	城市	创新服务指数	排名
北京市	0.8221	1	石家庄市	0.0909	33
上海市	0.6609	2	惠州市	0.0896	34
广州市	0.6455	3	扬州市	0.0851	35
深圳市	0.6216	4	昆明市	0.0832	36
杭州市	0.4944	5	福州市	0.0820	37
苏州市	0.4345	6	洛阳市	0.0788	38
南京市	0.4219	7	大连市	0.0785	39
武汉市	0.2918	8	湖州市	0.0768	40
东莞市	0.2354	9	镇江市	0.0761	41
天津市	0.2319	10	保定市	0.0739	42
成都市	0.2224	11	潍坊市	0.0712	43
西安市	0.1972	12	江门市	0.0711	44
佛山市	0.1944	13	威海市	0.0707	45
郑州市	0.1813	14	泰州市	0.0703	46
常州市	0.1764	15	太原市	0.0683	47
无锡市	0.1722	16	绵阳市	0.0675	48
哈尔滨市	0.1570	17	南昌市	0.0660	49
重庆市	0.1552	18	沈阳市	0.0651	50
济南市	0.1536	19	金华市	0.0624	51
徐州市	0.1459	20	兰州市	0.0611	52
长沙市	0.1456	21	唐山市	0.0594	53
合肥市	0.1438	22	肇庆市	0.0589	54
青岛市	0.1305	23	芜湖市	0.0584	55
南通市	0.1302	24	廊坊市	0.0553	56
宁波市	0.1167	25	绍兴市	0.0549	57
厦门市	0.1166	26	温州市	0.0547	58
长春市	0.1134	27	南宁市	0.0525	59
嘉兴市	0.1033	28	济宁市	0.0521	60
珠海市	0.1027	29	邯郸市	0.0510	61
中山市	0.0971	30	宜昌市	0.0509	62
盐城市	0.0963	31	乌鲁木齐市	0.0498	63
烟台市	0.0912	32	德州市	0.0496	64

续表

城市	创新服务指数	排名	城市	创新服务指数	排名
大庆市	0.0475	65	荆门市	0.0231	97
泉州市	0.0441	66	菏泽市	0.0230	98
柳州市	0.0438	67	安庆市	0.0229	99
贵阳市	0.0436	68	日照市	0.0220	100
临沂市	0.0411	69	黄冈市	0.0219	101
襄阳市	0.0397	70	桂林市	0.0212	102
淄博市	0.0373	71	张掖市	0.0209	103
台州市	0.0366	72	宝鸡市	0.0208	104
东营市	0.0363	73	吉林市	0.0207	105
新乡市	0.0357	74	濮阳市	0.0199	106
汕头市	0.0354	75	滁州市	0.0198	107
赣州市	0.0348	76	焦作市	0.0198	108
宿迁市	0.0325	77	商丘市	0.0197	109
邢台市	0.0321	78	秦皇岛市	0.0195	110
呼和浩特市	0.0315	79	枣庄市	0.0194	111
连云港市	0.0312	80	张家口市	0.0192	112
齐齐哈尔市	0.0294	81	西宁市	0.0190	113
沧州市	0.0282	82	德阳市	0.0188	114
泰安市	0.0280	83	常德市	0.0186	115
黄石市	0.0277	84	许昌市	0.0185	116
包头市	0.0268	85	丽水市	0.0178	117
海口市	0.0261	86	九江市	0.0176	118
株洲市	0.0258	87	茂名市	0.0173	119
衡水市	0.0251	88	泸州市	0.0172	120
蚌埠市	0.0245	89	衢州市	0.0171	121
牡丹江市	0.0243	90	开封市	0.0167	122
湘潭市	0.0240	91	岳阳市	0.0165	123
马鞍山市	0.0240	92	佳木斯市	0.0164	124
荆州市	0.0239	93	南平市	0.0163	125
银川市	0.0239	94	淮安市	0.0161	126
梅州市	0.0235	95	南阳市	0.0159	127
十堰市	0.0235	96	潮州市	0.0159	128

续表

城市	创新服务指数	排名	城市	创新服务指数	排名
抚州市	0.0159	129	韶关市	0.0111	161
咸宁市	0.0158	130	孝感市	0.0111	162
宜宾市	0.0157	131	六安市	0.0109	163
漳州市	0.0156	132	舟山市	0.0109	164
北海市	0.0154	133	阜阳市	0.0106	165
湛江市	0.0154	134	鞍山市	0.0104	166
三明市	0.0152	135	达州市	0.0103	167
长治市	0.0150	136	酒泉市	0.0102	168
河源市	0.0150	137	运城市	0.0101	169
内江市	0.0148	138	萍乡市	0.0101	170
大同市	0.0148	139	巴中市	0.0099	171
吉安市	0.0146	140	安康市	0.0097	172
淮南市	0.0143	141	周口市	0.0097	173
赤峰市	0.0142	142	晋中市	0.0097	174
铜陵市	0.0142	143	盘锦市	0.0096	175
拉萨市	0.0138	144	滨州市	0.0094	176
安阳市	0.0137	145	宣城市	0.0093	177
眉山市	0.0136	146	锦州市	0.0092	178
龙岩市	0.0136	147	渭南市	0.0091	179
咸阳市	0.0135	148	淮北市	0.0089	180
益阳市	0.0134	149	延安市	0.0087	181
阳泉市	0.0126	150	南充市	0.0086	182
遵义市	0.0125	151	玉林市	0.0086	183
阳江市	0.0125	152	绥化市	0.0084	184
鄂尔多斯市	0.0123	153	郴州市	0.0084	185
宜春市	0.0122	154	新余市	0.0083	186
白银市	0.0118	155	乐山市	0.0082	187
遂宁市	0.0115	156	辽源市	0.0080	188
清远市	0.0115	156	自贡市	0.0079	189
上饶市	0.0113	158	揭阳市	0.0078	190
聊城市	0.0113	159	永州市	0.0077	191
黄山市	0.0113	160	鄂州市	0.0076	192

续表

城市	创新服务指数	排名	城市	创新服务指数	排名
黑河市	0.0074	193	梧州市	0.0051	225
忻州市	0.0073	194	鹤岗市	0.0051	226
石嘴山市	0.0072	195	吕梁市	0.0051	227
曲靖市	0.0071	196	四平市	0.0050	228
池州市	0.0070	197	漯河市	0.0050	229
汉中市	0.0069	198	鹤壁市	0.0048	230
广元市	0.0069	199	晋城市	0.0047	231
巴彦淖尔市	0.0069	200	金昌市	0.0046	232
衡阳市	0.0068	201	亳州市	0.0045	233
鸡西市	0.0068	202	七台河市	0.0045	234
信阳市	0.0067	203	鹰潭市	0.0045	235
广安市	0.0066	204	宁德市	0.0044	236
攀枝花市	0.0066	205	承德市	0.0044	237
榆林市	0.0065	206	景德镇市	0.0044	238
钦州市	0.0065	207	嘉峪关市	0.0043	239
贵港市	0.0064	208	葫芦岛市	0.0042	240
云浮市	0.0063	209	铜仁市	0.0042	241
邵阳市	0.0063	210	克拉玛依市	0.0041	242
娄底市	0.0063	211	怀化市	0.0040	243
定西市	0.0060	212	平顶山市	0.0040	244
通化市	0.0060	213	防城港市	0.0039	245
呼伦贝尔市	0.0059	214	白城市	0.0036	246
玉溪市	0.0058	215	辽阳市	0.0035	247
随州市	0.0057	216	铁岭市	0.0035	248
阜新市	0.0057	217	固原市	0.0034	249
莆田市	0.0056	218	三亚市	0.0034	250
贺州市	0.0055	219	百色市	0.0032	251
三门峡市	0.0055	220	伊春市	0.0031	252
宿州市	0.0054	221	武威市	0.0031	253
来宾市	0.0052	222	乌兰察布市	0.0030	254
双鸭山市	0.0052	222	商洛市	0.0029	255
天水市	0.0052	224	营口市	0.0029	256

续表

城市	创新服务指数	排名	城市	创新服务指数	排名
白山市	0.0029	257	海东市	0.0015	273
临沧市	0.0028	258	毕节市	0.0014	274
吴忠市	0.0028	259	丽江市	0.0014	274
六盘水市	0.0027	260	乌海市	0.0014	274
雅安市	0.0027	260	抚顺市	0.0014	274
张家界市	0.0027	262	本溪市	0.0013	278
安顺市	0.0026	263	河池市	0.0013	279
临汾市	0.0026	264	保山市	0.0013	279
庆阳市	0.0024	265	平凉市	0.0009	281
陇南市	0.0022	266	通辽市	0.0009	281
驻马店市	0.0019	267	中卫市	0.0000	283
汕尾市	0.0019	268	朝阳市	0.0000	283
铜川市	0.0017	269	昭通市	0.0000	283
普洱市	0.0016	270	崇左市	0.0000	283
朔州市	0.0016	271	松原市	0.0000	283
丹东市	0.0015	272	资阳市	0.0000	283

三、创新服务核心指标分析

（一）创业服务

创业服务主要是指为创业者提供创业指导、咨询、帮助的服务模式，具体的服务内容包括提供资金、人才、咨询等，旨在减少创业者的创业风险，为企业寻求外部支持，帮助初创企业走向市场。当前，我国的创业中心即企业孵化器作为服务型企业，不仅为在孵企业提供了物理空间场所，还为其整合了信息、人才、中介组织和风险资本等社会资源，促进科技成果的转化和企业的成熟壮大。由此可见，孵化器在创新企业降低失败风险、走向市场的过程中起到保驾护航的作用，在创新服务中有着举足轻重的地位。

在创业服务指数方面，排名前10位的城市依次为广州市、上海市、杭州市、南京市、北京市、苏州市、深圳市、武汉市、东莞市、天津市；排名后10位的城市依次为毕节市、中卫市、丽江市、乌海市、崇左市、朝阳市、松原市、辽阳市、资阳市、抚顺市（图5-1，表5-3）。

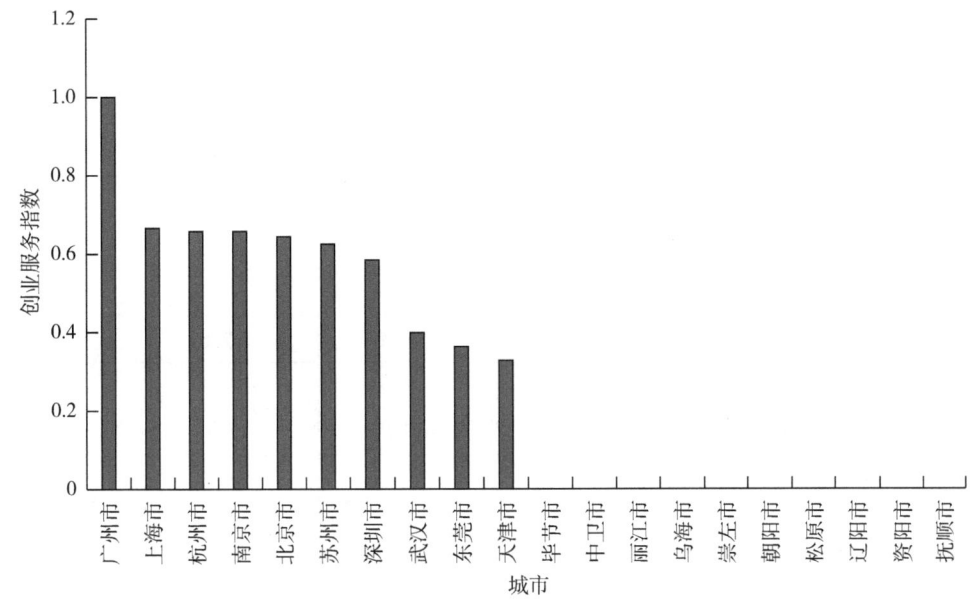

图5-1　创业服务指数排名前10位和后10位的城市

表5-3　创业服务指数排名

城市	创业服务指数	排名	城市	创业服务指数	排名
广州市	1.0000	1	哈尔滨市	0.2648	13
上海市	0.6659	2	徐州市	0.2639	14
杭州市	0.6578	3	郑州市	0.2591	15
南京市	0.6576	4	常州市	0.2545	16
北京市	0.6442	5	重庆市	0.2485	17
苏州市	0.6252	6	成都市	0.2438	18
深圳市	0.5849	7	南通市	0.2179	19
武汉市	0.3985	8	无锡市	0.2117	20
东莞市	0.3633	9	济南市	0.2029	21
天津市	0.3281	10	长春市	0.1925	22
佛山市	0.3086	11	青岛市	0.1899	23
西安市	0.2686	12	合肥市	0.1863	24

续表

城市	创业服务指数	排名	城市	创业服务指数	排名
长沙市	0.1737	25	沈阳市	0.0877	57
盐城市	0.1706	26	济宁市	0.0876	58
嘉兴市	0.1578	27	柳州市	0.0876	59
烟台市	0.1509	28	邯郸市	0.0867	60
中山市	0.1454	29	德州市	0.0866	61
扬州市	0.1415	30	宜昌市	0.0853	62
潍坊市	0.1333	31	乌鲁木齐市	0.0807	63
大连市	0.1327	32	泉州市	0.0792	64
惠州市	0.1305	33	芜湖市	0.0758	65
洛阳市	0.1304	34	临沂市	0.0739	66
镇江市	0.1270	35	贵阳市	0.0726	67
厦门市	0.1244	36	温州市	0.0705	68
石家庄市	0.1228	37	襄阳市	0.0696	69
泰州市	0.1218	38	东营市	0.0608	70
保定市	0.1206	39	齐齐哈尔市	0.0588	71
昆明市	0.1199	40	绍兴市	0.0568	72
威海市	0.1186	41	黄石市	0.0553	73
珠海市	0.1162	42	连云港市	0.0542	74
江门市	0.1151	43	宿迁市	0.0524	75
宁波市	0.1147	44	邢台市	0.0504	76
绵阳市	0.1141	45	赣州市	0.0488	77
金华市	0.1130	46	牡丹江市	0.0485	78
廊坊市	0.1106	47	呼和浩特市	0.0485	79
兰州市	0.1068	48	沧州市	0.0481	80
肇庆市	0.1024	49	衡水市	0.0446	81
南昌市	0.1022	50	泰安市	0.0442	82
湖州市	0.0959	51	荆门市	0.0434	83
大庆市	0.0922	52	马鞍山市	0.0425	84
太原市	0.0916	53	汕头市	0.0421	85
南宁市	0.0905	54	荆州市	0.0415	86
唐山市	0.0903	55	日照市	0.0412	87
福州市	0.0879	56	十堰市	0.0407	88

续表

城市	创业服务指数	排名	城市	创业服务指数	排名
湘潭市	0.0398	89	北海市	0.0280	121
菏泽市	0.0396	90	宜宾市	0.0280	122
安庆市	0.0396	91	河源市	0.0272	123
张掖市	0.0391	92	滁州市	0.0271	124
宝鸡市	0.0388	93	岳阳市	0.0267	125
吉林市	0.0386	94	秦皇岛市	0.0263	126
张家口市	0.0384	95	赤峰市	0.0257	127
新乡市	0.0374	96	阳泉市	0.0251	128
桂林市	0.0368	97	海口市	0.0251	129
包头市	0.0362	98	三明市	0.0249	130
株洲市	0.0354	99	鄂尔多斯市	0.0246	131
西宁市	0.0352	100	安阳市	0.0246	132
茂名市	0.0346	101	湛江市	0.0244	133
泸州市	0.0345	102	咸阳市	0.0235	134
德阳市	0.0340	103	清远市	0.0231	135
商丘市	0.0339	104	遂宁市	0.0231	135
银川市	0.0339	105	南平市	0.0228	137
常德市	0.0337	106	淮南市	0.0224	138
台州市	0.0327	107	韶关市	0.0223	139
黄冈市	0.0327	107	孝感市	0.0221	140
枣庄市	0.0325	109	铜陵市	0.0221	141
淮安市	0.0322	110	舟山市	0.0217	142
蚌埠市	0.0317	111	阜阳市	0.0211	143
咸宁市	0.0316	112	眉山市	0.0209	144
焦作市	0.0305	113	白银市	0.0208	145
佳木斯市	0.0300	114	长治市	0.0202	146
内江市	0.0296	115	遵义市	0.0196	147
九江市	0.0296	116	安康市	0.0194	148
梅州市	0.0289	117	阳江市	0.0194	149
许昌市	0.0287	118	南阳市	0.0193	150
淄博市	0.0286	119	抚州市	0.0191	151
濮阳市	0.0280	120	六安市	0.0190	152

续表

城市	创业服务指数	排名	城市	创业服务指数	排名
开封市	0.0189	153	丽水市	0.0128	185
宣城市	0.0186	154	贵港市	0.0127	186
潮州市	0.0185	155	永州市	0.0126	187
渭南市	0.0182	156	鄂州市	0.0124	188
大同市	0.0177	157	锦州市	0.0122	189
南充市	0.0172	158	揭阳市	0.0122	190
黄山市	0.0170	159	黑河市	0.0120	191
巴中市	0.0170	160	通化市	0.0119	192
达州市	0.0170	160	呼伦贝尔市	0.0118	193
绥化市	0.0169	162	莆田市	0.0112	194
郴州市	0.0168	163	贺州市	0.0111	195
晋中市	0.0166	164	鞍山市	0.0110	196
盘锦市	0.0164	165	乐山市	0.0109	197
聊城市	0.0164	166	信阳市	0.0107	198
辽源市	0.0160	167	广安市	0.0105	199
周口市	0.0158	168	攀枝花市	0.0105	200
淮北市	0.0151	169	来宾市	0.0104	201
益阳市	0.0151	170	双鸭山市	0.0104	201
衢州市	0.0149	171	池州市	0.0104	203
吉安市	0.0147	172	梧州市	0.0103	204
忻州市	0.0145	173	鹤岗市	0.0102	205
曲靖市	0.0141	174	衡阳市	0.0101	206
延安市	0.0139	175	四平市	0.0100	207
漳州市	0.0139	176	邵阳市	0.0099	208
广元市	0.0138	177	宜春市	0.0098	209
鸡西市	0.0136	178	娄底市	0.0098	210
酒泉市	0.0133	179	晋城市	0.0095	211
滨州市	0.0132	180	运城市	0.0092	212
榆林市	0.0131	181	金昌市	0.0092	213
新余市	0.0131	182	定西市	0.0092	214
自贡市	0.0131	182	龙岩市	0.0091	215
钦州市	0.0130	184	七台河市	0.0090	216

续表

城市	创业服务指数	排名	城市	创业服务指数	排名
石嘴山市	0.0089	217	克拉玛依市	0.0053	249
承德市	0.0089	218	景德镇市	0.0053	250
玉林市	0.0089	218	安顺市	0.0052	251
随州市	0.0087	220	宿州市	0.0052	251
三门峡市	0.0083	221	平顶山市	0.0052	253
怀化市	0.0080	222	临汾市	0.0052	254
防城港市	0.0079	223	庆阳市	0.0049	255
阜新市	0.0078	224	铜仁市	0.0048	256
天水市	0.0076	225	陇南市	0.0044	257
汉中市	0.0076	225	铁岭市	0.0042	258
上饶市	0.0073	227	三亚市	0.0039	259
吕梁市	0.0073	227	驻马店市	0.0038	260
漯河市	0.0073	229	汕尾市	0.0038	261
白城市	0.0072	230	亳州市	0.0035	262
固原市	0.0068	231	铜川市	0.0033	263
百色市	0.0063	232	普洱市	0.0033	264
伊春市	0.0063	233	朔州市	0.0032	265
武威市	0.0062	234	丹东市	0.0030	266
鹤壁市	0.0062	235	海东市	0.0030	267
玉溪市	0.0061	236	白山市	0.0030	267
商洛市	0.0059	237	本溪市	0.0026	269
营口市	0.0059	238	河池市	0.0026	270
嘉峪关市	0.0059	239	保山市	0.0026	270
葫芦岛市	0.0057	240	乌兰察布市	0.0024	272
临沧市	0.0057	241	拉萨市	0.0024	273
云浮市	0.0056	242	宁德市	0.0019	274
萍乡市	0.0056	243	平凉市	0.0018	275
六盘水市	0.0054	244	通辽市	0.0018	275
巴彦淖尔市	0.0054	244	吴忠市	0.0000	277
雅安市	0.0054	244	昭通市	0.0000	277
鹰潭市	0.0054	247	毕节市	0.0000	277
张家界市	0.0054	248	中卫市	0.0000	277

续表

城市	创业服务指数	排名	城市	创业服务指数	排名
丽江市	0.0000	277	松原市	0.0000	277
乌海市	0.0000	277	辽阳市	0.0000	277
崇左市	0.0000	277	资阳市	0.0000	277
朝阳市	0.0000	277	抚顺市	0.0000	277

（二）金融服务

金融服务是指金融机构通过开展业务，创新金融产品，为市场主体提供融资投资、信贷、保险和金融信息等服务，实现资源的优化配置，支撑科技创新。促进科技与金融结合是支撑和服务经济发展方式转变和结构调整的重要着力点，金融服务指标用以衡量一个城市对科技创新的金融支持力度，可以通过市场主体在金融市场募集资金的能力来体现。

在金融服务指数方面，排名前10位的城市依次为北京市、深圳市、上海市、杭州市、广州市、苏州市、成都市、南京市、武汉市、天津市；排名后10位的城市依次为河池市、保山市、平凉市、通辽市、昭通市、中卫市、崇左市、朝阳市、松原市、资阳市（图5-2，表5-4）。

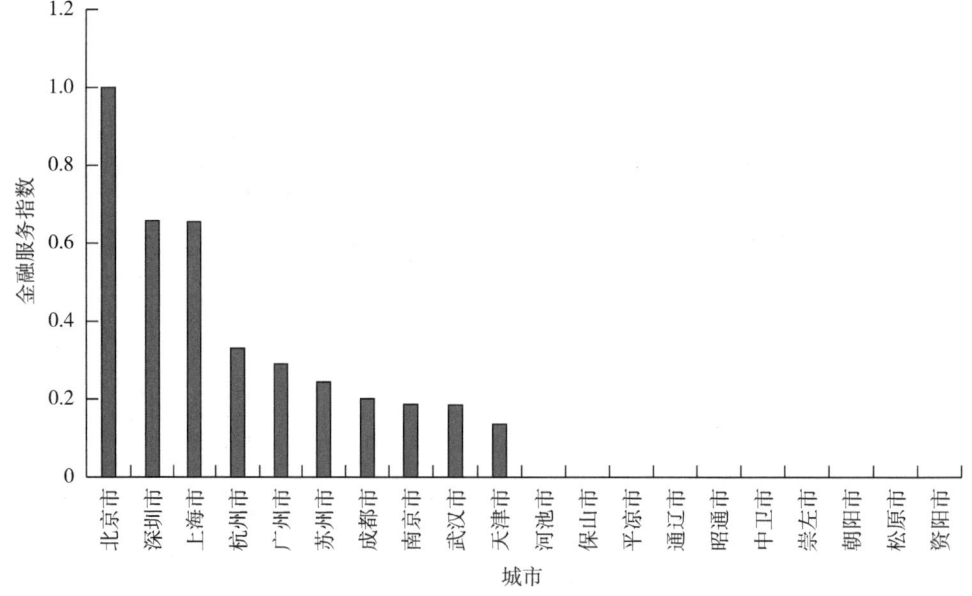

图 5-2 金融服务指数排名前 10 位和后 10 位的城市

表5-4 金融服务指数排名

城市	金融服务指数	排名	城市	金融服务指数	排名
北京市	1.0000	1	昆明市	0.0465	33
深圳市	0.6584	2	淄博市	0.0460	34
上海市	0.6559	3	太原市	0.0450	35
杭州市	0.3310	4	南通市	0.0425	36
广州市	0.2910	5	沈阳市	0.0425	36
苏州市	0.2438	6	芜湖市	0.0410	38
成都市	0.2011	7	台州市	0.0405	39
南京市	0.1862	8	温州市	0.0389	40
武汉市	0.1852	9	长春市	0.0342	41
天津市	0.1357	10	新乡市	0.0339	42
无锡市	0.1327	11	烟台市	0.0314	43
西安市	0.1259	12	南昌市	0.0299	44
宁波市	0.1186	13	扬州市	0.0287	45
长沙市	0.1174	14	汕头市	0.0287	45
厦门市	0.1088	15	唐山市	0.0284	47
东莞市	0.1076	16	徐州市	0.0279	48
济南市	0.1043	17	洛阳市	0.0271	49
郑州市	0.1035	18	保定市	0.0271	49
合肥市	0.1013	19	江门市	0.0271	49
常州市	0.0983	20	海口市	0.0271	49
珠海市	0.0892	21	镇江市	0.0251	53
佛山市	0.0802	22	拉萨市	0.0251	53
福州市	0.0762	23	大连市	0.0244	55
青岛市	0.0711	24	威海市	0.0229	56
重庆市	0.0618	25	丽水市	0.0229	56
石家庄市	0.0590	26	盐城市	0.0221	58
湖州市	0.0578	27	绵阳市	0.0209	59
绍兴市	0.0530	28	赣州市	0.0209	59
哈尔滨市	0.0492	29	衢州市	0.0193	61
嘉兴市	0.0488	30	泰州市	0.0189	62
中山市	0.0488	30	乌鲁木齐市	0.0189	62
惠州市	0.0488	30	梅州市	0.0181	64

续表

城市	金融服务指数	排名	城市	金融服务指数	排名
龙岩市	0.0181	64	益阳市	0.0118	92
包头市	0.0173	66	黄冈市	0.0110	98
蚌埠市	0.0173	66	运城市	0.0110	98
漳州市	0.0173	66	襄阳市	0.0098	100
济宁市	0.0166	69	南平市	0.0098	100
宜昌市	0.0166	69	长治市	0.0098	100
株洲市	0.0161	71	鞍山市	0.0098	100
兰州市	0.0153	72	潍坊市	0.0090	104
肇庆市	0.0153	72	泉州市	0.0090	104
邯郸市	0.0153	72	焦作市	0.0090	104
上饶市	0.0153	72	临沂市	0.0083	107
南宁市	0.0146	76	连云港市	0.0083	107
贵阳市	0.0146	76	沧州市	0.0083	107
呼和浩特市	0.0146	76	湘潭市	0.0083	107
开封市	0.0146	76	许昌市	0.0083	107
吉安市	0.0146	76	玉林市	0.0083	107
宜春市	0.0146	76	巴彦淖尔市	0.0083	107
萍乡市	0.0146	76	酒泉市	0.0070	114
邢台市	0.0138	83	云浮市	0.0070	114
银川市	0.0138	83	宁德市	0.0070	114
潮州市	0.0133	85	辽阳市	0.0070	114
德州市	0.0126	86	荆州市	0.0063	118
宿迁市	0.0126	86	十堰市	0.0063	118
滁州市	0.0126	86	菏泽市	0.0063	118
秦皇岛市	0.0126	86	安庆市	0.0063	118
南阳市	0.0126	86	枣庄市	0.0063	118
抚州市	0.0126	86	岳阳市	0.0063	118
金华市	0.0118	92	湛江市	0.0063	118
东营市	0.0118	92	淮南市	0.0063	118
泰安市	0.0118	92	铜陵市	0.0063	118
濮阳市	0.0118	92	眉山市	0.0063	118
大同市	0.0118	92	聊城市	0.0063	118

续表

城市	金融服务指数	排名	城市	金融服务指数	排名
锦州市	0.0063	118	景德镇市	0.0035	147
汉中市	0.0063	118	铜仁市	0.0035	147
衡水市	0.0055	131	乌兰察布市	0.0035	147
马鞍山市	0.0055	131	大庆市	0.0028	164
桂林市	0.0055	131	荆门市	0.0028	164
商丘市	0.0055	131	日照市	0.0028	164
九江市	0.0055	131	张掖市	0.0028	164
三明市	0.0055	131	宝鸡市	0.0028	164
遵义市	0.0055	131	吉林市	0.0028	164
阳江市	0.0055	131	西宁市	0.0028	164
黄山市	0.0055	131	佳木斯市	0.0028	164
滨州市	0.0055	131	北海市	0.0028	164
乐山市	0.0055	131	河源市	0.0028	164
石嘴山市	0.0055	131	赤峰市	0.0028	164
玉溪市	0.0055	131	安阳市	0.0028	164
宿州市	0.0055	131	白银市	0.0028	164
亳州市	0.0055	131	六安市	0.0028	164
吴忠市	0.0055	131	巴中市	0.0028	164
德阳市	0.0035	147	晋中市	0.0028	164
常德市	0.0035	147	盘锦市	0.0028	164
宜宾市	0.0035	147	淮北市	0.0028	164
咸阳市	0.0035	147	自贡市	0.0028	164
达州市	0.0035	147	永州市	0.0028	164
周口市	0.0035	147	鄂州市	0.0028	164
延安市	0.0035	147	黑河市	0.0028	164
新余市	0.0035	147	信阳市	0.0028	164
揭阳市	0.0035	147	广安市	0.0028	164
池州市	0.0035	147	攀枝花市	0.0028	164
衡阳市	0.0035	147	邵阳市	0.0028	164
阜新市	0.0035	147	娄底市	0.0028	164
鹤壁市	0.0035	147	定西市	0.0028	164
鹰潭市	0.0035	147	随州市	0.0028	164

续表

城市	金融服务指数	排名	城市	金融服务指数	排名
三门峡市	0.0028	164	舟山市	0.0000	208
天水市	0.0028	164	阜阳市	0.0000	208
吕梁市	0.0028	164	安康市	0.0000	208
漯河市	0.0028	164	宣城市	0.0000	208
嘉峪关市	0.0028	164	渭南市	0.0000	208
葫芦岛市	0.0028	164	南充市	0.0000	208
克拉玛依市	0.0028	164	绥化市	0.0000	208
平顶山市	0.0028	164	郴州市	0.0000	208
铁岭市	0.0028	164	辽源市	0.0000	208
三亚市	0.0028	164	忻州市	0.0000	208
白山市	0.0028	164	曲靖市	0.0000	208
毕节市	0.0028	164	广元市	0.0000	208
丽江市	0.0028	164	鸡西市	0.0000	208
乌海市	0.0028	164	榆林市	0.0000	208
抚顺市	0.0028	164	钦州市	0.0000	208
廊坊市	0.0000	208	贵港市	0.0000	208
柳州市	0.0000	208	通化市	0.0000	208
齐齐哈尔市	0.0000	208	呼伦贝尔市	0.0000	208
黄石市	0.0000	208	莆田市	0.0000	208
牡丹江市	0.0000	208	贺州市	0.0000	208
张家口市	0.0000	208	来宾市	0.0000	208
茂名市	0.0000	208	双鸭山市	0.0000	208
泸州市	0.0000	208	梧州市	0.0000	208
淮安市	0.0000	208	鹤岗市	0.0000	208
咸宁市	0.0000	208	四平市	0.0000	208
内江市	0.0000	208	晋城市	0.0000	208
阳泉市	0.0000	208	金昌市	0.0000	208
鄂尔多斯市	0.0000	208	七台河市	0.0000	208
清远市	0.0000	208	承德市	0.0000	208
遂宁市	0.0000	208	怀化市	0.0000	208
韶关市	0.0000	208	防城港市	0.0000	208
孝感市	0.0000	208	白城市	0.0000	208

续表

城市	金融服务指数	排名	城市	金融服务指数	排名
固原市	0.0000	208	铜川市	0.0000	208
百色市	0.0000	208	普洱市	0.0000	208
伊春市	0.0000	208	朔州市	0.0000	208
武威市	0.0000	208	丹东市	0.0000	208
商洛市	0.0000	208	海东市	0.0000	208
营口市	0.0000	208	本溪市	0.0000	208
临沧市	0.0000	208	河池市	0.0000	208
六盘水市	0.0000	208	保山市	0.0000	208
雅安市	0.0000	208	平凉市	0.0000	208
张家界市	0.0000	208	通辽市	0.0000	208
安顺市	0.0000	208	昭通市	0.0000	208
临汾市	0.0000	208	中卫市	0.0000	208
庆阳市	0.0000	208	崇左市	0.0000	208
陇南市	0.0000	208	朝阳市	0.0000	208
驻马店市	0.0000	208	松原市	0.0000	208
汕尾市	0.0000	208	资阳市	0.0000	208

第六章 创新绩效

一、创新绩效指标构成

创新绩效指标用以反映城市科技创新活动的产出和影响，是评价城市科技创新发展目标实现程度最重要的指标，在城市科技创新发展评价的4个一级指标中权重最高，包含指标数量最多，对经济社会发展的影响最广泛。创新绩效占总指数权重的42.86%，下设科技产出、经济发展、绿色发展、辐射引领4个二级指标。

科技产出二级指标下设2个三级指标，分别为每万人专利申请量和每万人发明专利授权量，均为正向指标。

经济发展二级指标下设2个三级指标，分别为地均GDP和城镇居民人均可支配收入，均为正向指标。

绿色发展二级指标下设2个三级指标，分别为PM2.5年均浓度和万元地区生产总值能耗，均为逆向指标。

辐射引领二级指标下设3个三级指标，分别为国家技术转移示范机构数、中国大学ESI高被引论文数和科技创新型企业规模，均为正向指标。

三级指标权重均为4.76%。创新绩效指标构成如表6-1所示。

表6-1 创新绩效指标构成

一级指标	权重	二级指标	权重	三级指标	指标属性	权重
创新绩效	42.86%	科技产出	9.52%	每万人专利申请量/件	正向	4.76%
				每万人发明专利授权量/件	正向	4.76%
		经济发展	9.52%	地均GDP/（万元/平方公里）	正向	4.76%
				城镇居民人均可支配收入/元	正向	4.76%
		绿色发展	9.52%	PM2.5年均浓度/微米	逆向	4.76%
				万元地区生产总值能耗/千瓦时	逆向	4.76%
		辐射引领	14.29%	国家技术转移示范机构数/个	正向	4.76%
				中国大学ESI高被引论文数/篇	正向	4.76%
				科技创新型企业规模/家	正向	4.76%

二、创新绩效指数排名

在创新绩效指数方面，排名前20位的城市依次为北京市、深圳市、上海市、南京市、武汉市、杭州市、广州市、苏州市、珠海市、青岛市、厦门市、东莞市、无锡市、宁波市、佛山市、嘉兴市、成都市、绍兴市、长沙市、合肥市（表6-2）。

表6-2 创新绩效指数排名

城市	创新绩效指数	排名	城市	创新绩效指数	排名
北京市	0.8281	1	天津市	0.3386	27
深圳市	0.6526	2	中山市	0.3362	28
上海市	0.5876	3	镇江市	0.3329	29
南京市	0.5199	4	福州市	0.3276	30
武汉市	0.4874	5	台州市	0.3268	31
杭州市	0.4756	6	济南市	0.3247	32
广州市	0.4723	7	金华市	0.3166	33
苏州市	0.4642	8	芜湖市	0.3161	34
珠海市	0.4541	9	南通市	0.3076	35
青岛市	0.4012	10	泉州市	0.3061	36
厦门市	0.3982	11	大连市	0.3052	37
东莞市	0.3953	12	呼和浩特市	0.3010	38
无锡市	0.3893	13	马鞍山市	0.3009	39
宁波市	0.3891	14	昆明市	0.2939	40
佛山市	0.3812	15	威海市	0.2904	41
嘉兴市	0.3639	16	扬州市	0.2881	42
成都市	0.3594	17	惠州市	0.2860	43
绍兴市	0.3526	18	海口市	0.2825	44
长沙市	0.3518	19	丽水市	0.2823	45
合肥市	0.3497	20	南昌市	0.2821	46
长春市	0.3465	21	泰州市	0.2821	47
西安市	0.3436	22	沈阳市	0.2812	48
常州市	0.3434	23	内江市	0.2804	49
舟山市	0.3432	24	乐山市	0.2761	50
温州市	0.3425	25	衢州市	0.2737	51
湖州市	0.3414	26	郑州市	0.2727	52

续表

城市	创新绩效指数	排名	城市	创新绩效指数	排名
长治市	0.2722	53	东营市	0.2478	85
拉萨市	0.2713	54	攀枝花市	0.2475	86
江门市	0.2711	55	鹤岗市	0.2467	87
铜仁市	0.2701	56	遵义市	0.2461	88
株洲市	0.2695	57	宁德市	0.2459	89
吉林市	0.2687	58	绵阳市	0.2458	90
营口市	0.2682	59	金昌市	0.2442	91
哈尔滨市	0.2673	60	柳州市	0.2438	92
三亚市	0.2671	61	鄂尔多斯市	0.2426	93
赤峰市	0.2664	62	大庆市	0.2425	94
烟台市	0.2659	63	贵阳市	0.2424	95
通化市	0.2642	64	肇庆市	0.2423	96
兰州市	0.2628	65	上饶市	0.2415	97
龙岩市	0.2622	66	湘潭市	0.2415	98
漳州市	0.2609	67	赣州市	0.2411	99
三明市	0.2607	68	北海市	0.2402	100
盐城市	0.2602	69	滁州市	0.2390	101
松原市	0.2598	70	鹰潭市	0.2386	102
克拉玛依市	0.2597	71	重庆市	0.2384	103
黄山市	0.2587	72	汕尾市	0.2374	104
汕头市	0.2547	73	桂林市	0.2374	105
莆田市	0.2546	74	保山市	0.2369	106
白城市	0.2539	75	吉安市	0.2365	107
伊春市	0.2534	76	酒泉市	0.2365	108
玉溪市	0.2523	77	呼伦贝尔市	0.2364	109
宣城市	0.2510	78	新余市	0.2362	110
丽江市	0.2507	79	黑河市	0.2359	111
南宁市	0.2502	80	抚州市	0.2358	112
铜陵市	0.2502	81	湛江市	0.2352	113
景德镇市	0.2500	82	衡阳市	0.2352	114
秦皇岛市	0.2494	83	太原市	0.2351	115
南平市	0.2483	84	毕节市	0.2348	116

续表

城市	创新绩效指数	排名	城市	创新绩效指数	排名
韶关市	0.2346	117	潍坊市	0.2246	149
张家口市	0.2343	118	汉中市	0.2245	150
曲靖市	0.2333	119	梧州市	0.2242	151
六盘水市	0.2333	120	云浮市	0.2240	152
茂名市	0.2331	121	巴中市	0.2240	153
遂宁市	0.2326	122	平凉市	0.2235	154
广元市	0.2325	123	日照市	0.2233	155
防城港市	0.2323	124	广安市	0.2219	156
河源市	0.2318	125	淄博市	0.2218	157
安顺市	0.2317	126	永州市	0.2216	158
徐州市	0.2316	127	陇南市	0.2215	159
普洱市	0.2314	128	咸宁市	0.2215	160
淮安市	0.2307	129	潮州市	0.2214	161
梅州市	0.2304	130	昭通市	0.2213	162
钦州市	0.2304	131	十堰市	0.2208	163
盘锦市	0.2301	132	崇左市	0.2205	164
安庆市	0.2296	133	白山市	0.2205	165
德阳市	0.2293	134	临沧市	0.2199	166
郴州市	0.2292	135	承德市	0.2196	167
阳江市	0.2288	136	鄂州市	0.2193	168
清远市	0.2286	137	九江市	0.2193	169
萍乡市	0.2282	138	六安市	0.2193	170
雅安市	0.2279	139	庆阳市	0.2191	171
蚌埠市	0.2279	140	延安市	0.2189	172
池州市	0.2279	141	怀化市	0.2181	173
玉林市	0.2278	142	佳木斯市	0.2176	174
宜昌市	0.2269	143	岳阳市	0.2176	175
黄石市	0.2263	144	榆林市	0.2168	176
宜春市	0.2262	145	牡丹江市	0.2166	177
连云港市	0.2261	146	河池市	0.2165	178
资阳市	0.2257	147	贵港市	0.2163	179
乌鲁木齐市	0.2249	148	天水市	0.2161	180

续表

城市	创新绩效指数	排名	城市	创新绩效指数	排名
泸州市	0.2160	181	淮南市	0.2057	213
张家界市	0.2155	182	达州市	0.2054	214
眉山市	0.2148	183	来宾市	0.2049	215
宜宾市	0.2144	184	乌海市	0.2044	216
贺州市	0.2139	185	随州市	0.2042	217
孝感市	0.2133	186	白银市	0.2042	218
固原市	0.2130	187	包头市	0.2037	219
丹东市	0.2130	188	乌兰察布市	0.2029	220
自贡市	0.2128	189	襄阳市	0.2021	221
荆门市	0.2125	190	阜新市	0.2021	222
荆州市	0.2124	191	本溪市	0.2020	223
南充市	0.2122	192	朔州市	0.2020	224
揭阳市	0.2122	193	泰安市	0.2019	225
常德市	0.2116	194	四平市	0.2017	226
大同市	0.2115	195	宿州市	0.2016	227
唐山市	0.2111	196	益阳市	0.2014	228
银川市	0.2106	197	鞍山市	0.2011	229
廊坊市	0.2106	198	济宁市	0.2009	230
齐齐哈尔市	0.2104	199	信阳市	0.2008	231
石家庄市	0.2095	200	武威市	0.1997	232
张掖市	0.2093	201	百色市	0.1994	233
洛阳市	0.2091	202	亳州市	0.1993	234
定西市	0.2083	203	临沂市	0.1992	235
双鸭山市	0.2082	204	抚顺市	0.1991	236
邵阳市	0.2077	205	宝鸡市	0.1990	237
商洛市	0.2071	206	阜阳市	0.1985	238
安康市	0.2064	207	许昌市	0.1977	239
娄底市	0.2062	208	巴彦淖尔市	0.1971	240
鸡西市	0.2062	209	保定市	0.1958	241
宿迁市	0.2061	210	吕梁市	0.1958	242
淮北市	0.2059	211	西宁市	0.1956	243
黄冈市	0.2058	212	七台河市	0.1947	244

续表

城市	创新绩效指数	排名	城市	创新绩效指数	排名
新乡市	0.1940	245	德州市	0.1805	267
辽阳市	0.1939	246	忻州市	0.1799	268
锦州市	0.1930	247	通辽市	0.1793	269
晋中市	0.1926	248	邢台市	0.1792	270
咸阳市	0.1922	249	商丘市	0.1781	271
辽源市	0.1920	250	开封市	0.1780	272
朝阳市	0.1918	251	铁岭市	0.1773	273
铜川市	0.1892	252	渭南市	0.1769	274
沧州市	0.1887	253	周口市	0.1768	275
驻马店市	0.1879	254	邯郸市	0.1763	276
绥化市	0.1873	255	鹤壁市	0.1759	277
阳泉市	0.1870	256	海东市	0.1755	278
葫芦岛市	0.1865	257	濮阳市	0.1742	279
吴忠市	0.1861	258	菏泽市	0.1716	280
平顶山市	0.1860	259	临汾市	0.1681	281
三门峡市	0.1852	260	安阳市	0.1633	282
晋城市	0.1845	261	石嘴山市	0.1617	283
南阳市	0.1834	262	滨州市	0.1573	284
漯河市	0.1829	263	中卫市	0.1560	285
枣庄市	0.1828	264	运城市	0.1559	286
衡水市	0.1818	265	聊城市	0.1557	287
焦作市	0.1817	266	嘉峪关市	0.1531	288

三、创新绩效核心指标分析

（一）科技产出

科技产出是指科技创新活动的直接产出成果，主要包括科技论文、专利、技术标准及技术交易等，是城市科技创新发展的题中应有之义。科技产出指标设计体现创新发展理念，下设2个三级指标，即每万人专利申请量和每万人发明专利授权量，分别从专利申请和专利授权的角度评估科技创新的直接产出情况，均为正向指标。

在科技产出指数方面,排名前10位的城市依次为北京市、深圳市、珠海市、武汉市、苏州市、南京市、杭州市、上海市、无锡市、嘉兴市;排名后10位的城市依次为周口市、黑河市、海东市、绥化市、临沧市、平凉市、毕节市、松原市、陇南市、昭通市(图6-1,表6-3)。

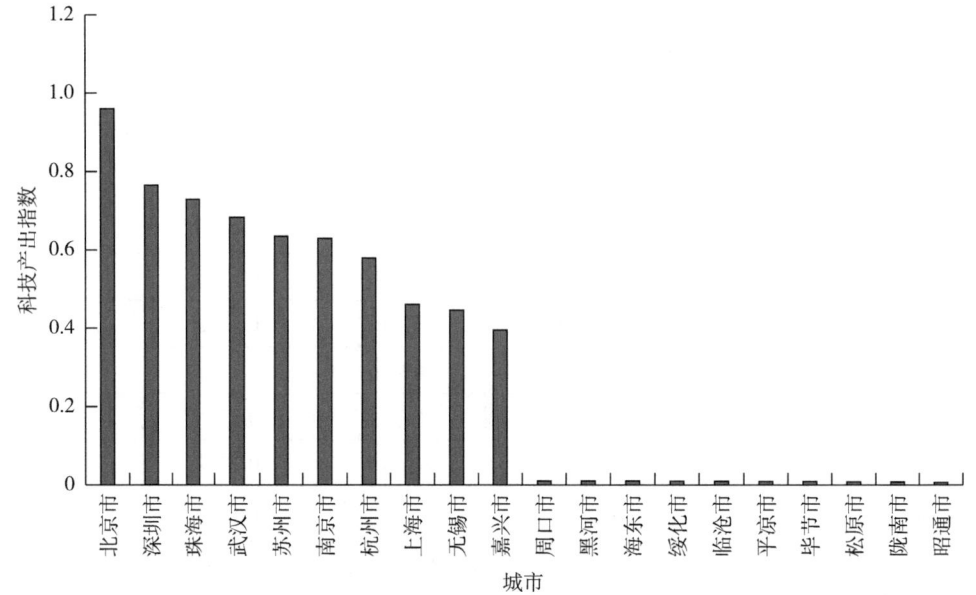

图6-1 科技产出指数排名前10位和后10位的城市

表6-3 科技产出指数排名

城市	科技产出指数	排名	城市	科技产出指数	排名
北京市	0.9601	1	常州市	0.3782	14
深圳市	0.7647	2	青岛市	0.3650	15
珠海市	0.7285	3	广州市	0.3554	16
武汉市	0.6826	4	宁波市	0.3530	17
苏州市	0.6345	5	绍兴市	0.3439	18
南京市	0.6288	6	合肥市	0.3422	19
杭州市	0.5789	7	佛山市	0.3384	20
上海市	0.4608	8	湖州市	0.3328	21
无锡市	0.4462	9	厦门市	0.3080	22
嘉兴市	0.3949	10	西安市	0.3072	23
镇江市	0.3885	11	马鞍山市	0.3062	24
东莞市	0.3878	12	天津市	0.2934	25
芜湖市	0.3810	13	济南市	0.2642	26

续表

城市	科技产出指数	排名	城市	科技产出指数	排名
温州市	0.2622	27	昆明市	0.1199	59
长沙市	0.2606	28	秦皇岛市	0.1189	60
中山市	0.2602	29	淄博市	0.1171	61
南通市	0.2572	30	重庆市	0.1146	62
舟山市	0.2441	31	潍坊市	0.1144	63
台州市	0.2438	32	攀枝花市	0.1141	64
成都市	0.2334	33	兰州市	0.1136	65
扬州市	0.2235	34	烟台市	0.1075	66
金华市	0.2122	35	绵阳市	0.1071	67
泰州市	0.1954	36	湘潭市	0.1065	68
大连市	0.1783	37	蚌埠市	0.1022	69
郑州市	0.1777	38	淮安市	0.1003	70
福州市	0.1764	39	宜昌市	0.0995	71
东营市	0.1643	40	洛阳市	0.0940	72
沈阳市	0.1629	41	池州市	0.0932	73
徐州市	0.1625	42	海口市	0.0916	74
太原市	0.1601	43	克拉玛依市	0.0906	75
铜陵市	0.1564	44	安庆市	0.0834	76
滁州市	0.1540	45	日照市	0.0813	77
盐城市	0.1521	46	柳州市	0.0808	78
惠州市	0.1504	47	宿迁市	0.0796	79
泉州市	0.1504	48	南宁市	0.0776	80
哈尔滨市	0.1500	49	金昌市	0.0772	81
衢州市	0.1489	50	鹰潭市	0.0767	82
威海市	0.1460	51	六安市	0.0767	83
宣城市	0.1406	52	黄山市	0.0762	84
长春市	0.1396	53	淮南市	0.0755	85
南昌市	0.1354	54	淮北市	0.0749	86
株洲市	0.1305	55	石家庄市	0.0743	87
丽水市	0.1277	56	鞍山市	0.0737	88
江门市	0.1229	57	滨州市	0.0732	89
贵阳市	0.1207	58	衡阳市	0.0723	90

续表

城市	科技产出指数	排名	城市	科技产出指数	排名
乌鲁木齐市	0.0715	91	赣州市	0.0496	123
石嘴山市	0.0708	92	亳州市	0.0486	124
嘉峪关市	0.0701	93	三明市	0.0482	125
连云港市	0.0697	94	抚州市	0.0480	126
漳州市	0.0683	95	十堰市	0.0475	127
许昌市	0.0672	96	新余市	0.0474	128
德阳市	0.0668	97	德州市	0.0468	129
焦作市	0.0658	98	咸阳市	0.0466	130
襄阳市	0.0654	99	枣庄市	0.0464	131
新乡市	0.0652	100	孝感市	0.0456	132
黄石市	0.0638	101	拉萨市	0.0452	133
大庆市	0.0627	102	梅州市	0.0451	134
龙岩市	0.0626	103	鄂尔多斯市	0.0448	135
乌海市	0.0624	104	保定市	0.0445	136
河源市	0.0621	105	包头市	0.0439	137
阜阳市	0.0601	106	韶关市	0.0439	138
桂林市	0.0598	107	萍乡市	0.0434	139
景德镇市	0.0597	108	清远市	0.0429	140
抚顺市	0.0595	109	呼和浩特市	0.0425	141
雅安市	0.0590	110	西宁市	0.0417	142
银川市	0.0588	111	莆田市	0.0415	143
宁德市	0.0579	112	聊城市	0.0413	144
鄂州市	0.0577	113	吉林市	0.0400	145
廊坊市	0.0563	114	常德市	0.0397	146
唐山市	0.0552	115	阜新市	0.0395	147
肇庆市	0.0546	116	遵义市	0.0388	148
荆门市	0.0541	117	张掖市	0.0378	149
汕头市	0.0539	118	濮阳市	0.0374	150
宿州市	0.0515	119	自贡市	0.0371	151
泰安市	0.0509	120	临沂市	0.0369	152
济宁市	0.0507	121	吴忠市	0.0367	153
盘锦市	0.0503	122	防城港市	0.0366	154

续表

城市	科技产出指数	排名	城市	科技产出指数	排名
玉溪市	0.0365	155	汕尾市	0.0244	187
吉安市	0.0363	156	眉山市	0.0238	188
宝鸡市	0.0358	157	大同市	0.0235	189
宜春市	0.0358	158	汉中市	0.0228	190
九江市	0.0349	159	白银市	0.0226	191
潮州市	0.0345	160	长治市	0.0223	192
平顶山市	0.0342	161	邢台市	0.0222	193
益阳市	0.0340	162	安阳市	0.0221	194
南平市	0.0334	163	开封市	0.0220	195
咸宁市	0.0332	164	邯郸市	0.0218	196
中卫市	0.0326	165	湛江市	0.0215	197
鹤壁市	0.0323	166	三门峡市	0.0214	198
遂宁市	0.0308	167	南阳市	0.0211	199
漯河市	0.0308	168	齐齐哈尔市	0.0205	200
营口市	0.0300	169	上饶市	0.0204	201
锦州市	0.0299	170	黄冈市	0.0199	202
荆州市	0.0297	171	承德市	0.0198	203
三亚市	0.0294	172	阳江市	0.0198	204
衡水市	0.0292	173	云浮市	0.0191	205
丹东市	0.0285	174	怀化市	0.0190	206
广元市	0.0283	175	娄底市	0.0190	207
榆林市	0.0282	176	贺州市	0.0190	208
北海市	0.0279	177	郴州市	0.0190	209
辽阳市	0.0271	178	佳木斯市	0.0190	210
本溪市	0.0270	179	张家口市	0.0185	211
沧州市	0.0267	180	晋中市	0.0185	212
酒泉市	0.0259	181	泸州市	0.0182	213
宜宾市	0.0256	182	通化市	0.0182	214
信阳市	0.0254	183	随州市	0.0181	215
岳阳市	0.0253	184	梧州市	0.0181	216
安顺市	0.0250	185	晋城市	0.0176	217
乐山市	0.0246	186	阳泉市	0.0174	218

续表

城市	科技产出指数	排名	城市	科技产出指数	排名
武威市	0.0171	219	朝阳市	0.0094	251
牡丹江市	0.0167	220	临汾市	0.0093	252
运城市	0.0165	221	驻马店市	0.0091	253
玉林市	0.0164	222	七台河市	0.0089	254
四平市	0.0155	223	辽源市	0.0088	255
铜仁市	0.0154	224	巴彦淖尔市	0.0086	256
菏泽市	0.0150	225	商丘市	0.0086	257
铁岭市	0.0149	226	白山市	0.0085	258
崇左市	0.0146	227	忻州市	0.0084	259
渭南市	0.0146	228	南充市	0.0082	260
邵阳市	0.0138	229	天水市	0.0081	261
钦州市	0.0137	230	赤峰市	0.0080	262
内江市	0.0132	231	安康市	0.0077	263
张家界市	0.0131	232	河池市	0.0077	264
百色市	0.0127	233	吕梁市	0.0073	265
延安市	0.0124	234	乌兰察布市	0.0072	266
揭阳市	0.0120	235	朔州市	0.0072	267
葫芦岛市	0.0117	236	贵港市	0.0072	268
来宾市	0.0116	237	呼伦贝尔市	0.0070	269
鸡西市	0.0116	238	保山市	0.0063	270
铜川市	0.0115	239	庆阳市	0.0060	271
茂名市	0.0111	240	通辽市	0.0057	272
固原市	0.0111	241	鹤岗市	0.0056	273
永州市	0.0109	242	白城市	0.0050	274
普洱市	0.0108	243	巴中市	0.0049	275
丽江市	0.0107	244	达州市	0.0048	276
六盘水市	0.0107	245	定西市	0.0047	277
商洛市	0.0106	246	双鸭山市	0.0045	278
曲靖市	0.0103	247	周口市	0.0042	279
广安市	0.0099	248	黑河市	0.0042	280
伊春市	0.0099	249	海东市	0.0042	281
资阳市	0.0096	250	绥化市	0.0037	282

续表

城市	科技产出指数	排名	城市	科技产出指数	排名
临沧市	0.0035	283	松原市	0.0022	286
平凉市	0.0031	284	陇南市	0.0019	287
毕节市	0.0030	285	昭通市	0.0007	288

（二）经济发展

经济发展是直接体现科技与经济结合的指标，体现科技创新对城市发展的引领支撑作用。科技创新要与城市经济社会发展深度融合，科技创新的成果应更多转化为现实生产力，惠及千家万户。

在经济发展指数方面，排名前10位的城市依次为深圳市、上海市、北京市、广州市、苏州市、厦门市、南京市、东莞市、无锡市、宁波市；排名后10位的城市依次为绥化市、双鸭山市、伊春市、陇南市、商洛市、白城市、七台河市、鸡西市、鹤岗市、白山市（图6-2，表6-4）。

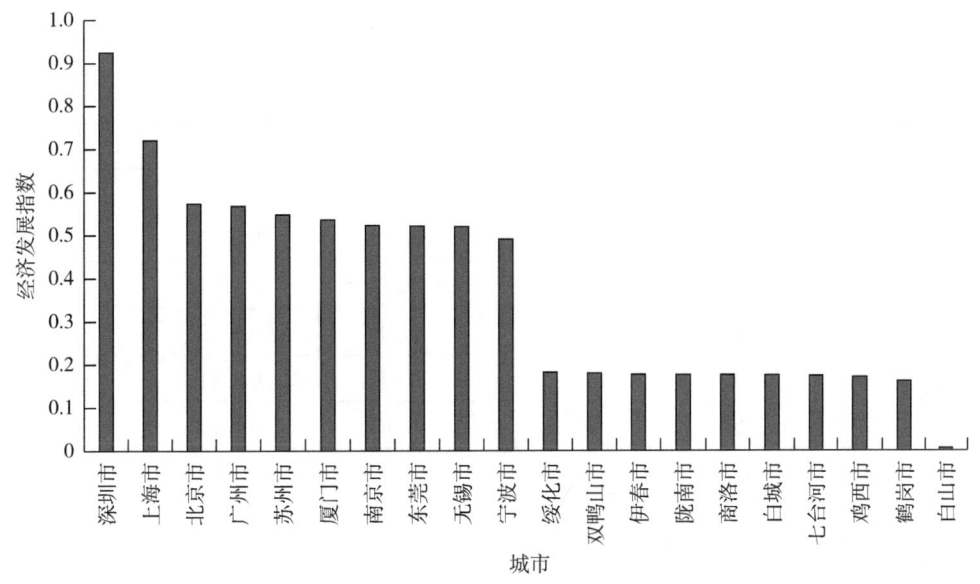

图6-2 经济发展指数排名前10位和后10位的城市

表 6-4 经济发展指数排名

城市	经济发展指数	排名	城市	经济发展指数	排名
深圳市	0.9244	1	泰州市	0.3542	33
上海市	0.7202	2	天津市	0.3541	34
北京市	0.5738	3	福州市	0.3519	35
广州市	0.5681	4	威海市	0.3485	36
苏州市	0.5482	5	合肥市	0.3474	37
厦门市	0.5365	6	烟台市	0.3436	38
南京市	0.5229	7	扬州市	0.3417	39
东莞市	0.5212	8	郑州市	0.3386	40
无锡市	0.5197	9	包头市	0.3370	41
宁波市	0.4904	10	南昌市	0.3348	42
杭州市	0.4835	11	呼和浩特市	0.3314	43
佛山市	0.4784	12	鄂尔多斯市	0.3304	44
嘉兴市	0.4664	13	衢州市	0.3290	45
绍兴市	0.4623	14	株洲市	0.3290	46
常州市	0.4602	15	沈阳市	0.3284	47
珠海市	0.4548	16	大连市	0.3283	48
舟山市	0.4540	17	淄博市	0.3257	49
温州市	0.4356	18	昆明市	0.3255	50
台州市	0.4282	19	丽水市	0.3205	51
湖州市	0.4236	20	西安市	0.3194	52
中山市	0.4217	21	唐山市	0.3172	53
金华市	0.4180	22	芜湖市	0.3141	54
长沙市	0.4162	23	克拉玛依市	0.3112	55
青岛市	0.4052	24	惠州市	0.3108	56
镇江市	0.3965	25	乌海市	0.3091	57
武汉市	0.3951	26	秦皇岛市	0.2977	58
济南市	0.3844	27	嘉峪关市	0.2962	59
南通市	0.3775	28	潍坊市	0.2948	60
泉州市	0.3665	29	攀枝花市	0.2941	61
成都市	0.3623	30	盘锦市	0.2912	62
马鞍山市	0.3582	31	莆田市	0.2912	63
东营市	0.3575	32	湘潭市	0.2902	64

续表

城市	经济发展指数	排名	城市	经济发展指数	排名
海口市	0.2900	65	银川市	0.2655	97
新余市	0.2894	66	济宁市	0.2653	98
乌鲁木齐市	0.2884	67	鹰潭市	0.2653	99
拉萨市	0.2862	68	泸州市	0.2649	100
大庆市	0.2843	69	绵阳市	0.2648	101
景德镇市	0.2830	70	宜宾市	0.2637	102
贵阳市	0.2829	71	哈尔滨市	0.2637	103
铜陵市	0.2813	72	上饶市	0.2634	104
玉溪市	0.2804	73	张家口市	0.2626	105
金昌市	0.2804	74	酒泉市	0.2621	106
宣城市	0.2802	75	吉安市	0.2620	107
三亚市	0.2781	76	滨州市	0.2616	108
淮安市	0.2781	77	眉山市	0.2615	109
盐城市	0.2768	78	三明市	0.2609	110
石家庄市	0.2766	79	黄石市	0.2608	111
漳州市	0.2743	80	内江市	0.2605	112
萍乡市	0.2732	81	乐山市	0.2602	113
江门市	0.2732	82	汕头市	0.2600	114
长春市	0.2732	83	衡阳市	0.2598	115
太原市	0.2720	84	北海市	0.2597	116
德阳市	0.2720	85	南宁市	0.2596	117
兰州市	0.2704	86	柳州市	0.2577	118
九江市	0.2698	87	咸阳市	0.2566	119
洛阳市	0.2690	88	曲靖市	0.2564	120
营口市	0.2690	89	黄山市	0.2563	121
蚌埠市	0.2684	90	广安市	0.2563	122
龙岩市	0.2682	91	连云港市	0.2556	123
临沂市	0.2681	92	淮南市	0.2552	124
徐州市	0.2678	93	鞍山市	0.2551	125
泰安市	0.2672	94	襄阳市	0.2549	126
邯郸市	0.2668	95	邢台市	0.2547	127
自贡市	0.2656	96	保定市	0.2538	128

续表

城市	经济发展指数	排名	城市	经济发展指数	排名
日照市	0.2537	129	南平市	0.2413	161
许昌市	0.2532	130	宝鸡市	0.2413	162
淮北市	0.2529	131	延安市	0.2407	163
遂宁市	0.2522	132	荆门市	0.2406	164
桂林市	0.2522	133	孝感市	0.2401	165
鄂州市	0.2517	134	保山市	0.2401	166
宜昌市	0.2507	135	达州市	0.2400	167
资阳市	0.2506	136	长治市	0.2398	168
岳阳市	0.2498	137	常德市	0.2393	169
宁德市	0.2497	138	本溪市	0.2391	170
玉林市	0.2492	139	平顶山市	0.2388	171
西宁市	0.2481	140	衡水市	0.2384	172
遵义市	0.2475	141	来宾市	0.2384	173
防城港市	0.2473	142	池州市	0.2369	174
钦州市	0.2468	143	榆林市	0.2367	175
郴州市	0.2465	144	呼伦贝尔市	0.2366	176
宜春市	0.2456	145	巴中市	0.2364	177
赣州市	0.2454	146	新乡市	0.2360	178
雅安市	0.2449	147	阜阳市	0.2359	179
漯河市	0.2441	148	渭南市	0.2359	180
焦作市	0.2439	149	广元市	0.2359	181
滁州市	0.2438	150	阳泉市	0.2348	182
枣庄市	0.2432	151	鹤壁市	0.2347	183
晋城市	0.2430	152	濮阳市	0.2342	184
丽江市	0.2429	153	承德市	0.2341	185
南充市	0.2427	154	锦州市	0.2341	186
抚州市	0.2425	155	辽阳市	0.2339	187
晋中市	0.2424	156	肇庆市	0.2328	188
安阳市	0.2423	157	宿州市	0.2321	189
朔州市	0.2423	158	抚顺市	0.2318	190
安庆市	0.2416	159	荆州市	0.2314	191
廊坊市	0.2416	160	六盘水市	0.2313	192

续表

城市	经济发展指数	排名	城市	经济发展指数	排名
亳州市	0.2310	193	运城市	0.2181	225
梧州市	0.2292	194	永州市	0.2180	226
通辽市	0.2282	195	娄底市	0.2177	227
赤峰市	0.2280	196	咸宁市	0.2174	228
韶关市	0.2277	197	阳江市	0.2174	229
崇左市	0.2276	198	白银市	0.2173	230
临汾市	0.2276	199	十堰市	0.2171	231
汉中市	0.2271	200	葫芦岛市	0.2168	232
南阳市	0.2270	201	普洱市	0.2143	233
石嘴山市	0.2270	202	丹东市	0.2133	234
贵港市	0.2269	203	茂名市	0.2113	235
毕节市	0.2268	204	忻州市	0.2101	236
铜川市	0.2268	205	驻马店市	0.2084	237
沧州市	0.2258	206	信阳市	0.2076	238
安顺市	0.2256	207	武威市	0.2070	239
大同市	0.2254	208	聊城市	0.2060	240
贺州市	0.2251	209	黄冈市	0.2060	241
商丘市	0.2246	210	邵阳市	0.2055	242
牡丹江市	0.2239	211	吴忠市	0.2050	243
六安市	0.2239	212	平凉市	0.2048	244
湛江市	0.2237	213	昭通市	0.2048	245
铜仁市	0.2236	214	吉林市	0.2047	246
百色市	0.2234	215	德州市	0.2042	247
宿迁市	0.2231	216	随州市	0.2041	248
益阳市	0.2229	217	汕尾市	0.2035	249
开封市	0.2220	218	河池市	0.2029	250
海东市	0.2208	219	临沧市	0.2025	251
庆阳市	0.2208	220	黑河市	0.2023	252
巴彦淖尔市	0.2205	221	菏泽市	0.2023	253
清远市	0.2201	222	齐齐哈尔市	0.2019	254
乌兰察布市	0.2198	223	佳木斯市	0.2013	255
三门峡市	0.2193	224	吕梁市	0.2012	256

续表

城市	经济发展指数	排名	城市	经济发展指数	排名
阜新市	0.2007	257	河源市	0.1857	273
重庆市	0.2007	258	潮州市	0.1854	274
怀化市	0.2004	259	朝阳市	0.1846	275
中卫市	0.2001	260	张家界市	0.1844	276
周口市	0.1985	261	铁岭市	0.1825	277
梅州市	0.1985	262	定西市	0.1813	278
天水市	0.1982	263	绥化市	0.1812	279
固原市	0.1976	264	双鸭山市	0.1795	280
松原市	0.1944	265	伊春市	0.1760	281
通化市	0.1939	266	陇南市	0.1757	282
辽源市	0.1938	267	商洛市	0.1753	283
四平市	0.1928	268	白城市	0.1750	284
揭阳市	0.1913	269	七台河市	0.1732	285
张掖市	0.1898	270	鸡西市	0.1706	286
云浮市	0.1898	271	鹤岗市	0.1611	287
安康市	0.1863	272	白山市	0.0009	288

（三）绿色发展

绿色发展是指城市要发展绿色产业，推广绿色技术，降低能耗和物耗，保护和修复生态环境，使城市的经济社会发展与自然相协调。绿色发展指标从节能减排和环境治理的角度测度科技创新对城市绿色发展的作用和程度。

在绿色发展指数方面，排名前10位的城市依次为长春市、内江市、白山市、通化市、铜仁市、松原市、呼和浩特市、白城市、赤峰市、长治市；排名后10位的城市依次为焦作市、石家庄市、邯郸市、中卫市、安阳市、运城市、聊城市、石嘴山市、滨州市、嘉峪关市（图6-3，表6-5）。

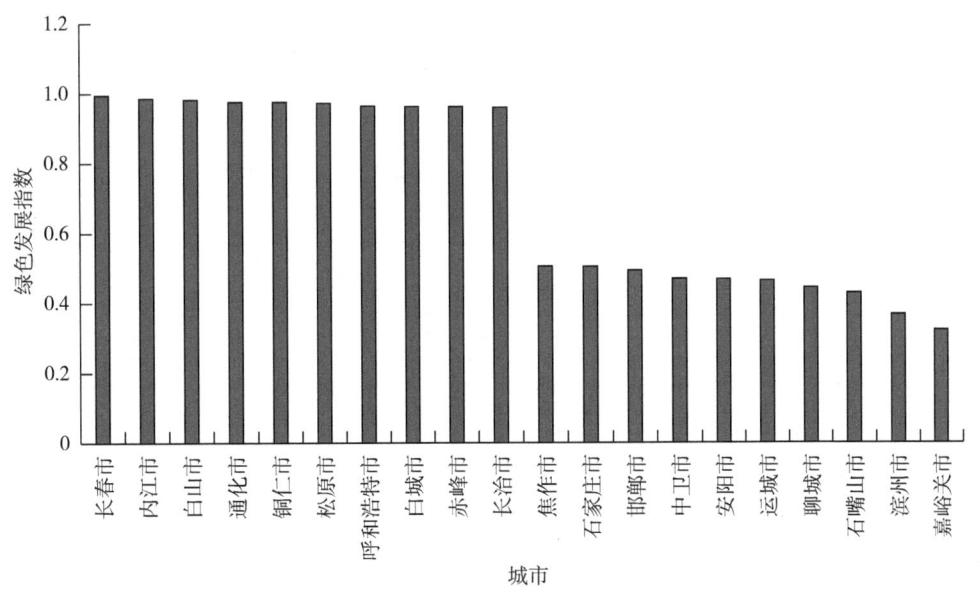

图 6-3 绿色发展指数排名前 10 位和后 10 位的城市

表 6-5 绿色发展指数排名

城市	绿色发展指数	排名	城市	绿色发展指数	排名
长春市	0.9950	1	海口市	0.8760	18
内江市	0.9865	2	丽江市	0.8740	19
白山市	0.9821	3	三明市	0.8617	20
通化市	0.9759	4	黑河市	0.8550	21
铜仁市	0.9759	5	厦门市	0.8468	22
松原市	0.9723	6	龙岩市	0.8445	23
呼和浩特市	0.9643	7	深圳市	0.8439	24
白城市	0.9624	8	舟山市	0.8432	25
赤峰市	0.9621	9	南平市	0.8406	26
长治市	0.9595	10	汕尾市	0.8401	27
吉林市	0.9584	11	泉州市	0.8355	28
乐山市	0.9556	12	珠海市	0.8336	29
伊春市	0.9545	13	黄山市	0.8284	30
鹤岗市	0.9432	14	毕节市	0.8265	31
营口市	0.9037	15	茂名市	0.8251	32
三亚市	0.8920	16	漳州市	0.8242	33
拉萨市	0.8884	17	汕头市	0.8211	34

续表

城市	绿色发展指数	排名	城市	绿色发展指数	排名
呼伦贝尔市	0.8200	35	临沧市	0.7830	66
陇南市	0.8194	36	曲靖市	0.7815	67
保山市	0.8190	37	广元市	0.7811	68
福州市	0.8189	38	景德镇市	0.7798	69
遵义市	0.8177	39	台州市	0.7797	70
玉溪市	0.8159	40	韶关市	0.7795	71
普洱市	0.8156	41	东莞市	0.7753	72
丽水市	0.8147	42	酒泉市	0.7750	73
莆田市	0.8103	43	钦州市	0.7747	74
广州市	0.8094	44	潮州市	0.7745	75
六盘水市	0.8073	45	赣州市	0.7742	76
湛江市	0.8066	46	张家界市	0.7714	77
佛山市	0.8042	47	张家口市	0.7692	78
中山市	0.8025	48	克拉玛依市	0.7657	79
惠州市	0.7996	49	巴中市	0.7656	80
威海市	0.7984	50	天水市	0.7652	81
平凉市	0.7978	51	抚州市	0.7639	82
云浮市	0.7977	52	河池市	0.7637	83
宁德市	0.7970	53	永州市	0.7634	84
江门市	0.7964	54	遂宁市	0.7618	85
温州市	0.7963	55	金华市	0.7616	86
宁波市	0.7954	56	郴州市	0.7614	87
上饶市	0.7943	57	防城港市	0.7612	88
昆明市	0.7931	58	梧州市	0.7606	89
北海市	0.7924	59	清远市	0.7605	90
河源市	0.7917	60	吉安市	0.7593	91
阳江市	0.7912	61	庆阳市	0.7590	92
安顺市	0.7911	62	汉中市	0.7589	93
梅州市	0.7903	63	玉林市	0.7584	94
昭通市	0.7902	64	佳木斯市	0.7580	95
肇庆市	0.7894	65	湖州市	0.7572	96

续表

城市	绿色发展指数	排名	城市	绿色发展指数	排名
怀化市	0.7569	97	苏州市	0.7266	128
资阳市	0.7550	98	南昌市	0.7265	129
双鸭山市	0.7526	99	宜春市	0.7261	130
绍兴市	0.7508	100	新余市	0.7235	131
定西市	0.7504	101	十堰市	0.7229	132
柳州市	0.7503	102	齐齐哈尔市	0.7223	133
崇左市	0.7497	103	绵阳市	0.7204	134
固原市	0.7495	104	烟台市	0.7202	135
揭阳市	0.7488	105	盐城市	0.7183	136
杭州市	0.7477	106	贺州市	0.7182	137
衢州市	0.7468	107	雅安市	0.7178	138
桂林市	0.7464	108	无锡市	0.7177	139
商洛市	0.7456	109	南通市	0.7167	140
青岛市	0.7456	110	衡阳市	0.7158	141
鸡西市	0.7451	111	鄂尔多斯市	0.7143	142
大连市	0.7437	112	丹东市	0.7133	143
南京市	0.7434	113	张掖市	0.7124	144
咸宁市	0.7421	114	邵阳市	0.7096	145
金昌市	0.7410	115	榆林市	0.7092	146
株洲市	0.7385	116	萍乡市	0.7069	147
大庆市	0.7384	117	合肥市	0.7055	148
嘉兴市	0.7384	118	芜湖市	0.7048	149
贵港市	0.7380	119	攀枝花市	0.7047	150
南宁市	0.7369	120	泰州市	0.7034	151
上海市	0.7364	121	扬州市	0.7026	152
安康市	0.7338	122	宣城市	0.7019	153
牡丹江市	0.7327	123	大同市	0.7010	154
广安市	0.7313	124	安庆市	0.7000	155
延安市	0.7312	125	南充市	0.6995	156
承德市	0.7311	126	四平市	0.6986	157
鹰潭市	0.7290	127	武汉市	0.6983	158

续表

城市	绿色发展指数	排名	城市	绿色发展指数	排名
岳阳市	0.6964	159	阜新市	0.6681	190
秦皇岛市	0.6954	160	朝阳市	0.6676	191
随州市	0.6952	161	信阳市	0.6676	192
黄冈市	0.6941	162	常德市	0.6672	193
七台河市	0.6938	163	长沙市	0.6671	194
北京市	0.6927	164	常州市	0.6665	195
盘锦市	0.6920	165	滁州市	0.6645	196
池州市	0.6919	166	成都市	0.6638	197
兰州市	0.6913	167	日照市	0.6632	198
德阳市	0.6887	168	辽源市	0.6611	199
黄石市	0.6878	169	百色市	0.6606	200
娄底市	0.6876	170	朔州市	0.6582	201
荆州市	0.6873	171	宜昌市	0.6578	202
连云港市	0.6866	172	巴彦淖尔市	0.6571	203
泸州市	0.6851	173	荆门市	0.6571	204
乌兰察布市	0.6850	174	绥化市	0.6563	205
铜陵市	0.6830	175	自贡市	0.6532	206
六安市	0.6804	176	淮安市	0.6519	207
眉山市	0.6793	177	贵阳市	0.6482	208
白银市	0.6781	178	沈阳市	0.6473	209
达州市	0.6778	179	蚌埠市	0.6456	210
镇江市	0.6764	180	益阳市	0.6439	211
鄂州市	0.6757	181	本溪市	0.6420	212
马鞍山市	0.6748	182	廊坊市	0.6311	213
武威市	0.6738	183	驻马店市	0.6256	214
宜宾市	0.6727	184	宿州市	0.6195	215
九江市	0.6726	185	银川市	0.6192	216
湘潭市	0.6719	186	宿迁市	0.6174	217
来宾市	0.6715	187	济南市	0.6144	218
吕梁市	0.6712	188	宝鸡市	0.6137	219
孝感市	0.6683	189	亳州市	0.6131	220

续表

城市	绿色发展指数	排名	城市	绿色发展指数	排名
铜川市	0.6129	221	商丘市	0.5662	252
哈尔滨市	0.6111	222	许昌市	0.5654	253
葫芦岛市	0.6095	223	海东市	0.5648	254
辽阳市	0.6094	224	济宁市	0.5627	255
抚顺市	0.6016	225	重庆市	0.5627	256
晋中市	0.6013	226	洛阳市	0.5618	257
铁岭市	0.5989	227	平顶山市	0.5614	258
淮北市	0.5955	228	西宁市	0.5602	259
吴忠市	0.5942	229	新乡市	0.5602	260
天津市	0.5928	230	保定市	0.5596	261
锦州市	0.5923	231	唐山市	0.5584	262
淮南市	0.5918	232	德州市	0.5541	263
三门峡市	0.5913	233	菏泽市	0.5500	264
周口市	0.5909	234	乌海市	0.5482	265
阜阳市	0.5893	235	开封市	0.5475	266
忻州市	0.5890	236	咸阳市	0.5472	267
阳泉市	0.5877	237	漯河市	0.5467	268
徐州市	0.5865	238	渭南市	0.5438	269
东营市	0.5863	239	太原市	0.5435	270
沧州市	0.5835	240	衡水市	0.5422	271
西安市	0.5810	241	淄博市	0.5403	272
郑州市	0.5804	242	包头市	0.5329	273
泰安市	0.5802	243	枣庄市	0.5282	274
潍坊市	0.5801	244	鹤壁市	0.5234	275
乌鲁木齐市	0.5787	245	邢台市	0.5205	276
襄阳市	0.5781	246	临汾市	0.5179	277
临沂市	0.5749	247	濮阳市	0.5108	278
通辽市	0.5725	248	焦作市	0.5042	279
南阳市	0.5711	249	石家庄市	0.5034	280
鞍山市	0.5710	250	邯郸市	0.4926	281
晋城市	0.5678	251	中卫市	0.4686	282

续表

城市	绿色发展指数	排名	城市	绿色发展指数	排名
安阳市	0.4673	283	石嘴山市	0.4286	286
运城市	0.4635	284	滨州市	0.3674	287
聊城市	0.4434	285	嘉峪关市	0.3226	288

（四）辐射引领

辐射引领指标体现城市科技创新对国家创新驱动发展和区域协同创新发展的贡献程度。城市要提高自身的竞争力和影响力，需要促进科技创新资源、创新成果在更大空间范围内的配置及应用，发挥优势领域的辐射带动和引领示范作用，贯通创新链条，形成梯次效应，促进区域协同创新发展。

在辐射引领指数方面，排名前10位的城市依次为北京市、上海市、南京市、武汉市、深圳市、广州市、成都市、西安市、杭州市、青岛市；排名后10位的城市依次为黑河市、平凉市、鹤岗市、七台河市、海东市、伊春市、呼伦贝尔市、白城市、双鸭山市、陇南市（图6-4，表6-6）。

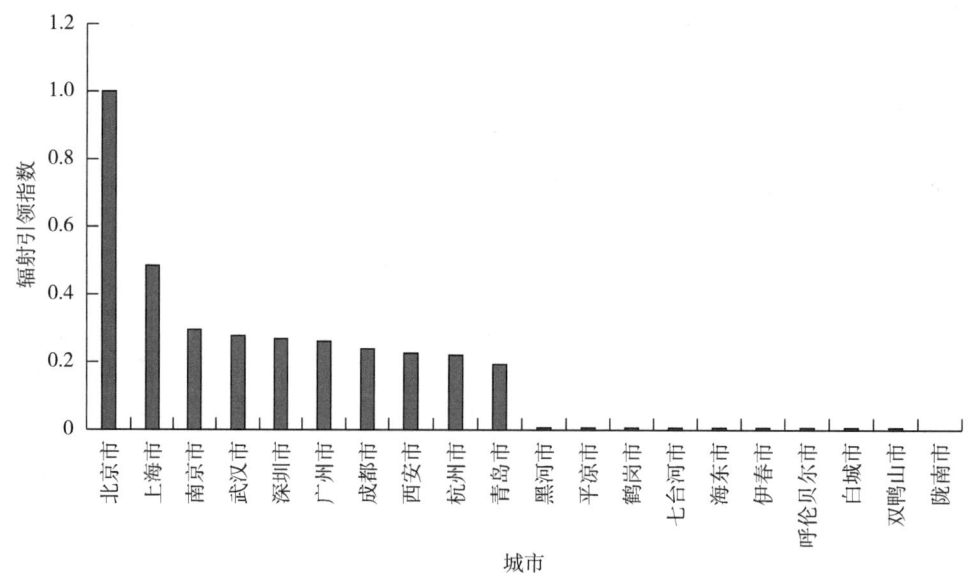

图6-4 辐射引领指数排名前10位和后10位的城市

表6-6 辐射引领指数排名

城市	辐射引领指数	排名	城市	辐射引领指数	排名
北京市	1.0000	1	无锡市	0.0455	33
上海市	0.4847	2	南宁市	0.0345	34
南京市	0.2962	3	温州市	0.0314	35
武汉市	0.2781	4	常州市	0.0270	36
深圳市	0.2692	5	贵阳市	0.0259	37
广州市	0.2617	6	嘉兴市	0.0252	38
成都市	0.2384	7	镇江市	0.0244	39
西安市	0.2259	8	金华市	0.0219	40
杭州市	0.2201	9	南通市	0.0217	41
青岛市	0.1931	10	西宁市	0.0200	42
天津市	0.1889	11	绍兴市	0.0200	43
长沙市	0.1594	12	扬州市	0.0192	44
济南市	0.1322	13	中山市	0.0190	45
重庆市	0.1299	14	江门市	0.0182	46
苏州市	0.1199	15	珠海市	0.0176	47
合肥市	0.1192	16	惠州市	0.0175	48
哈尔滨市	0.1189	17	济宁市	0.0169	49
长春市	0.1009	18	烟台市	0.0169	50
郑州市	0.0870	19	徐州市	0.0169	51
沈阳市	0.0846	20	泉州市	0.0167	52
福州市	0.0845	21	盐城市	0.0157	53
大连市	0.0822	22	保定市	0.0156	54
宁波市	0.0748	23	芜湖市	0.0151	55
兰州市	0.0717	24	湖州市	0.0151	56
厦门市	0.0672	25	潍坊市	0.0141	57
东莞市	0.0632	26	唐山市	0.0128	58
佛山市	0.0629	27	台州市	0.0126	59
石家庄市	0.0589	28	廊坊市	0.0124	60
昆明市	0.0560	29	湘潭市	0.0120	61
太原市	0.0549	30	临沂市	0.0110	62
乌鲁木齐市	0.0488	31	泰州市	0.0110	63
南昌市	0.0486	32	呼和浩特市	0.0110	64

续表

城市	辐射引领指数	排名	城市	辐射引领指数	排名
洛阳市	0.0108	65	阜阳市	0.0053	97
赣州市	0.0104	66	岳阳市	0.0051	98
淄博市	0.0100	67	淮安市	0.0051	98
马鞍山市	0.0100	68	荆州市	0.0049	100
株洲市	0.0098	69	漳州市	0.0049	101
咸阳市	0.0097	70	德州市	0.0049	101
威海市	0.0092	71	丽水市	0.0048	103
绵阳市	0.0092	72	宿迁市	0.0048	104
海口市	0.0092	73	东营市	0.0047	105
肇庆市	0.0090	74	抚州市	0.0046	106
滁州市	0.0089	75	衢州市	0.0045	107
沧州市	0.0088	76	日照市	0.0045	108
宜昌市	0.0087	77	宣城市	0.0045	109
锦州市	0.0082	78	吉安市	0.0044	110
邯郸市	0.0082	79	湛江市	0.0043	111
新乡市	0.0077	80	十堰市	0.0042	112
汕头市	0.0075	81	常德市	0.0041	113
襄阳市	0.0073	82	黄冈市	0.0040	114
秦皇岛市	0.0070	83	大庆市	0.0040	115
泰安市	0.0069	84	孝感市	0.0039	116
衡阳市	0.0069	85	黄石市	0.0039	117
宜春市	0.0067	86	六安市	0.0039	118
聊城市	0.0065	87	吉林市	0.0039	119
桂林市	0.0065	88	南阳市	0.0039	120
开封市	0.0063	89	滨州市	0.0039	121
九江市	0.0063	90	邵阳市	0.0038	122
蚌埠市	0.0061	91	连云港市	0.0037	123
邢台市	0.0060	92	清远市	0.0035	124
上饶市	0.0057	93	益阳市	0.0035	125
柳州市	0.0057	94	鞍山市	0.0034	126
衡水市	0.0055	95	菏泽市	0.0034	127
安庆市	0.0054	96	枣庄市	0.0033	128

续表

城市	辐射引领指数	排名	城市	辐射引领指数	排名
怀化市	0.0033	129	梅州市	0.0021	161
铜陵市	0.0033	130	长治市	0.0021	162
南充市	0.0032	131	宜宾市	0.0021	163
龙岩市	0.0032	132	承德市	0.0020	164
永州市	0.0031	133	淮南市	0.0020	164
宝鸡市	0.0031	134	安阳市	0.0020	166
晋中市	0.0031	135	抚顺市	0.0020	167
韶关市	0.0030	136	包头市	0.0018	168
荆门市	0.0030	137	鹰潭市	0.0018	169
郴州市	0.0030	138	揭阳市	0.0018	170
德阳市	0.0029	139	平顶山市	0.0018	171
银川市	0.0028	140	莆田市	0.0018	172
咸宁市	0.0028	141	景德镇市	0.0017	173
营口市	0.0028	142	玉溪市	0.0017	174
宿州市	0.0027	143	新余市	0.0016	175
亳州市	0.0027	144	驻马店市	0.0016	176
张家口市	0.0026	145	三亚市	0.0016	177
焦作市	0.0026	146	三明市	0.0016	178
许昌市	0.0025	147	商丘市	0.0015	179
雅安市	0.0025	148	盘锦市	0.0014	180
泸州市	0.0025	149	周口市	0.0014	181
娄底市	0.0023	150	鄂尔多斯市	0.0014	182
淮北市	0.0023	151	南平市	0.0013	183
河源市	0.0023	152	齐齐哈尔市	0.0013	184
遵义市	0.0022	153	辽阳市	0.0013	185
运城市	0.0022	154	忻州市	0.0013	185
池州市	0.0022	155	遂宁市	0.0013	187
黄山市	0.0022	156	渭南市	0.0013	188
丹东市	0.0022	157	乐山市	0.0013	189
萍乡市	0.0022	158	宁德市	0.0013	190
信阳市	0.0021	159	晋城市	0.0013	190
舟山市	0.0021	160	眉山市	0.0012	192

续表

城市	辐射引领指数	排名	城市	辐射引领指数	排名
达州市	0.0012	193	安康市	0.0007	223
潮州市	0.0012	194	玉林市	0.0007	226
鄂州市	0.0012	195	葫芦岛市	0.0007	227
朝阳市	0.0011	196	北海市	0.0007	228
茂名市	0.0011	197	佳木斯市	0.0007	229
自贡市	0.0011	198	鹤壁市	0.0007	230
临汾市	0.0011	198	拉萨市	0.0007	231
阳泉市	0.0011	200	克拉玛依市	0.0007	231
张掖市	0.0011	201	通化市	0.0007	233
榆林市	0.0011	201	广安市	0.0007	234
大同市	0.0011	201	巴中市	0.0007	235
漯河市	0.0011	204	乌兰察布市	0.0006	236
牡丹江市	0.0010	205	本溪市	0.0006	236
随州市	0.0010	206	安顺市	0.0006	238
曲靖市	0.0010	207	白银市	0.0006	239
内江市	0.0010	208	阜新市	0.0006	239
铁岭市	0.0010	209	赤峰市	0.0006	241
绥化市	0.0010	210	定西市	0.0006	242
濮阳市	0.0010	210	天水市	0.0005	243
钦州市	0.0010	212	攀枝花市	0.0005	243
吴忠市	0.0010	213	广元市	0.0005	245
云浮市	0.0009	214	四平市	0.0005	246
吕梁市	0.0009	215	保山市	0.0004	247
阳江市	0.0009	216	巴彦淖尔市	0.0004	248
汉中市	0.0009	217	中卫市	0.0004	248
石嘴山市	0.0008	218	延安市	0.0004	250
贵港市	0.0008	219	来宾市	0.0004	250
三门峡市	0.0008	219	百色市	0.0004	252
朔州市	0.0008	221	普洱市	0.0004	253
梧州市	0.0008	222	临沧市	0.0004	253
酒泉市	0.0007	223	武威市	0.0004	253
张家界市	0.0007	223	鸡西市	0.0004	256

续表

城市	辐射引领指数	排名	城市	辐射引领指数	排名
白山市	0.0003	257	昭通市	0.0002	273
六盘水市	0.0003	258	庆阳市	0.0002	274
商洛市	0.0003	259	固原市	0.0002	275
汕尾市	0.0003	260	辽源市	0.0002	276
铜仁市	0.0003	261	嘉峪关市	0.0001	277
资阳市	0.0003	262	河池市	0.0001	278
崇左市	0.0003	262	黑河市	0.0001	279
金昌市	0.0003	262	平凉市	0.0001	279
贺州市	0.0003	265	鹤岗市	0.0001	281
防城港市	0.0003	266	七台河市	0.0001	282
毕节市	0.0002	267	海东市	0.0001	282
松原市	0.0002	268	伊春市	0.0001	284
丽江市	0.0002	268	呼伦贝尔市	0.0001	284
铜川市	0.0002	268	白城市	0.0001	286
通辽市	0.0002	268	双鸭山市	0.0001	287
乌海市	0.0002	272	陇南市	0.000	288

第七章 不同省域内城市科技创新发展指数比较

创新是引领发展的第一动力,创新水平决定城市未来的发展。对各城市科技创新发展水平进行量化评估,可以明晰各城市在所属省域内的地位及与省域内其他城市相比具有的优势和劣势,为城市提升自身科技创新实力提供参考。本章对中国不同省域内城市科技创新发展指数进行排名与比较分析。城市科技创新发展指数及各项一级指标全国平均值如图 7-1 所示。

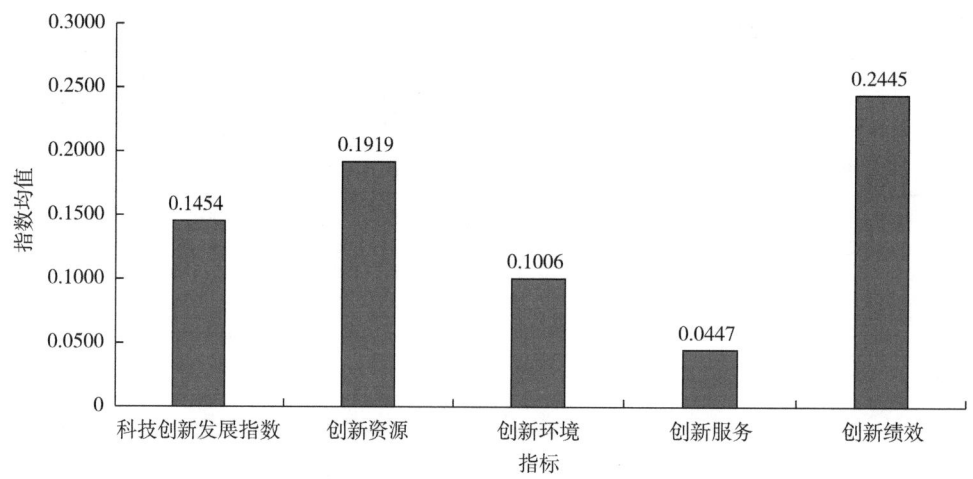

图 7-1 城市科技创新发展指数及各项一级指标全国平均值

一、安徽省城市科技创新发展指数排名及分析

安徽,省会合肥市,下辖主要城市有安庆市、蚌埠市、池州市、滁州市、阜阳市、合肥市、淮北市、淮南市、黄山市、六安市、马鞍山市、宿州市、铜陵市、芜湖市、宣城市和亳州市。安徽各市科技创新发展指数及排名情况如表 7-1 所示。

表 7-1　安徽各市科技创新发展指数

城市	科技创新发展指数	全国排名	省内排名
合肥市	0.3070	11	1
芜湖市	0.2226	28	2
马鞍山市	0.1888	50	3
淮北市	0.1667	70	4
铜陵市	0.1559	77	5
池州市	0.1457	92	6
全国平均值	0.1454		
宣城市	0.1410	98	7
蚌埠市	0.1395	100	8
黄山市	0.1351	108	9
安庆市	0.1334	111	10
滁州市	0.1333	113	11
淮南市	0.1208	139	12
六安市	0.1094	175	13
宿州市	0.1080	181	14
阜阳市	0.0896	259	15
亳州市	0.0892	261	16

安徽各市科技创新发展指数的排名依次为合肥市、芜湖市、马鞍山市、淮北市、铜陵市、池州市、宣城市、蚌埠市、黄山市、安庆市、滁州市、淮南市、六安市、宿州市、阜阳市、亳州市。其中，合肥市、芜湖市、马鞍山市、淮北市、铜陵市、池州市六市的科技创新发展指数高于全国平均值。

在创新资源一级指标中，安徽各市的排名依次为合肥市、芜湖市、铜陵市、池州市、马鞍山市、黄山市、蚌埠市、淮南市、安庆市、宣城市、滁州市、淮北市、宿州市、六安市、阜阳市、亳州市。其中，合肥市、芜湖市、铜陵市、池州市、马鞍山市、黄山市、蚌埠市、淮南市、安庆市、宣城市十市的创新资源指数高于全国平均值（图 7-2）。

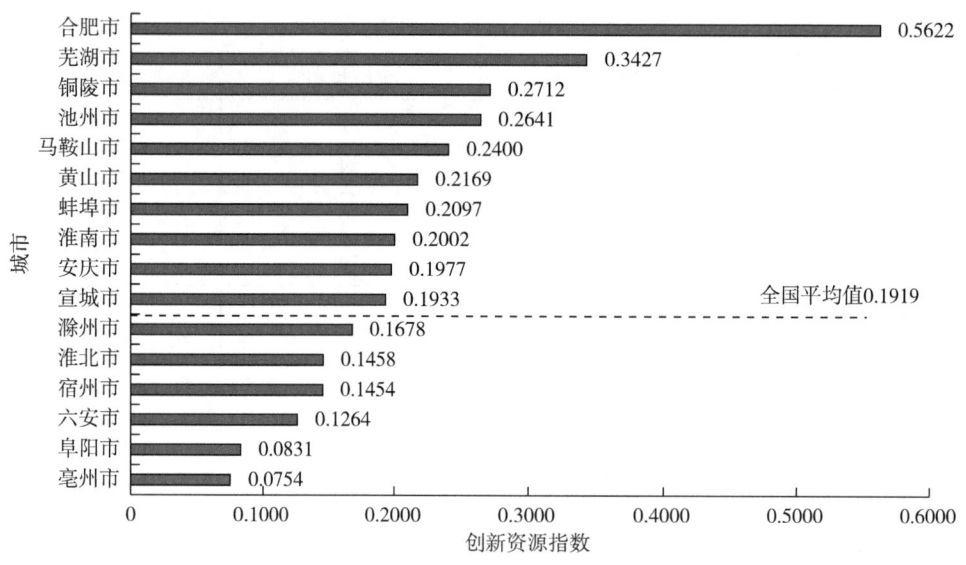

图 7-2　安徽各市创新资源指数

在创新环境一级指标中，安徽各市的排名依次为淮北市、马鞍山市、芜湖市、合肥市、宣城市、滁州市、蚌埠市、铜陵市、池州市、安庆市、六安市、宿州市、亳州市、阜阳市、淮南市、黄山市。其中，淮北市、马鞍山市、芜湖市、合肥市、宣城市、滁州市六市的创新环境指数高于全国平均值（图 7-3）。

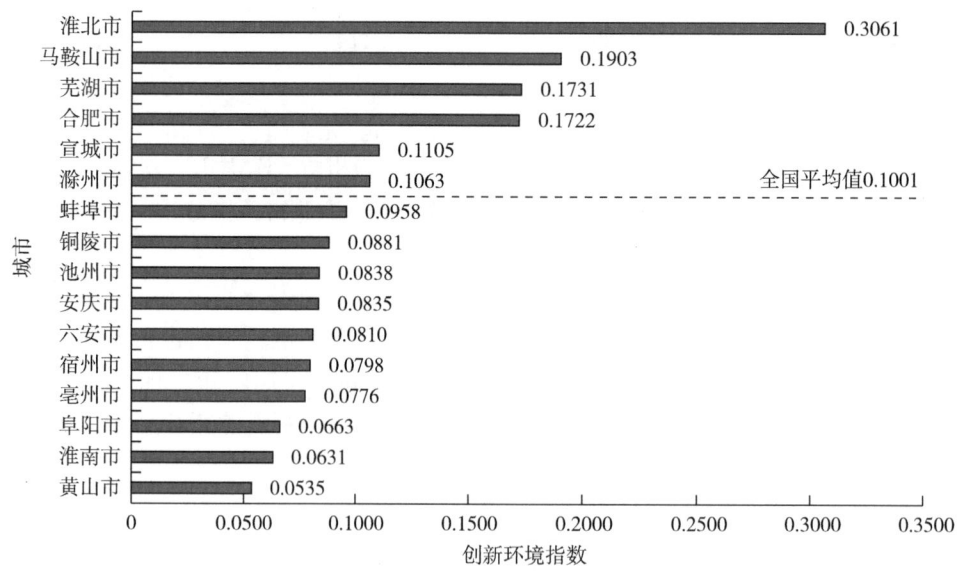

图 7-3　安徽各市创新环境指数

在创新服务一级指标中，安徽各市的排名依次为合肥市、芜湖市、蚌埠市、马鞍山市、安庆市、滁州市、淮南市、铜陵市、黄山市、六安市、阜阳市、宣城市、淮北市、池州市、宿州市、亳州市。其中，合肥市、芜湖市两市的创新服务指数高于全国平均值（图 7-4）。

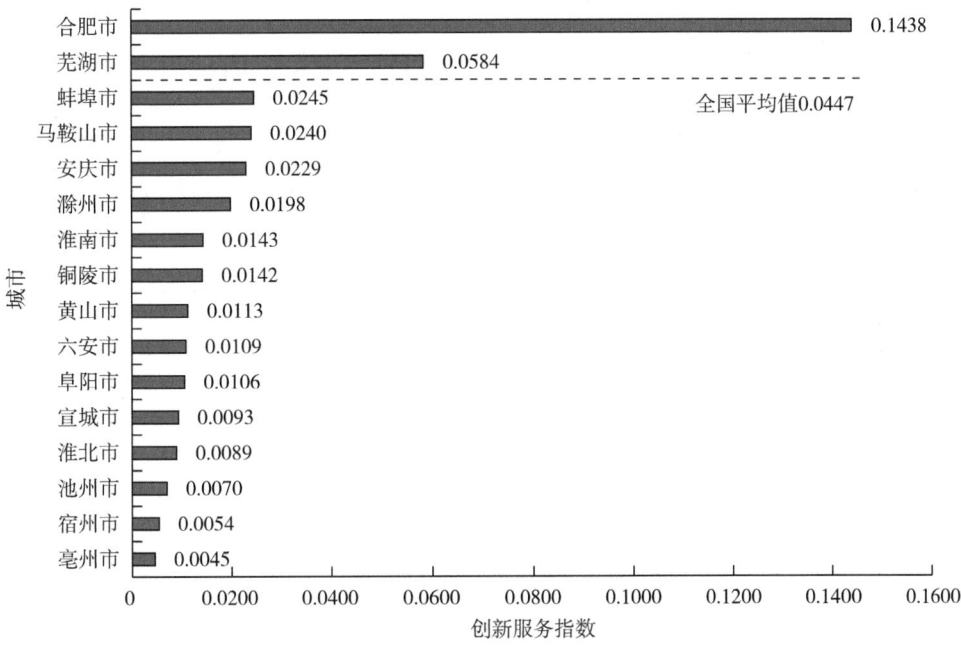

图 7-4 安徽各市创新服务指数

在创新绩效一级指标中，安徽各市的排名依次为合肥市、芜湖市、马鞍山市、黄山市、宣城市、铜陵市、滁州市、安庆市、蚌埠市、池州市、六安市、淮北市、淮南市、宿州市、亳州市、阜阳市。其中，合肥市、芜湖市、马鞍山市、黄山市、宣城市、铜陵市六市的创新绩效指数高于全国平均值（图7-5）。

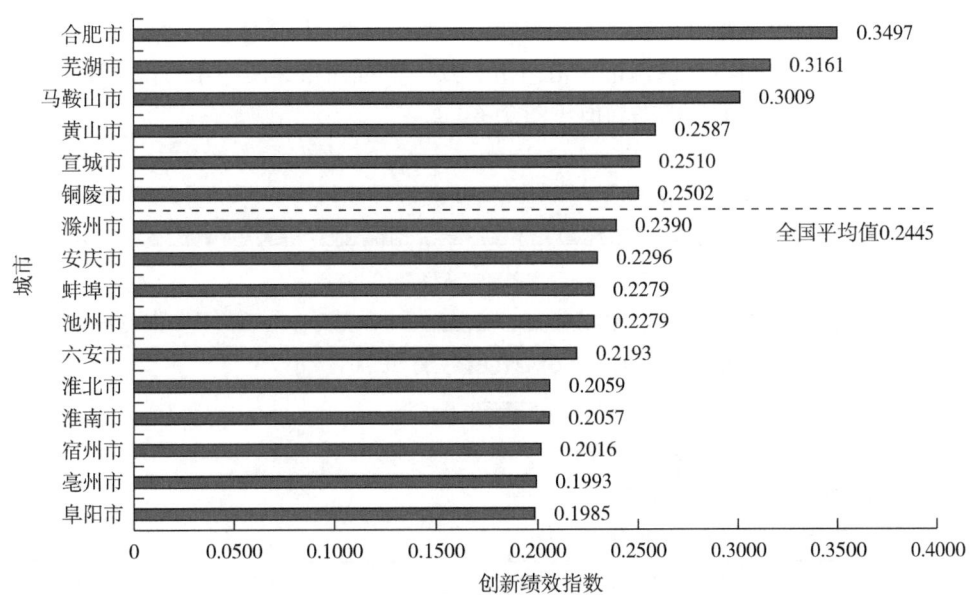

图 7-5 安徽各市创新绩效指数

二、福建省城市科技创新发展指数排名及分析

福建，省会福州市，下辖主要城市有福州市、莆田市、泉州市、厦门市、漳州市、龙岩市、三明市、南平市和宁德市。福建各市科技创新发展指数及排名情况如表 7-2 所示。

表 7-2 福建各市科技创新发展指数

城市	科技创新发展指数	全国排名	省内排名
厦门市	0.2525	21	1
福州市	0.2155	31	2
宁德市	0.1505	84	3
泉州市	0.1469	90	4
全国平均值	0.1454		
龙岩市	0.1429	96	5
三明市	0.1383	102	6
南平市	0.1352	107	7
漳州市	0.1187	145	8
莆田市	0.1173	153	9

福建各市科技创新发展指数的排名依次为厦门市、福州市、宁德市、泉州市、龙岩市、三明市、南平市、漳州市、莆田市。其中，厦门市、福州市、宁德市、泉州市四市的科技创新发展指数高于全国平均值。

在创新资源一级指标中，福建各市的排名依次为福州市、厦门市、南平市、龙岩市、宁德市、三明市、漳州市、泉州市、莆田市。其中，福州市、厦门市、南平市、龙岩市四市的创新资源指数高于全国平均值（图 7-6）。

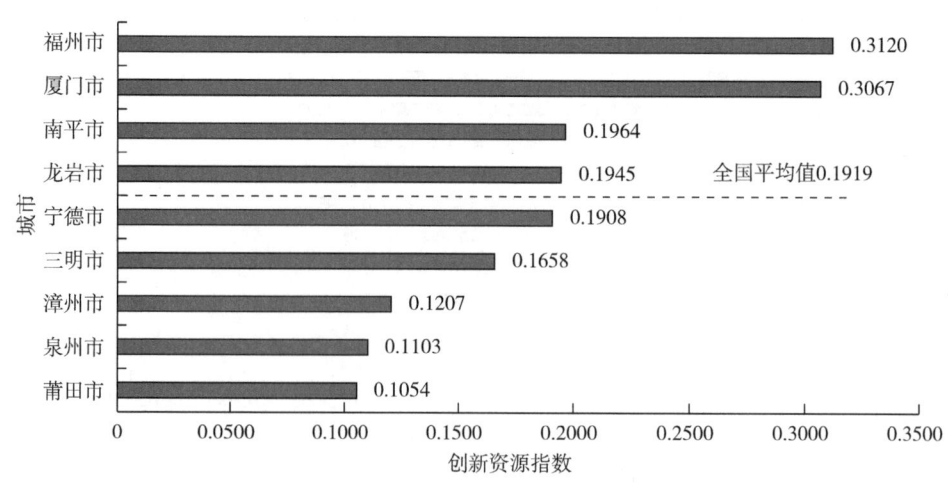

图 7-6 福建各市创新资源指数

在创新环境一级指标中，福建各市的排名依次为厦门市、宁德市、福州市、泉州市、三明市、莆田市、龙岩市、南平市、漳州市。其中，厦门市、宁德市、福州市、泉州市、三明市、莆田市、龙岩市七市的创新环境指数高于全国平均值（图7-7）。

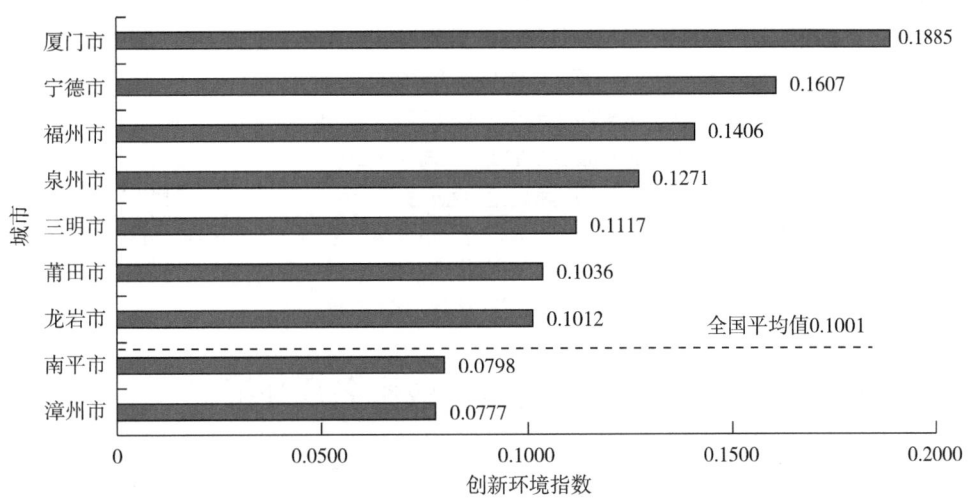

图 7-7　福建各市创新环境指数

在创新服务一级指标中，福建各市的排名依次为厦门市、福州市、泉州市、南平市、漳州市、三明市、龙岩市、莆田市、宁德市。其中，厦门市、福州市两市的创新服务指数高于全国平均值（图7-8）。

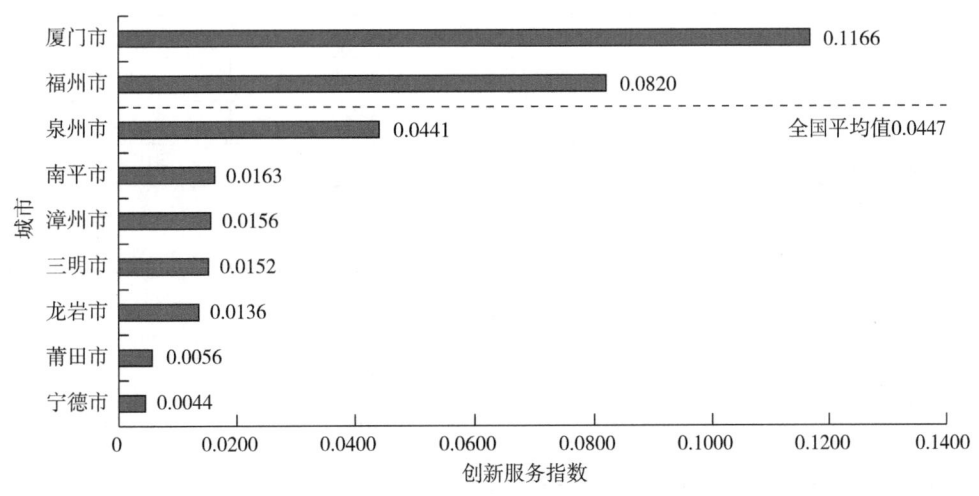

图 7-8　福建各市创新服务指数

在创新绩效一级指标中，福建各市的排名依次为厦门市、福州市、泉州市、龙岩市、漳州市、三明市、莆田市、南平市、宁德市。福建各市的创新绩效指数均高于全国平均值（图7-9）。

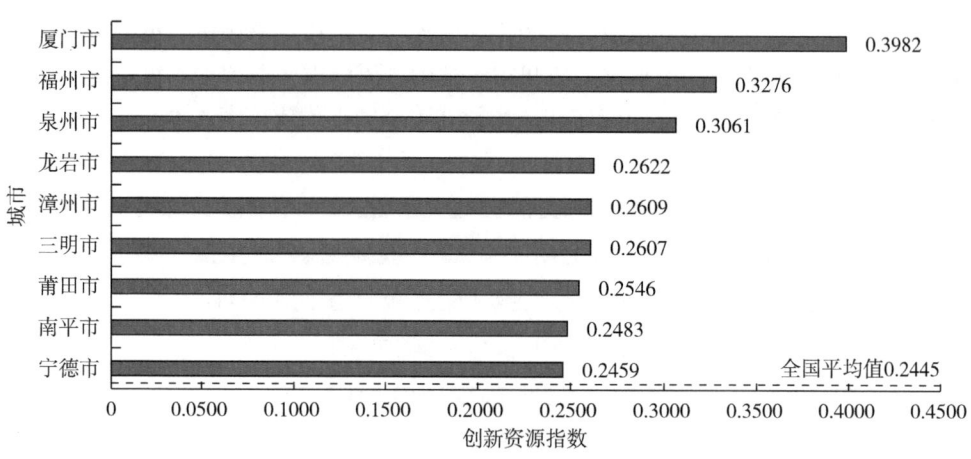

图 7-9　福建各市创新绩效指数

三、甘肃省城市科技创新发展指数排名及分析

甘肃，省会兰州市，下辖主要城市有兰州市、酒泉市、武威市、张掖市、天水市、嘉峪关市、金昌市、庆阳市、定西市、平凉市、白银市、陇南市。甘肃各市科技创新发展指数及排名情况如表 7-3 所示。

表 7-3　甘肃各市科技创新发展指数

城市	科技创新发展指数	全国排名	省内排名
兰州市	0.2046	38	1
全国平均值	0.1454		
天水市	0.1296	120	2
嘉峪关市	0.1236	134	3
张掖市	0.1187	147	4
酒泉市	0.1183	148	5
金昌市	0.1179	151	6
平凉市	0.1125	165	7
武威市	0.1038	197	8
白银市	0.1032	199	9
陇南市	0.1009	212	10
庆阳市	0.0978	225	11
定西市	0.0961	233	12

甘肃各市科技创新发展指数的排名依次为兰州市、天水市、嘉峪关市、张掖市、酒泉市、金昌市、平凉市、武威市、白银市、陇南市、庆阳市、定西市。其中，只有省会兰州市的科技创新发展指数高于全国平均值。

在创新资源一级指标中，甘肃各市的排名依次为兰州市、嘉峪关市、金昌市、张掖市、天水市、酒泉市、武威市、白银市、平凉市、庆阳市、定西市、陇南市。其中，兰州市、嘉峪关市两市的创新资源指数高于全国平均值（图7-10）。

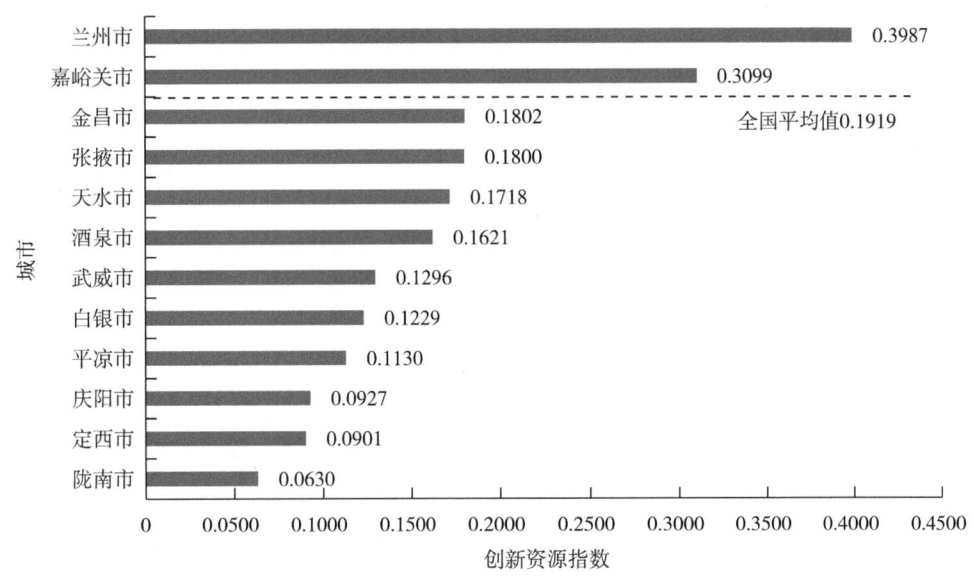

图7-10 甘肃各市创新资源指数

在创新环境一级指标中，甘肃各市的排名依次为天水市、陇南市、平凉市、兰州市、武威市、定西市、庆阳市、白银市、酒泉市、张掖市、金昌市、嘉峪关市。其中，天水市、陇南市、平凉市三市的创新环境指数高于全国平均值（图7-11）。

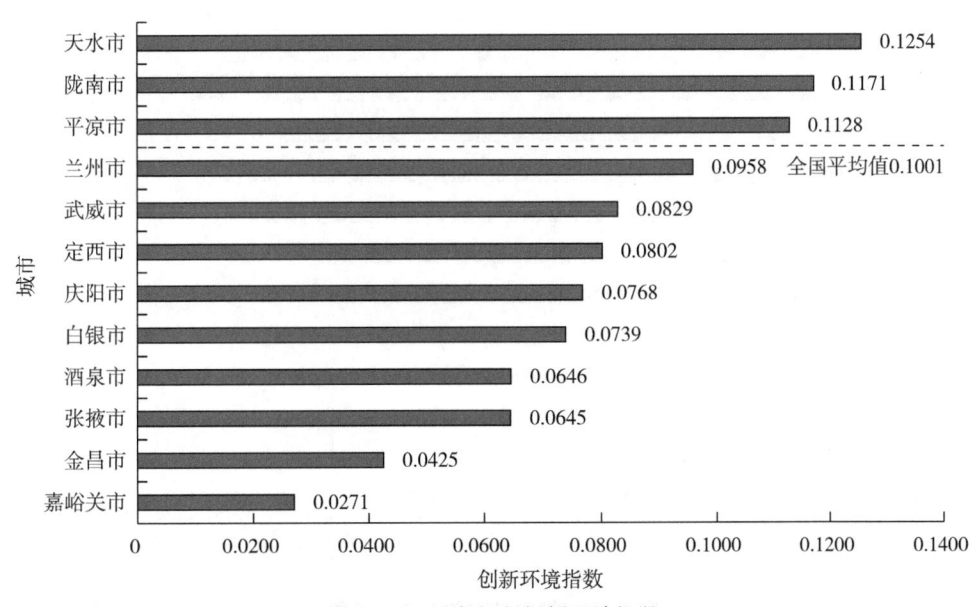

图7-11 甘肃各市创新环境指数

在创新服务一级指标中，甘肃各市的排名依次为兰州市、张掖市、白银市、酒泉市、定西市、天水市、金昌市、嘉峪关市、武威市、庆阳市、陇南市、平凉市。其中，仅兰州市一个城市的创新服务指数高于全国平均值（图7-12）。

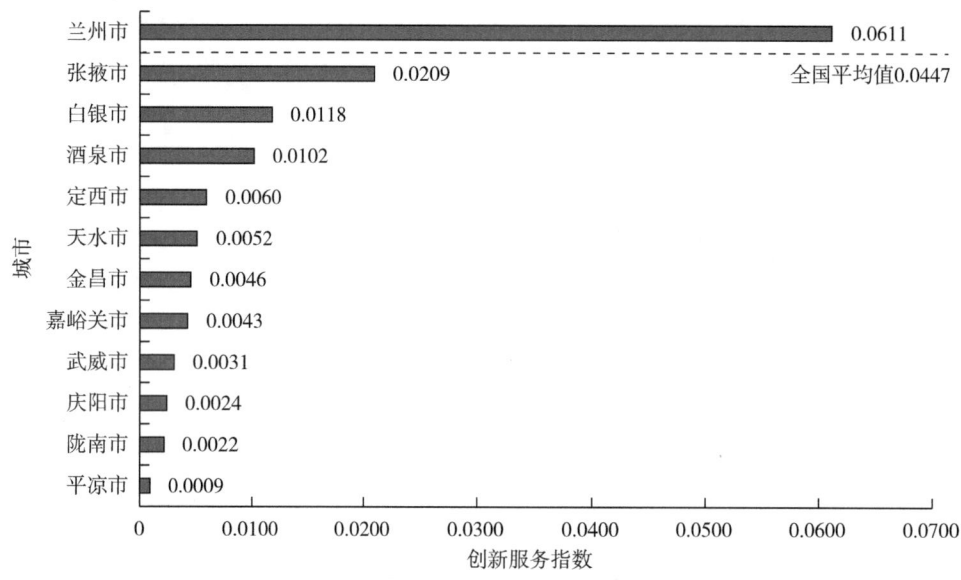

图7-12 甘肃各市创新服务指数

在创新绩效一级指标中，甘肃各市的排名依次为兰州市、金昌市、酒泉市、平凉市、陇南市、庆阳市、天水市、张掖市、定西市、白银市、武威市、嘉峪关市。其中，仅兰州市一个城市的创新绩效指数高于全国平均值（图7-13）。

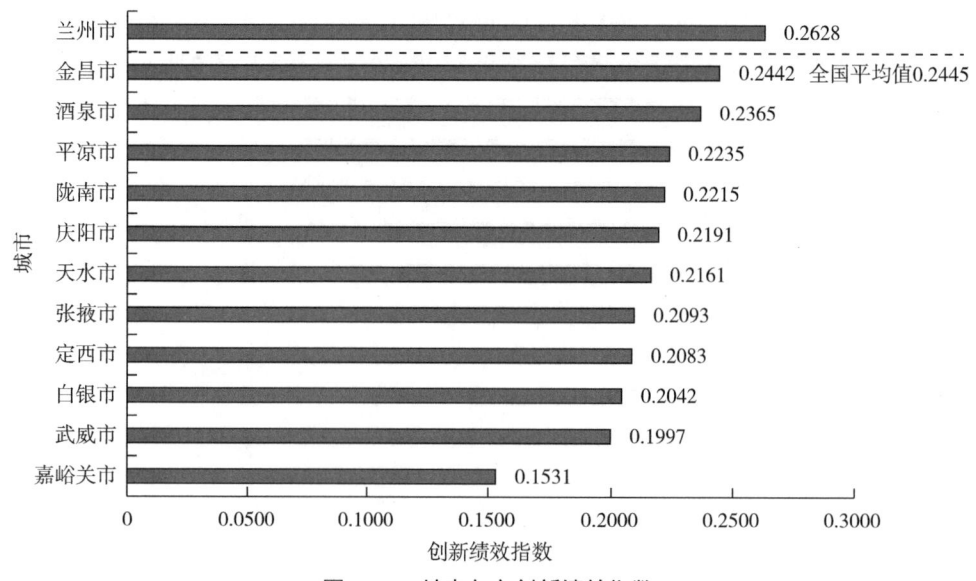

图7-13 甘肃各市创新绩效指数

四、广东省城市科技创新发展指数排名及分析

广东，省会广州市，下辖主要城市有深圳市、广州市、东莞市、珠海市、中山市、佛山市、惠州市、江门市、茂名市、湛江市、汕头市、韶关市、潮州市、肇庆市、阳江市、云浮市、清远市、梅州市、汕尾市、河源市、揭阳市等。广东各市科技创新发展指数及排名情况如表7-4所示。

表7-4 广东各市科技创新发展指数

城市	科技创新发展指数	全国排名	省内排名
深圳市	0.5533	3	1
广州市	0.4517	4	2
珠海市	0.3036	14	3
东莞市	0.2906	16	4
佛山市	0.2432	24	5
惠州市	0.1981	43	6
中山市	0.1776	59	7
韶关市	0.1738	64	8
汕头市	0.1660	71	9
江门市	0.1502	85	10
全国平均值		0.1454	
肇庆市	0.1415	97	11
清远市	0.1172	154	12
茂名市	0.1073	183	13
河源市	0.1062	189	14
湛江市	0.1059	190	15
阳江市	0.1012	209	16
梅州市	0.1009	211	17
云浮市	0.0919	247	18
潮州市	0.0907	254	19
汕尾市	0.0879	265	20
揭阳市	0.0827	278	21

广东各市科技创新发展指数排名依次为深圳市、广州市、珠海市、东莞市、佛山市、惠州市、中山市、韶关市、汕头市、江门市、肇庆市、清远市、茂名市、河源市、湛江市、

阳江市、梅州市、云浮市、潮州市、汕尾市、揭阳市。其中，深圳市、广州市、珠海市、东莞市、佛山市、惠州市、中山市、韶关市、汕头市、江门市的科技创新发展指数均高于全国平均值，且深圳市、广州市的城市科技创新发展指数均居全国前10位，但阳江市、梅州市、云浮市、潮州市、汕尾市、揭阳市六市的科技创新发展指数在全国200位以后，省内城市创新发展存在较大差异。

在创新资源一级指标中，广东各市的排名依次为深圳市、广州市、东莞市、韶关市、珠海市、汕头市、佛山市、惠州市、江门市、中山市、肇庆市、清远市、阳江市、茂名市、河源市、湛江市、梅州市、潮州市、揭阳市、云浮市、汕尾市。其中，深圳市、广州市、东莞市、韶关市、珠海市、汕头市、佛山市、惠州市八市的创新资源指数高于全国平均值（图7-14）。

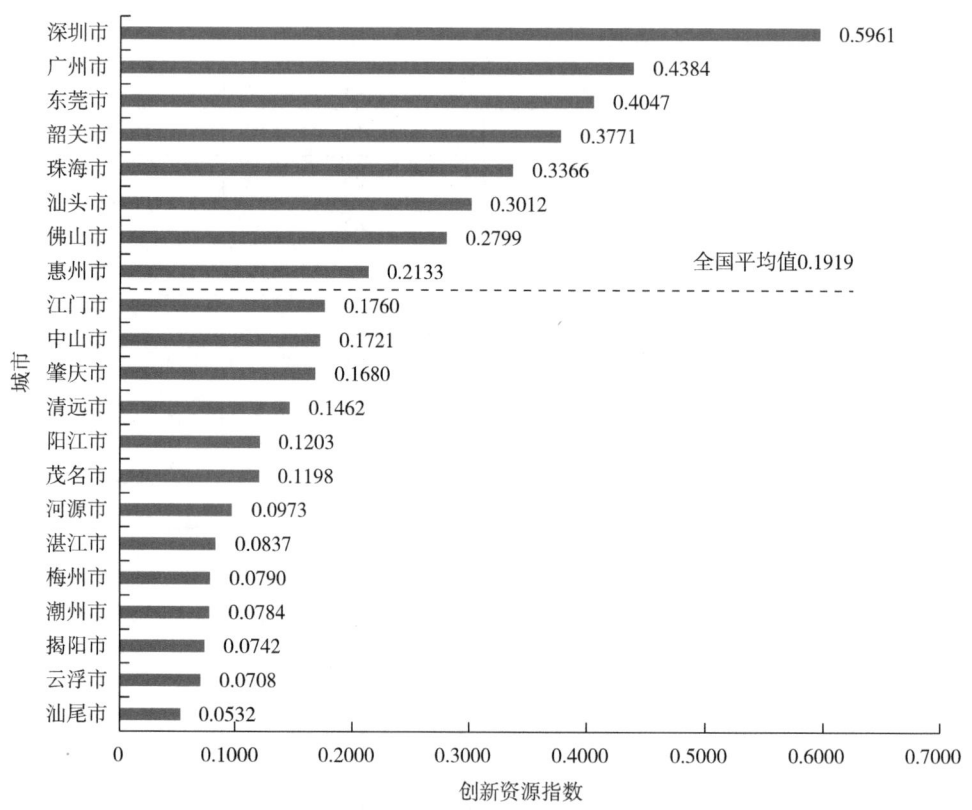

图 7-14 广东各市创新资源指数

在创新环境一级指标中，广东各市的排名依次为深圳市、珠海市、广州市、惠州市、东莞市、佛山市、中山市、肇庆市、湛江市、江门市、清远市、河源市、汕头市、韶关市、梅州市、云浮市、汕尾市、茂名市、潮州市、阳江市、揭阳市。其中，深圳市、珠海市、广州市、惠州市、东莞市、佛山市、中山市七市的创新环境指数高于全国平均值（图7-15）。

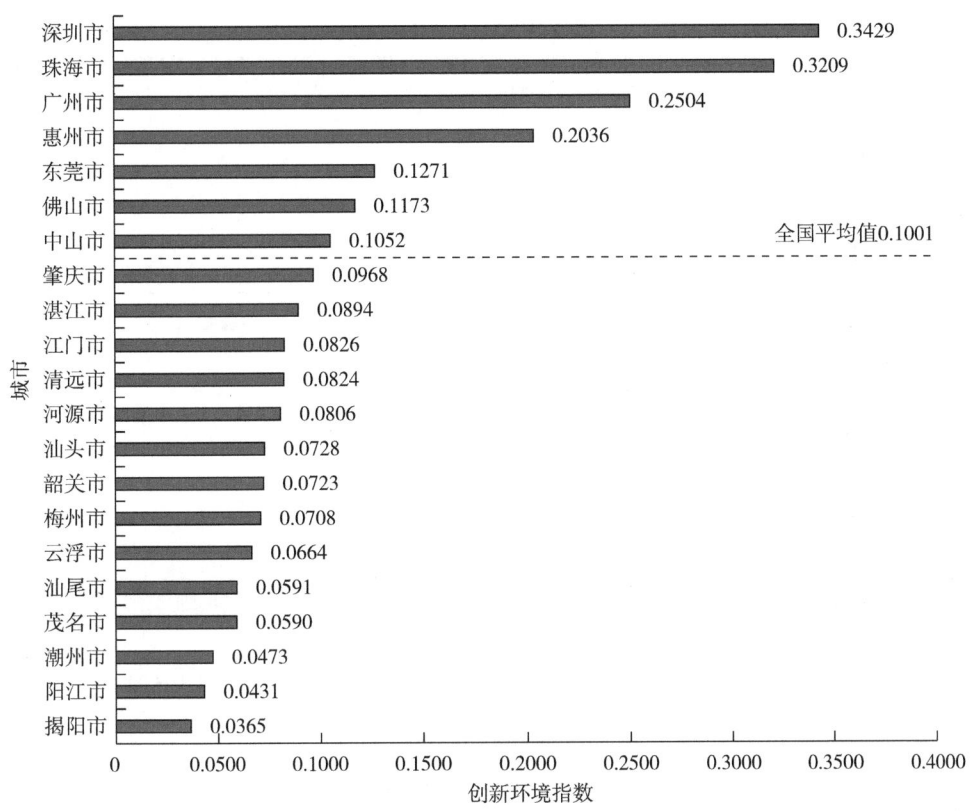

图 7-15 广东各市创新环境指数

在创新服务一级指标中,广东各市的排名依次为广州市、深圳市、东莞市、佛山市、珠海市、中山市、惠州市、江门市、肇庆市、汕头市、梅州市、茂名市、潮州市、湛江市、河源市、阳江市、清远市、韶关市、揭阳市、云浮市、汕尾市。其中,广州市、深圳市、东莞市、佛山市、珠海市、中山市、惠州市、江门市、肇庆市九市的创新服务指数高于全国平均值(图 7-16)。

在创新绩效一级指标中,广东各市的排名依次为深圳市、广州市、珠海市、东莞市、佛山市、中山市、惠州市、江门市、汕头市、肇庆市、汕尾市、湛江市、韶关市、茂名市、河源市、梅州市、阳江市、清远市、云浮市、潮州市、揭阳市。其中,深圳市、广州市、珠海市、东莞市、佛山市、中山市、惠州市、江门市、汕头市九市的创新绩效指数高于全国平均值(图 7-17)。

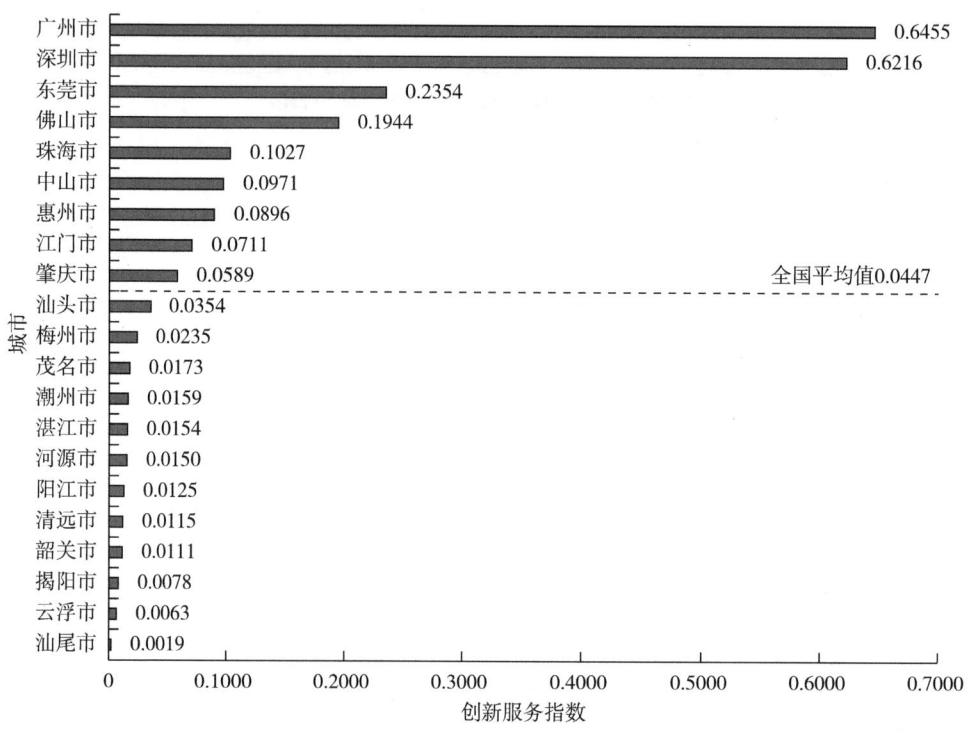

图 7-16 广东各市创新服务指数

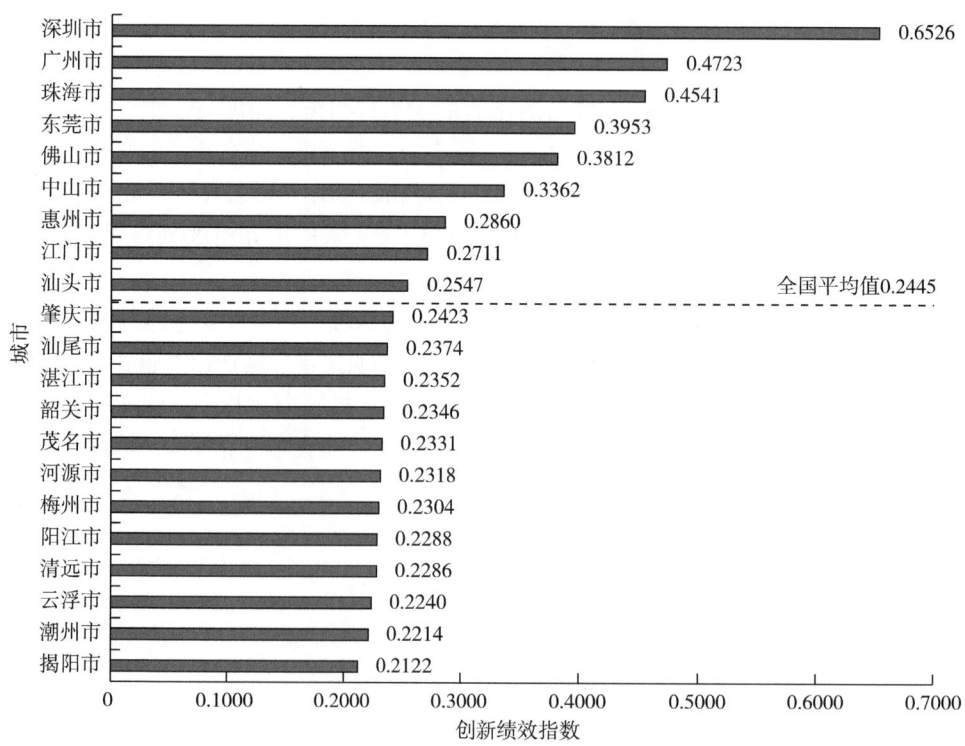

图 7-17 广东各市创新绩效指数

五、广西壮族自治区城市科技创新发展指数排名及分析

广西壮族自治区，首府南宁市，下辖主要城市有南宁市、北海市、桂林市、防城港市、来宾市、贺州市、钦州市、玉林市、贵港市、崇左市、梧州市、柳州市、百色市、河池市。广西各市科技创新发展指数及排名情况如表7-5所示。

表7-5 广西各市科技创新发展指数

城市	科技创新发展指数	全国排名	省内排名
南宁市	0.1614	75	1
全国平均值	0.1454		
柳州市	0.1365	103	2
北海市	0.1255	127	3
防城港市	0.1138	163	4
桂林市	0.1106	173	5
崇左市	0.0998	217	6
玉林市	0.0924	243	7
钦州市	0.0911	250	8
梧州市	0.0910	252	9
百色市	0.0847	276	10
贺州市	0.0826	279	11
河池市	0.0807	283	12
贵港市	0.0784	284	13
来宾市	0.0749	286	14

广西各市科技创新发展指数排名依次为南宁市、柳州市、北海市、防城港市、桂林市、崇左市、玉林市、钦州市、梧州市、百色市、贺州市、河池市、贵港市、来宾市。其中，仅南宁市一个城市的科技创新发展指数高于全国平均值。

在创新资源一级指标中，广西各市的排名依次为南宁市、防城港市、柳州市、崇左市、桂林市、北海市、梧州市、玉林市、百色市、钦州市、来宾市、贵港市、贺州市、河池市。其中，仅南宁市一个城市的创新资源指数高于全国平均值（图7-18）。

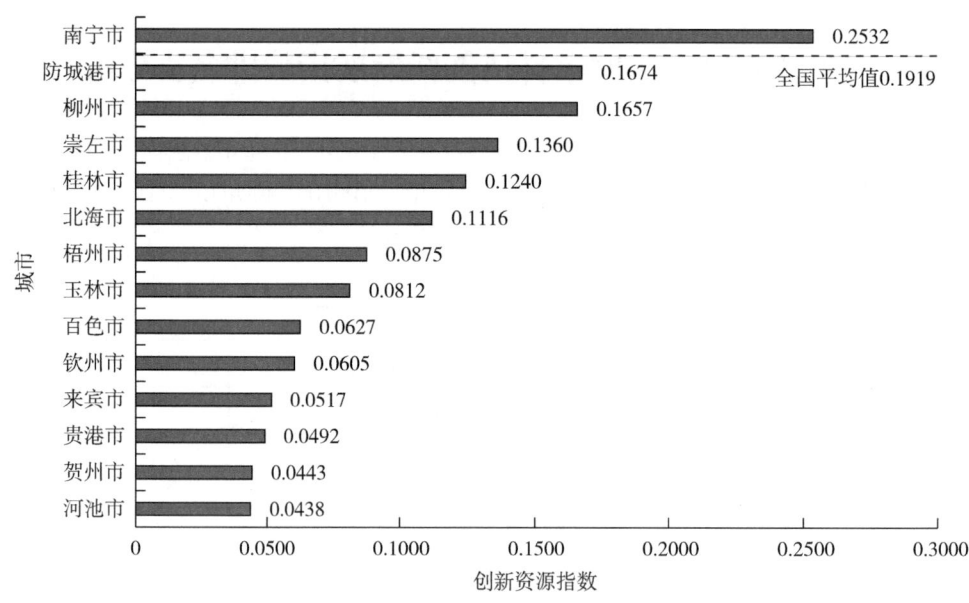

图 7-18　广西各市创新资源指数

在创新环境一级指标中，广西各市的排名依次为北海市、柳州市、南宁市、百色市、钦州市、贺州市、河池市、桂林市、玉林市、防城港市、梧州市、崇左市、贵港市、来宾市。其中，仅北海市一个城市的创新环境指数高于全国平均值（图 7-19）。

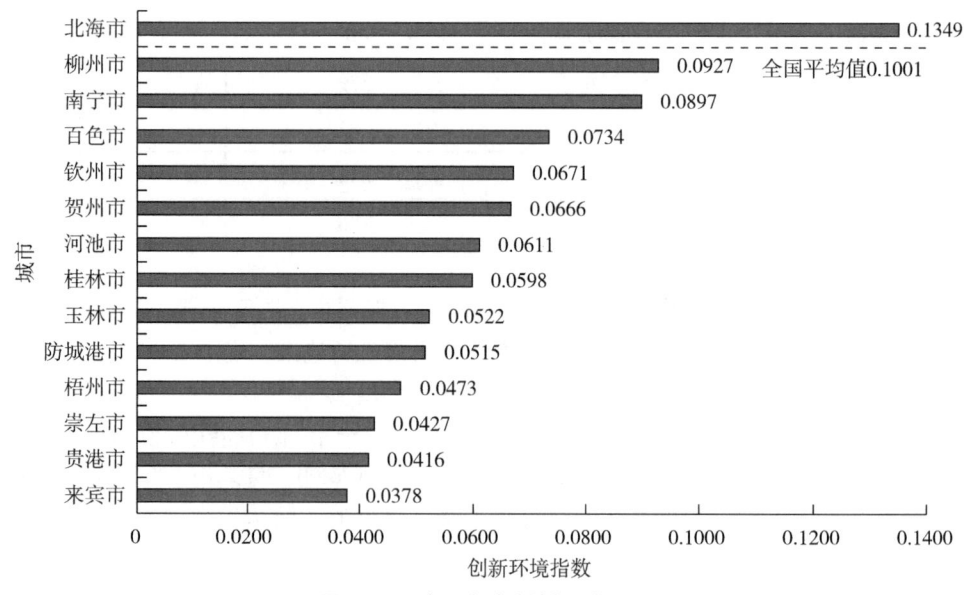

图 7-19　广西各市创新环境指数

在创新服务一级指标中,广西各市的排名依次为南宁市、柳州市、桂林市、北海市、玉林市、钦州市、贵港市、贺州市、来宾市、梧州市、防城港市、百色市、河池市、崇左市。其中,仅南宁市一个城市的创新服务指数高于全国平均值(图7-20)。

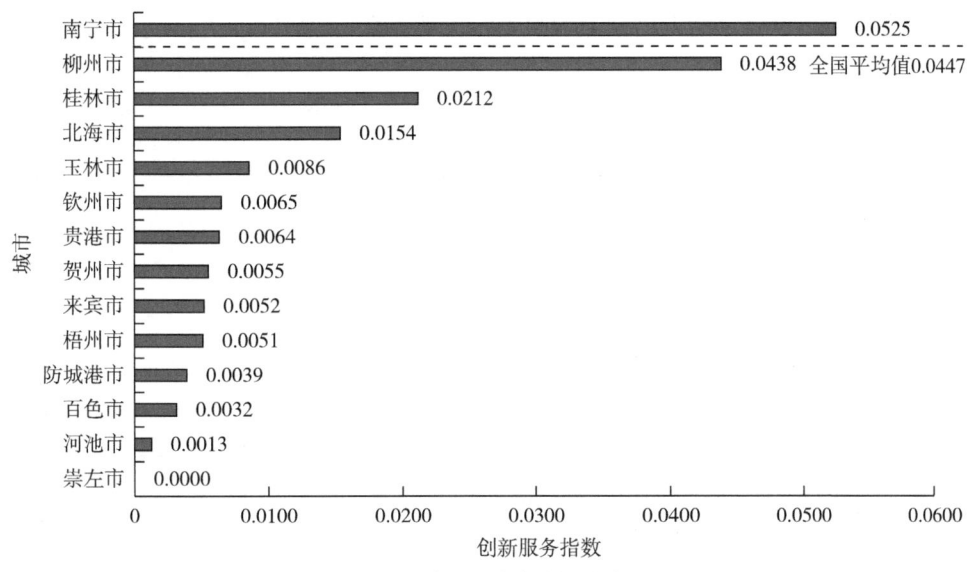

图7-20 广西各市创新服务指数

在创新绩效一级指标中,广西各市的排名依次为南宁市、柳州市、北海市、桂林市、防城港市、钦州市、玉林市、梧州市、崇左市、河池市、贵港市、贺州市、来宾市、百色市。其中,仅南宁市一个城市的创新绩效指数高于全国平均值(图7-21)。

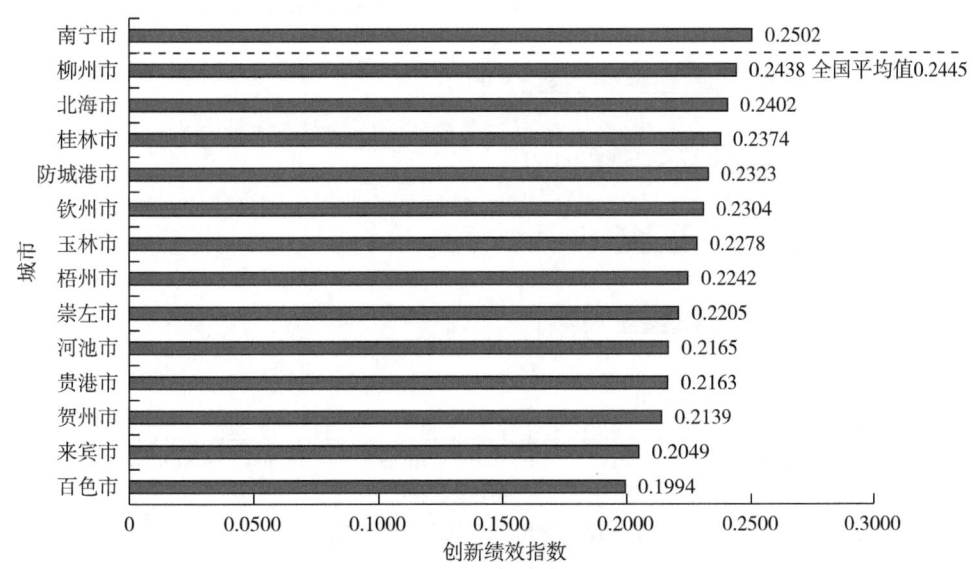

图7-21 广西各市创新绩效指数

六、贵州省城市科技创新发展指数排名及分析

贵州，省会贵阳市，下辖主要城市有贵阳市、遵义市、六盘水市、安顺市、铜仁市、毕节市。贵州各市科技创新发展指数及排名情况如表7-6所示。

表7-6 贵州各市科技创新发展指数

城市	科技创新发展指数	全国排名	省内排名
贵阳市	0.1827	55	1
全国平均值	0.1454		
铜仁市	0.1234	135	2
安顺市	0.1123	168	3
遵义市	0.1103	174	4
六盘水市	0.1093	176	5
毕节市	0.0961	232	6

贵州各市科技创新发展指数排名依次为贵阳市、铜仁市、安顺市、遵义市、六盘水市、毕节市。其中，只有省会贵阳一个城市的科技创新发展指数高于全国平均值。

在创新资源一级指标中，贵州各市的排名依次为贵阳市、安顺市、铜仁市、遵义市、六盘水市、毕节市。其中，仅贵阳市一个城市的创新资源指数高于全国平均值（图7-22）。

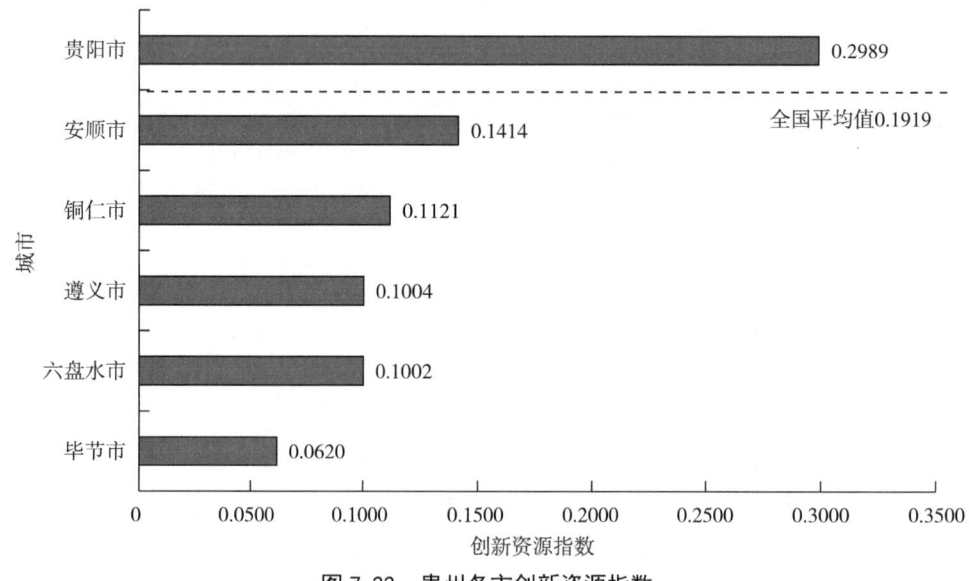

图7-22 贵州各市创新资源指数

在创新环境一级指标中，贵州各市的排名依次为贵阳市、铜仁市、六盘水市、毕节市、遵义市、安顺市。其中，贵阳市、铜仁市、六盘水市三市的创新环境指数高于全国平均值（图7-23）。

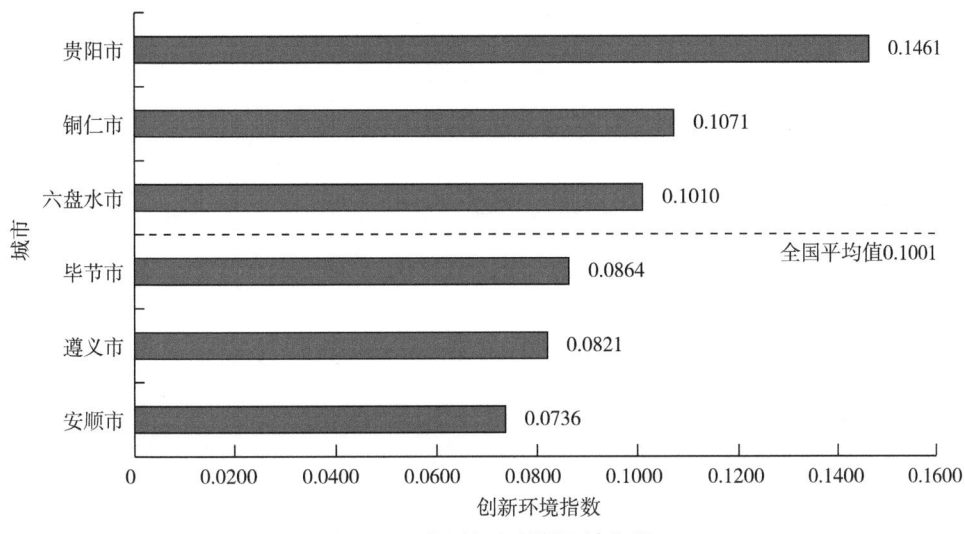

图7-23　贵州各市创新环境指数

在创新服务一级指标中，贵州各市的排名依次为贵阳市、遵义市、铜仁市、六盘水市、安顺市、毕节市。贵州各市的创新服务指数均低于全国平均值（图7-24）。

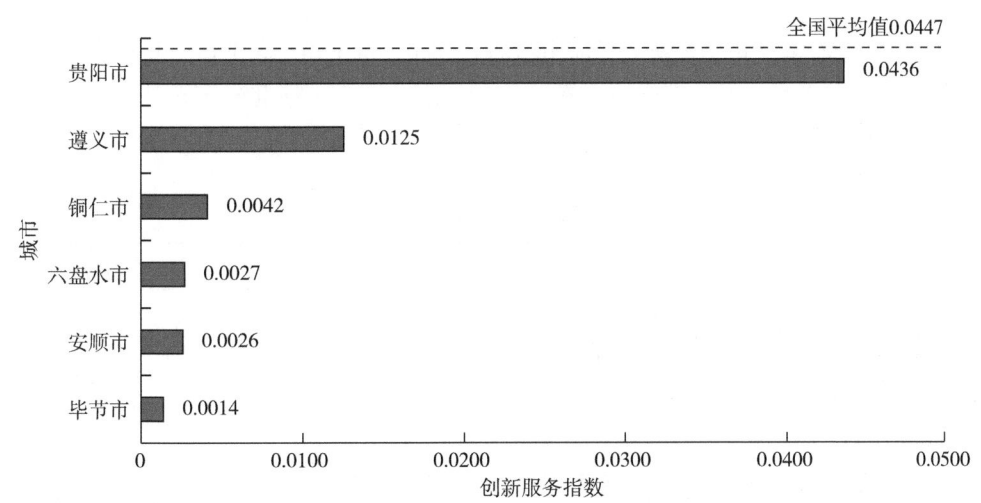

图7-24　贵州各市创新服务指数

在创新绩效一级指标中，贵州各市的排名依次为铜仁市、遵义市、贵阳市、毕节市、六盘水市、安顺市。其中，铜仁市、遵义市两市的创新绩效指数高于全国平均值（图7-25）。

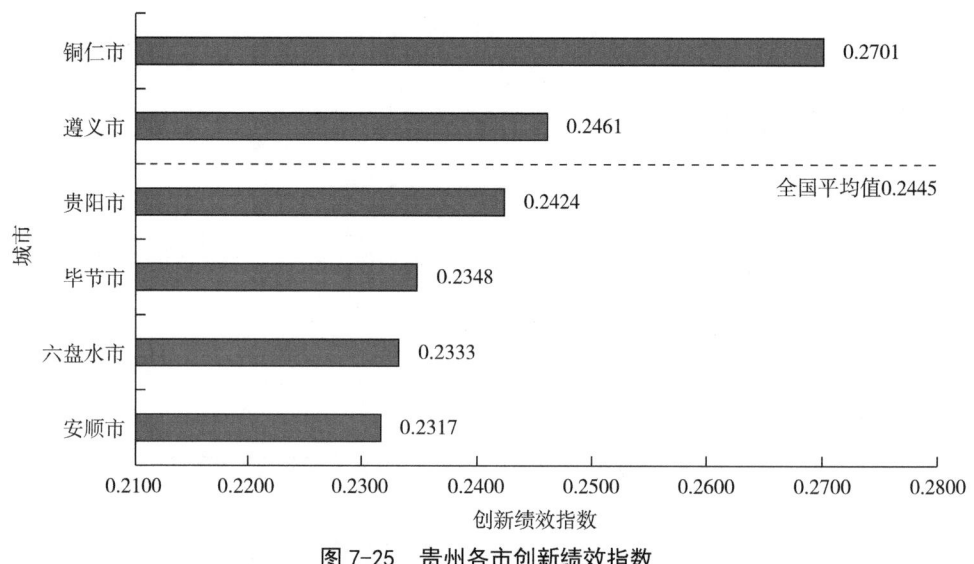

图 7-25　贵州各市创新绩效指数

七、河北省城市科技创新发展指数排名及分析

河北，省会石家庄市，下辖主要城市有石家庄市、保定市、唐山市、承德市、廊坊市、沧州市、衡水市、邢台市、邯郸市、秦皇岛市、张家口市。河北各市科技创新发展指数及排名情况如表7-7所示。

表 7-7　河北各市科技创新发展指数

城市	科技创新发展指数	全国排名	省内排名
石家庄市	0.1846	54	1
保定市	0.1774	60	2
廊坊市	0.1645	72	3
唐山市	0.1525	79	4
秦皇岛市	0.1511	82	5
全国平均值	0.1454		
沧州市	0.1271	122	6
承德市	0.1236	133	7
张家口市	0.1198	140	8

续表

城市	科技创新发展指数	全国排名	省内排名
邯郸市	0.1124	166	9
衡水市	0.0976	227	10
邢台市	0.0956	234	11

河北各市科技创新发展指数排名依次为石家庄市、保定市、廊坊市、唐山市、秦皇岛市、沧州市、承德市、张家口市、邯郸市、衡水市、邢台市。其中，石家庄市、保定市、廊坊市、唐山市、秦皇岛市五市的科技创新发展指数高于全国平均值。

在创新资源一级指标中，河北各市的排名依次为保定市、石家庄市、廊坊市、秦皇岛市、唐山市、沧州市、承德市、邯郸市、张家口市、衡水市、邢台市。其中，保定市、石家庄市、廊坊市、秦皇岛市、唐山市五市的创新资源指数高于全国平均值（图7-26）。

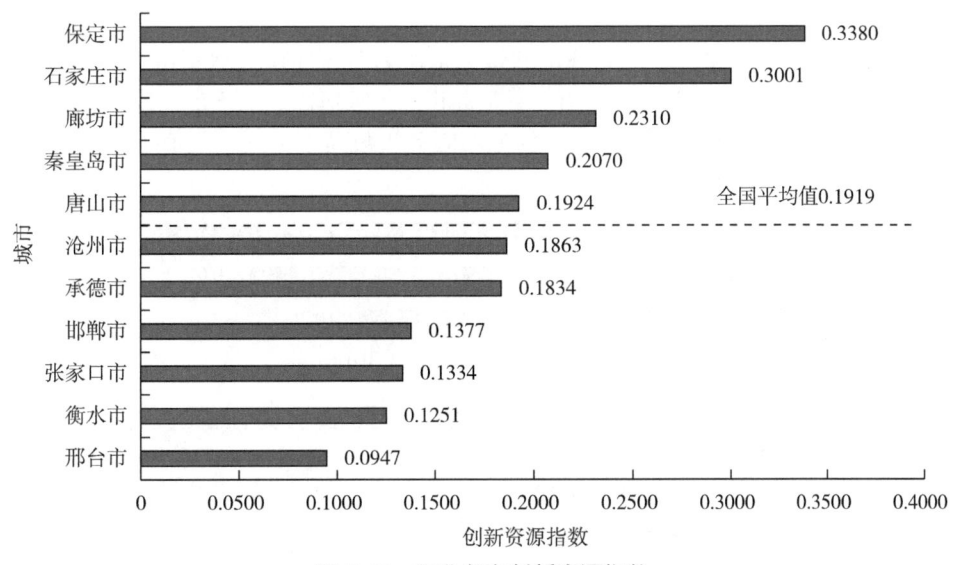

图7-26 河北各市创新资源指数

在创新环境一级指标中，河北各市的排名依次为廊坊市、唐山市、石家庄市、秦皇岛市、沧州市、保定市、张家口市、承德市、邯郸市、邢台市、衡水市。其中，廊坊市、唐山市、石家庄市、秦皇岛市、沧州市、保定市六市的创新环境指数高于全国平均值（图7-27）。

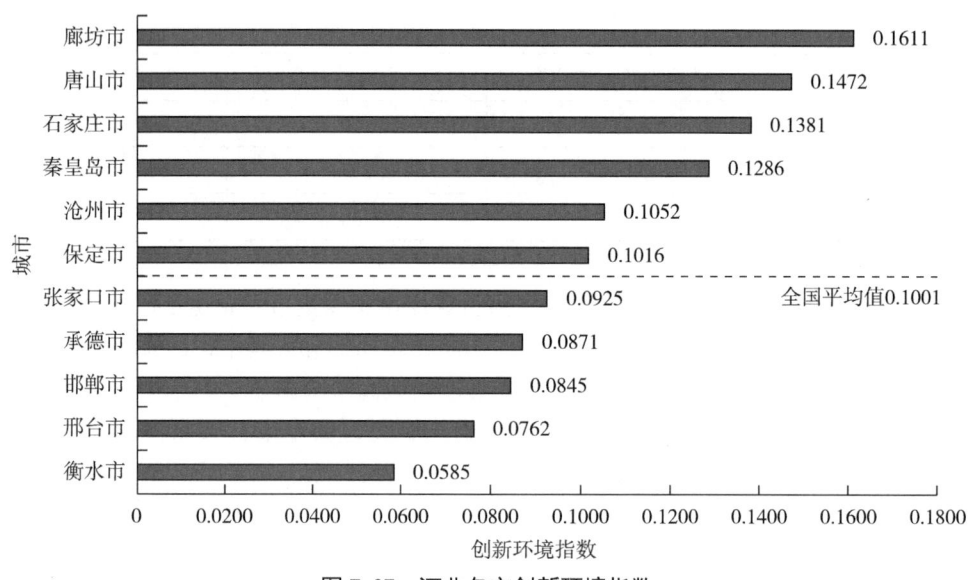

图 7-27　河北各市创新环境指数

在创新服务一级指标中，河北各市的排名依次为石家庄市、保定市、唐山市、廊坊市、邯郸市、邢台市、沧州市、衡水市、秦皇岛市、张家口市、承德市。其中，石家庄市、保定市、唐山市、廊坊市、邯郸市五市的创新服务指数高于全国平均值（图 7-28）。

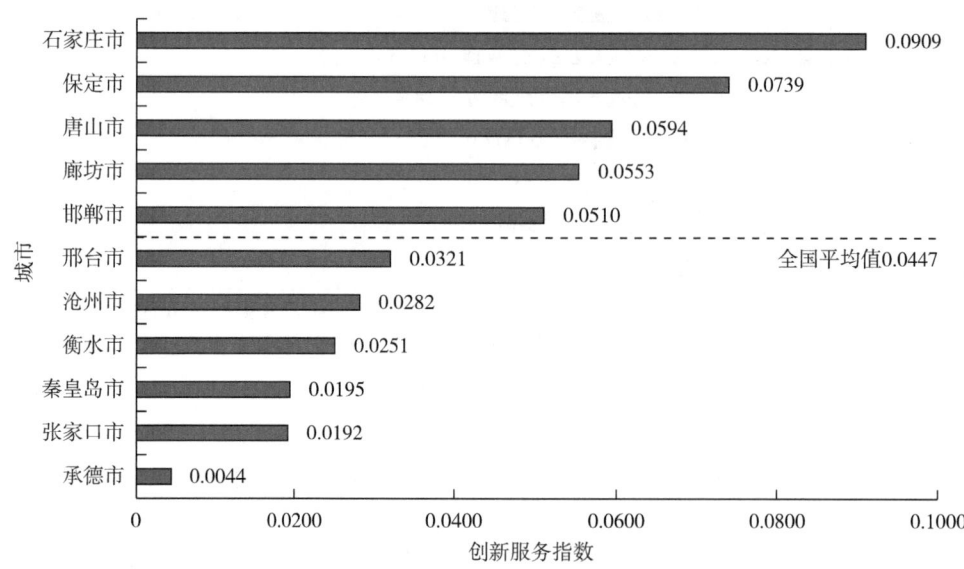

图 7-28　河北各市创新服务指数

在创新绩效一级指标中，河北各市的排名依次为秦皇岛市、张家口市、承德市、唐山市、廊坊市、石家庄市、保定市、沧州市、衡水市、邢台市、邯郸市。其中，仅秦皇岛市一个城市的创新绩效指数高于全国平均值（图 7-29）。

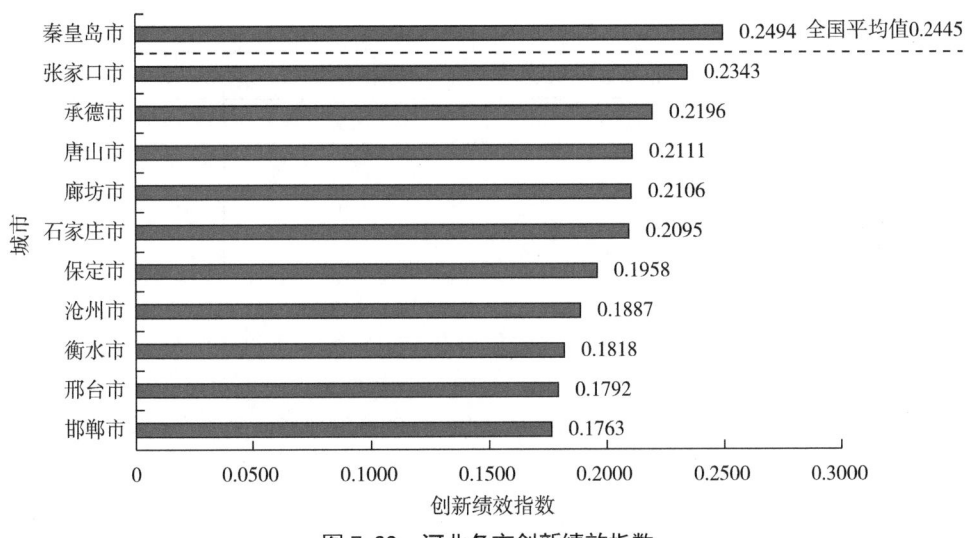

图 7-29 河北各市创新绩效指数

八、河南省城市科技创新发展指数排名及分析

河南，省会郑州市，下辖主要城市有郑州市、洛阳市、许昌市、三门峡市、新乡市、焦作市、濮阳市、漯河市、信阳市、南阳市、鹤壁市、驻马店市、商丘市、安阳市、平顶山市、开封市、周口市。河南各市科技创新发展指数及排名情况如表 7-8 所示。

表 7-8 河南各市科技创新发展指数

城市	科技创新发展指数	全国排名	省内排名
郑州市	0.2444	23	1
洛阳市	0.1758	62	2
全国平均值	0.1454		
三门峡市	0.1256	126	3
驻马店市	0.1218	138	4
新乡市	0.1179	150	5
漯河市	0.1167	158	6
开封市	0.1159	159	7
许昌市	0.1149	160	8
焦作市	0.1093	177	9
南阳市	0.1063	188	10
濮阳市	0.1053	193	11
鹤壁市	0.1019	205	12
平顶山市	0.1000	216	13

续表

城市	科技创新发展指数	全国排名	省内排名
安阳市	0.0975	228	14
信阳市	0.0962	231	15
商丘市	0.0854	270	16
周口市	0.0807	282	17

河南各市科技创新发展指数排名依次为郑州市、洛阳市、三门峡市、驻马店市、新乡市、漯河市、开封市、许昌市、焦作市、南阳市、濮阳市、鹤壁市、平顶山市、安阳市、信阳市、商丘市、周口市。其中，郑州市、洛阳市两市的科技创新发展指数高于全国平均值。

在创新资源一级指标中，河南各市的排名依次为郑州市、洛阳市、驻马店市、开封市、许昌市、三门峡市、新乡市、安阳市、焦作市、濮阳市、平顶山市、鹤壁市、南阳市、漯河市、信阳市、商丘市、周口市。其中，郑州市、洛阳市、驻马店市、开封市四市的创新资源指数高于全国平均值（图7-30）。

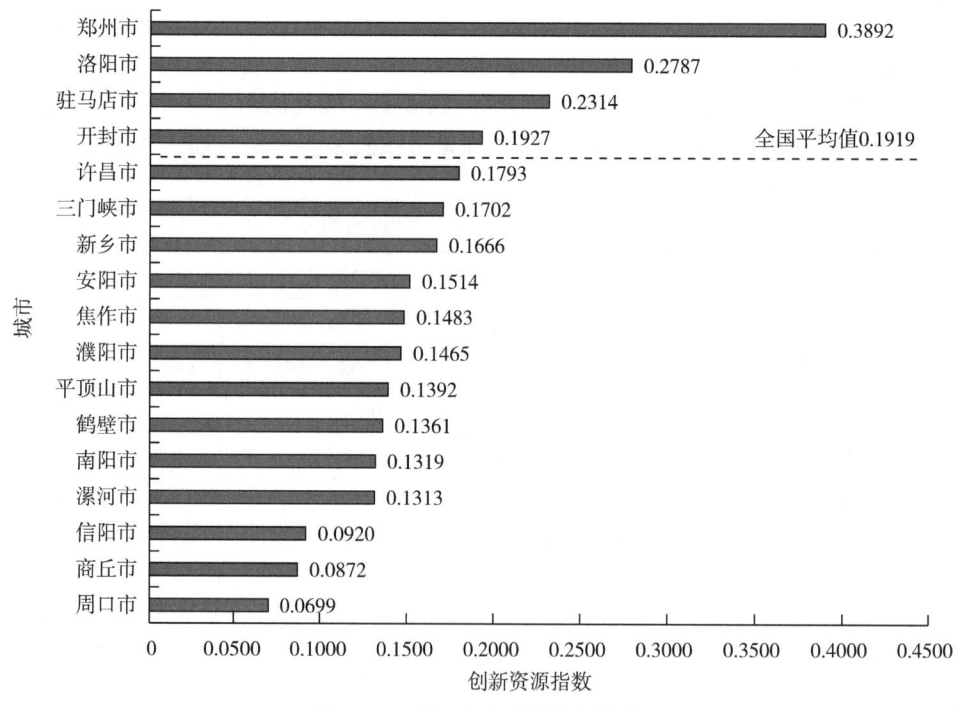

图 7-30　河南各市创新资源指数

在创新环境一级指标中，河南各市的排名依次为漯河市、三门峡市、洛阳市、郑州市、南阳市、鹤壁市、焦作市、信阳市、濮阳市、开封市、新乡市、平顶山市、周口市、驻马店市、许昌市、安阳市、商丘市。其中，漯河市、三门峡市、洛阳市、郑州市四市的创新环境指数高于全国平均值（图7-31）。

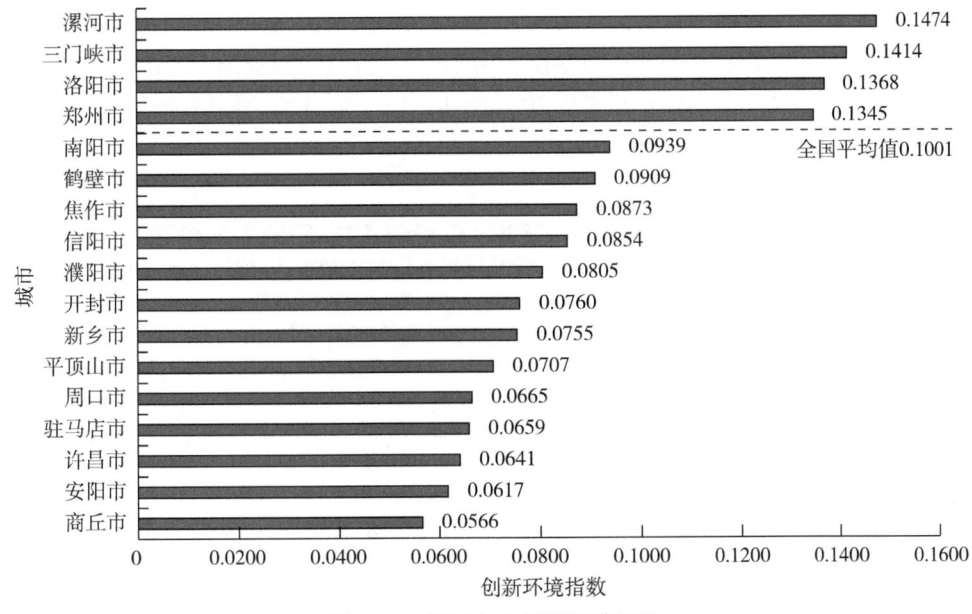

图 7-31　河南各市创新环境指数

在创新服务一级指标中,河南各市的排名依次为郑州市、洛阳市、新乡市、濮阳市、焦作市、商丘市、许昌市、开封市、南阳市、安阳市、周口市、信阳市、三门峡市、漯河市、鹤壁市、平顶山市、驻马店市。其中,郑州市、洛阳市两市的创新服务指数高于全国平均值(图 7-32)。

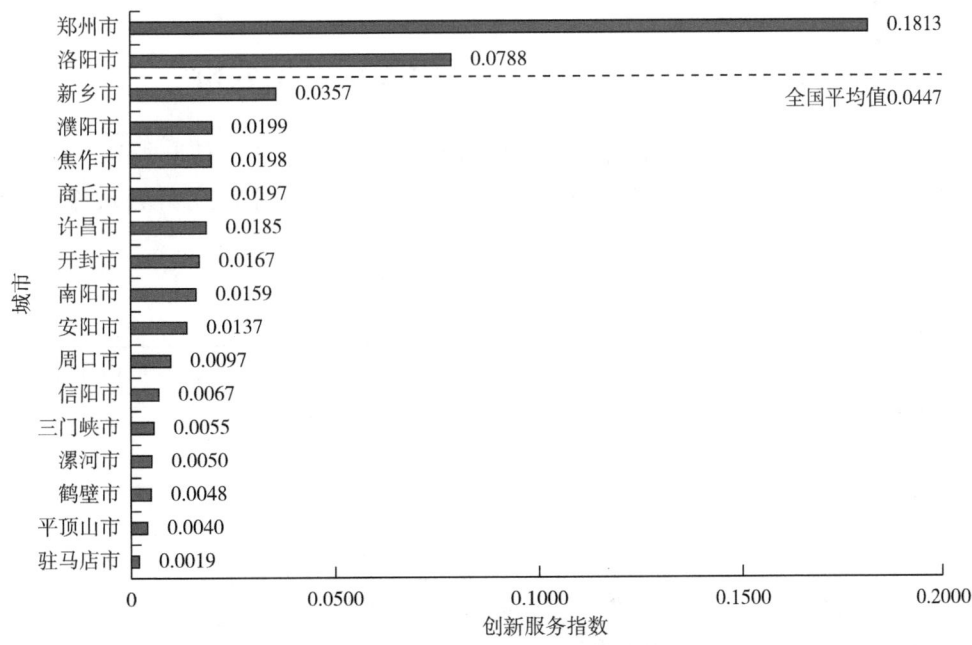

图 7-32　河南各市创新服务指数

在创新绩效一级指标中,河南各市的排名依次为郑州市、洛阳市、信阳市、许昌市、新乡市、驻马店市、平顶山市、三门峡市、南阳市、漯河市、焦作市、商丘市、开封市、周口市、鹤壁市、濮阳市、安阳市。其中,仅郑州市一个城市的创新绩效指数高于全国平均值(图7-33)。

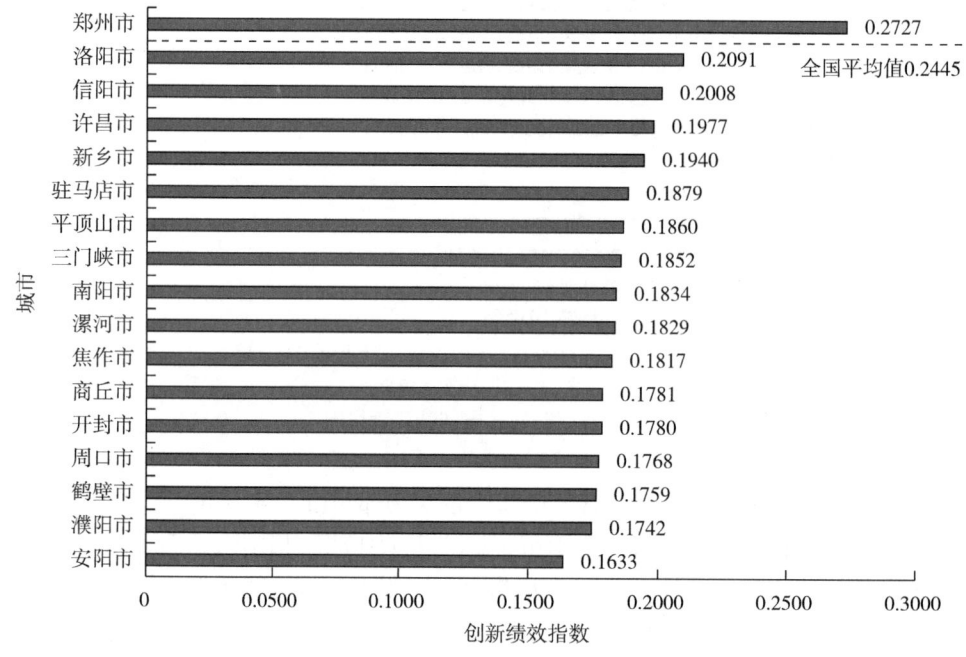

图7-33　河南各市创新绩效指数

九、黑龙江省城市科技创新发展指数排名及分析

黑龙江,省会哈尔滨市,下辖主要城市有哈尔滨市、大庆市、佳木斯市、绥化市、双鸭山市、伊春市、齐齐哈尔市、牡丹江市、鸡西市、七台河市、黑河市、鹤岗市。黑龙江各市科技创新发展指数及排名情况如表7-9所示。

表7-9　黑龙江各市科技创新发展指数

城市	科技创新发展指数	全国排名	省内排名
哈尔滨市	0.1863	53	1
大庆市	0.1727	65	2
全国平均值	0.1454		
伊春市	0.1071	185	3
齐齐哈尔市	0.0984	222	4
佳木斯市	0.0909	253	5

续表

城市	科技创新发展指数	全国排名	省内排名
牡丹江市	0.0896	260	6
鹤岗市	0.0866	267	7
黑河市	0.0847	275	8
双鸭山市	0.0822	280	9
七台河市	0.0811	281	10
鸡西市	0.0760	285	11
绥化市	0.0683	288	12

黑龙江各市科技创新发展指数排名依次为哈尔滨市、大庆市、伊春市、齐齐哈尔市、佳木斯市、牡丹江市、鹤岗市、黑河市、双鸭山市、七台河市、鸡西市、绥化市。其中，哈尔滨市、大庆市两市的科技创新发展指数高于全国平均值。

在创新资源一级指标中，黑龙江各市的排名依次为大庆市、哈尔滨市、伊春市、齐齐哈尔市、七台河市、双鸭山市、牡丹江市、佳木斯市、鹤岗市、鸡西市、黑河市、绥化市。其中，大庆市、哈尔滨市两市的创新资源指数高于全国平均值（图 7-34）。

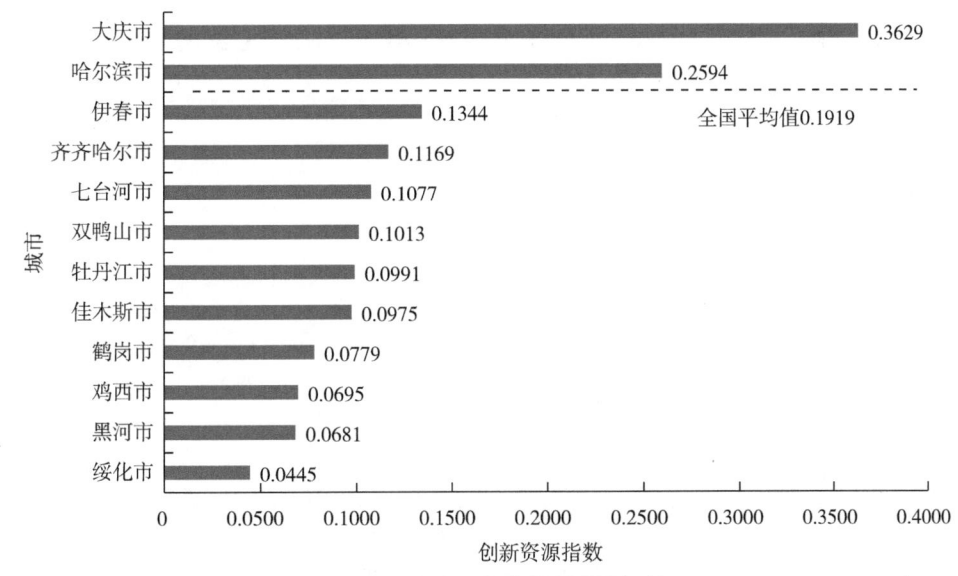

图 7-34　黑龙江各市创新资源指数

在创新环境一级指标中，黑龙江各市的排名依次为哈尔滨市、大庆市、伊春市、齐齐哈尔市、绥化市、佳木斯市、黑河市、鸡西市、牡丹江市、七台河市、鹤岗市、双鸭山市。黑龙江各市的创新环境指数均低于全国平均值（图 7-35）。

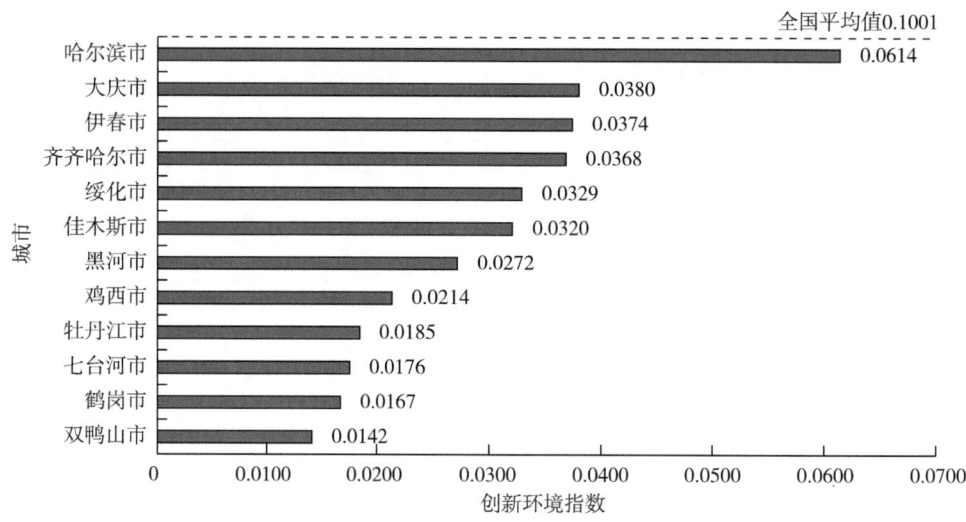

图 7-35　黑龙江各市创新环境指数

在创新服务一级指标中,黑龙江各市的排名依次为哈尔滨市、大庆市、齐齐哈尔市、牡丹江市、佳木斯市、绥化市、黑河市、鸡西市、双鸭山市、鹤岗市、七台河市、伊春市。其中,哈尔滨市、大庆市两市的创新服务指数高于全国平均值(图 7-36)。

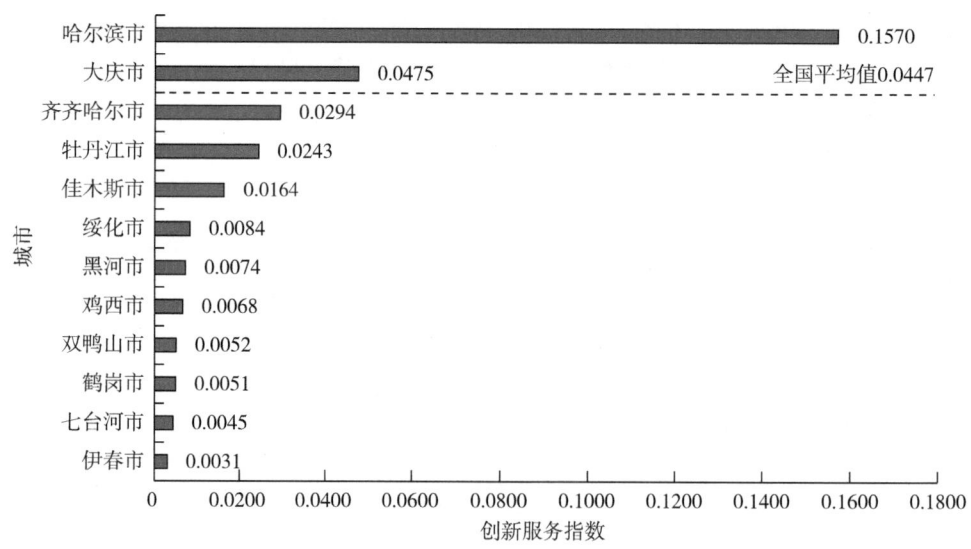

图 7-36　黑龙江各市创新服务指数

在创新绩效一级指标中,黑龙江各市的排名依次为哈尔滨市、伊春市、鹤岗市、大庆市、黑河市、佳木斯市、牡丹江市、齐齐哈尔市、双鸭山市、鸡西市、七台河市、绥化市。其中,哈尔滨市、伊春市、鹤岗市三市的创新绩效指数高于全国平均值(图 7-37)。

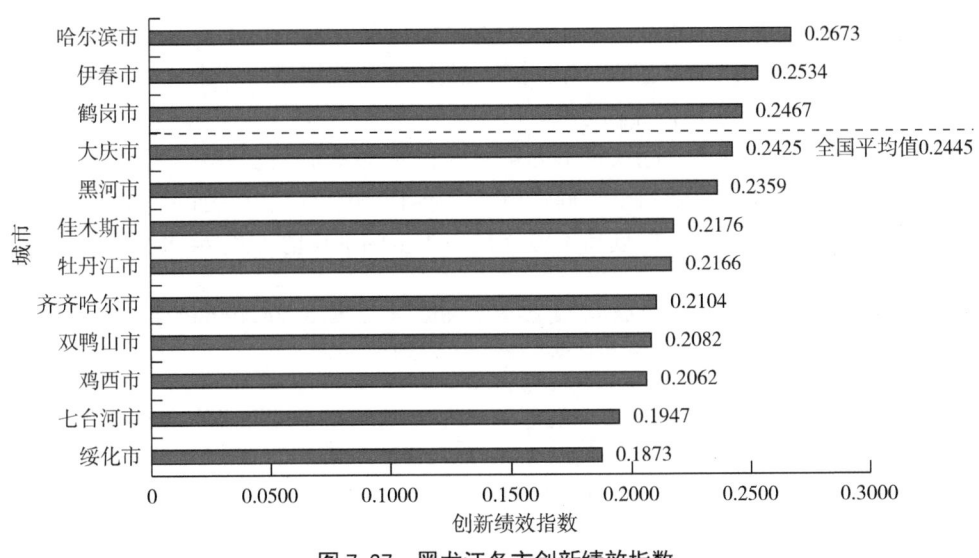

图 7-37 黑龙江各市创新绩效指数

十、湖北省城市科技创新发展指数排名及分析

湖北,省会武汉市,下辖主要城市有武汉市、鄂州市、襄阳市、十堰市、宜昌市、咸宁市、荆门市、随州市、黄石市、黄冈市、孝感市、荆州市。湖北各市科技创新发展指数及排名情况如表 7-10 所示。

表 7-10 湖北各市科技创新发展指数

城市	科技创新发展指数	全国排名	省内排名
武汉市	0.3710	8	1
宜昌市	0.1618	74	2
全国平均值	0.1454		
黄石市	0.1357	106	3
襄阳市	0.1335	110	4
十堰市	0.1284	121	5
荆门市	0.1171	155	6
鄂州市	0.1167	157	7
荆州市	0.1111	171	8
孝感市	0.1018	206	9
随州市	0.0998	218	10
黄冈市	0.0984	223	11
咸宁市	0.0979	224	12

湖北各市科技创新发展指数排名依次为武汉市、宜昌市、黄石市、襄阳市、十堰市、荆门市、鄂州市、荆州市、孝感市、随州市、黄冈市、咸宁市。其中，武汉市、宜昌市两市科技创新发展指数高于全国平均值。

在创新资源一级指标中，湖北各市的排名依次为武汉市、宜昌市、襄阳市、十堰市、荆门市、黄石市、鄂州市、随州市、荆州市、孝感市、咸宁市、黄冈市。其中，武汉市、宜昌市、襄阳市、十堰市四市的创新资源指数高于全国平均值（图7-38）。

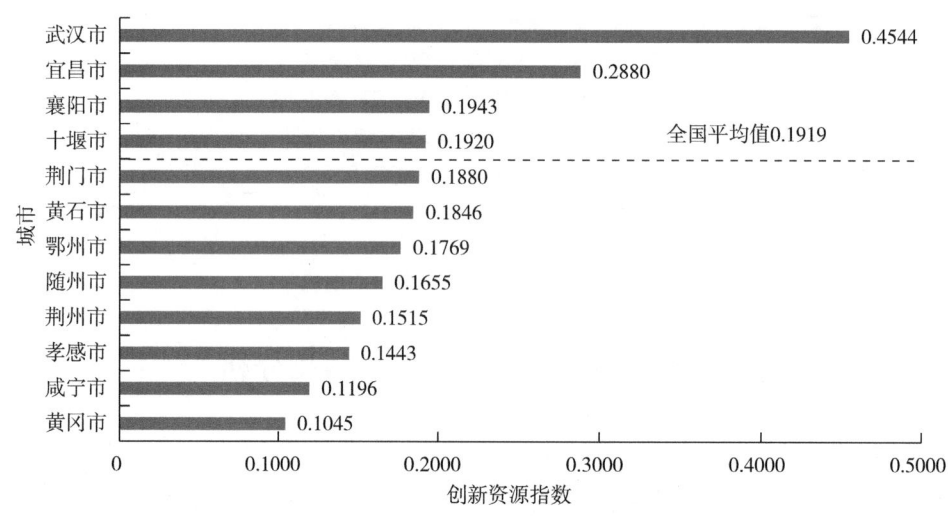

图7-38　湖北各市创新资源指数

在创新环境一级指标中，湖北各市的排名依次为武汉市、黄石市、襄阳市、宜昌市、十堰市、鄂州市、黄冈市、荆州市、荆门市、孝感市、咸宁市、随州市。其中，武汉市、黄石市两市的创新环境指数高于全国平均值（图7-39）。

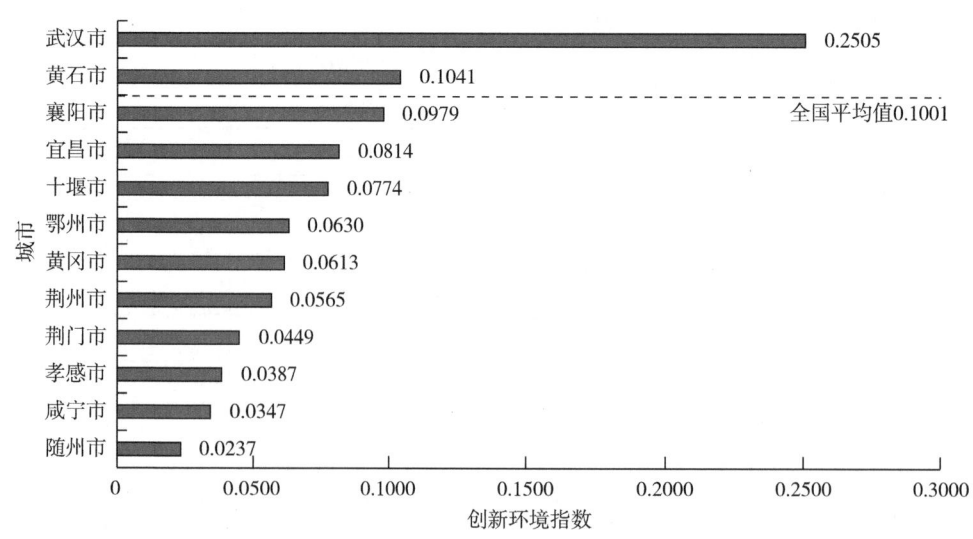

图7-39　湖北各市创新环境指数

在创新服务一级指标中,湖北各市的排名依次为武汉市、宜昌市、襄阳市、黄石市、荆州市、十堰市、荆门市、黄冈市、咸宁市、孝感市、鄂州市、随州市。其中,武汉市、宜昌市两市的创新服务指数均低于全国平均值(图7-40)。

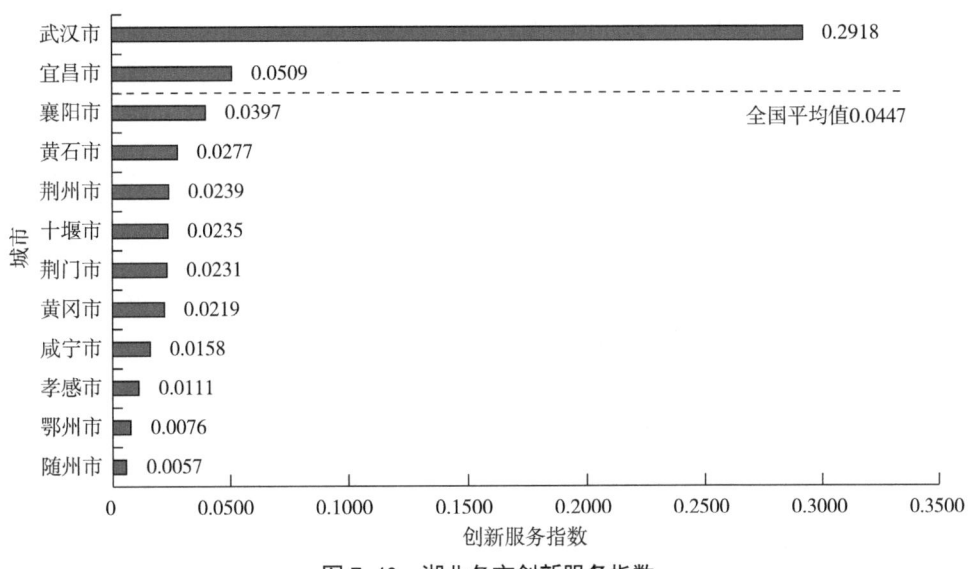

图7-40 湖北各市创新服务指数

在创新绩效一级指标中,湖北各市的排名依次为武汉市、宜昌市、黄石市、咸宁市、十堰市、鄂州市、孝感市、荆门市、荆州市、黄冈市、随州市、襄阳市。其中,仅武汉市一个城市的创新绩效指数高于全国平均值(图7-41)。

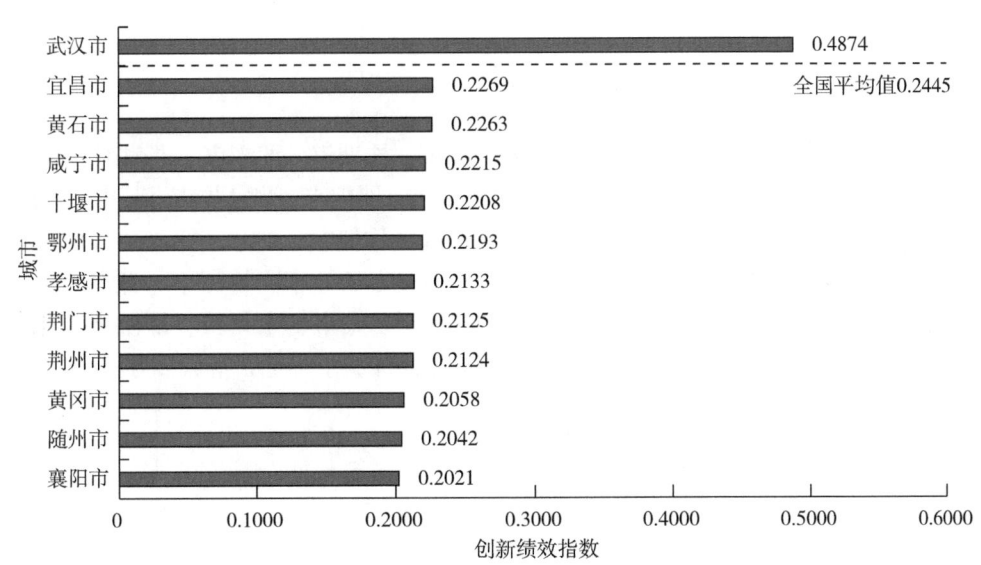

图7-41 湖北各市创新绩效指数

十一、湖南省城市科技创新发展指数排名及分析

湖南，省会长沙市，下辖主要城市有长沙市、株洲市、常德市、湘潭市、岳阳市、郴州市、怀化市、益阳市、张家界市、衡阳市、永州市、娄底市、邵阳市。湖南各市科技创新发展指数及排名情况如表 7-11 所示。

表 7-11　湖南各市科技创新发展指数

城市	科技创新发展指数	全国排名	省内排名
长沙市	0.3058	12	1
株洲市	0.1759	61	2
湘潭市	0.1448	93	3
全国平均值	0.1454		
郴州市	0.1319	116	4
岳阳市	0.1268	124	5
常德市	0.1171	156	6
衡阳市	0.1139	162	7
永州市	0.1119	169	8
怀化市	0.1071	184	9
益阳市	0.1054	192	10
娄底市	0.1012	210	11
邵阳市	0.0941	240	12
张家界市	0.0923	244	13

湖南各市科技创新发展指数排名依次为长沙市、株洲市、湘潭市、郴州市、岳阳市、常德市、衡阳市、永州市、怀化市、益阳市、娄底市、邵阳市、张家界市。其中，长沙市、株洲市、湘潭市三市的科技创新发展指数高于全国平均值。

在创新资源一级指标中，湖南各市的排名依次为长沙市、株洲市、湘潭市、岳阳市、郴州市、益阳市、常德市、怀化市、衡阳市、娄底市、永州市、邵阳市、张家界市。其中，长沙市、株洲市、湘潭市、岳阳市四市的创新资源指数高于全国平均值（图 7-42）。

第七章 不同省域内城市科技创新发展指数比较

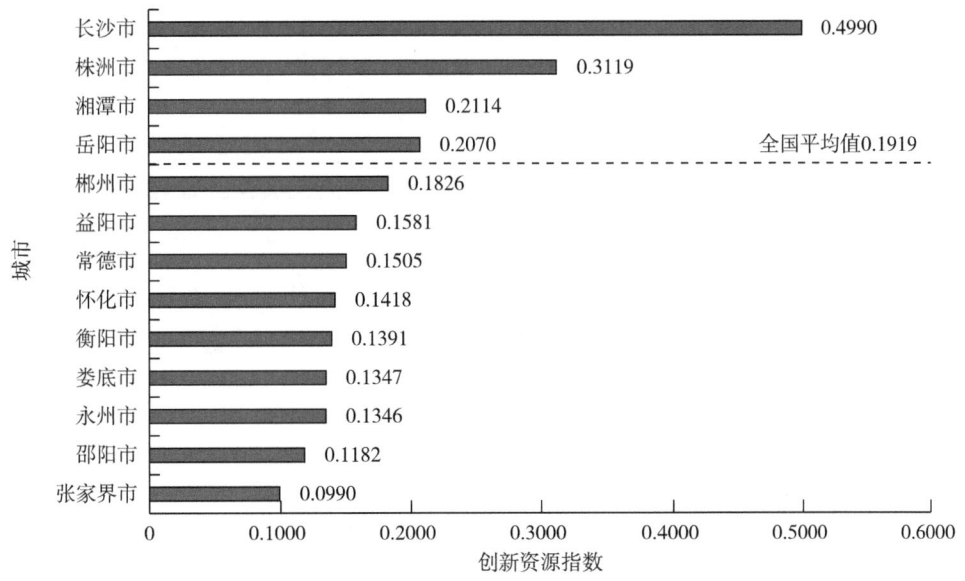

图 7-42 湖南各市创新资源指数

在创新环境一级指标中，湖南各市的排名依次为长沙市、郴州市、湘潭市、株洲市、常德市、永州市、衡阳市、岳阳市、怀化市、娄底市、张家界市、益阳市、邵阳市。其中，长沙市、郴州市、湘潭市三市的创新环境指数高于全国平均值（图 7-43）。

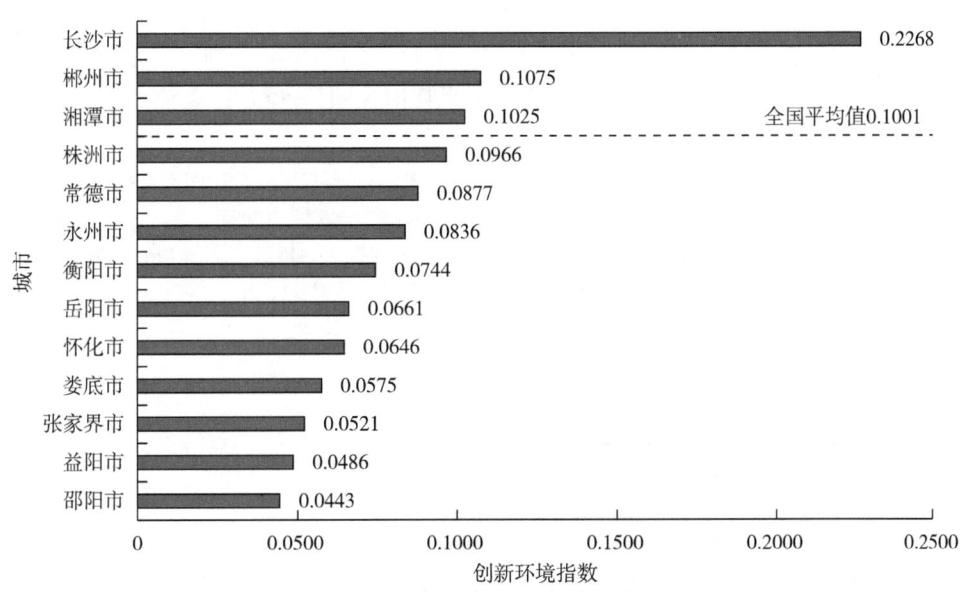

图 7-43 湖南各市创新环境指数

在创新服务一级指标中，湖南各市的排名依次为长沙市、株洲市、湘潭市、常德市、岳阳市、益阳市、郴州市、永州市、衡阳市、邵阳市、娄底市、怀化市、张家界市。其中，仅长沙市一个城市的创新服务指数高于全国平均值（图7-44）。

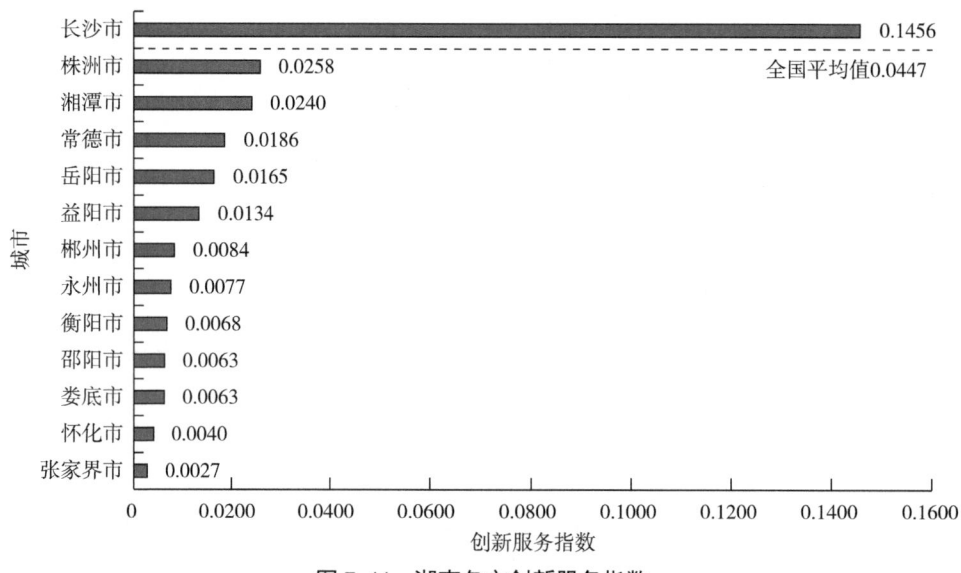

图7-44　湖南各市创新服务指数

在创新绩效一级指标中，湖南各市的排名依次为长沙市、株洲市、湘潭市、衡阳市、郴州市、永州市、怀化市、岳阳市、张家界市、常德市、邵阳市、娄底市、益阳市。其中，长沙市、株洲市两市的创新绩效指数高于全国平均值（图7-45）。

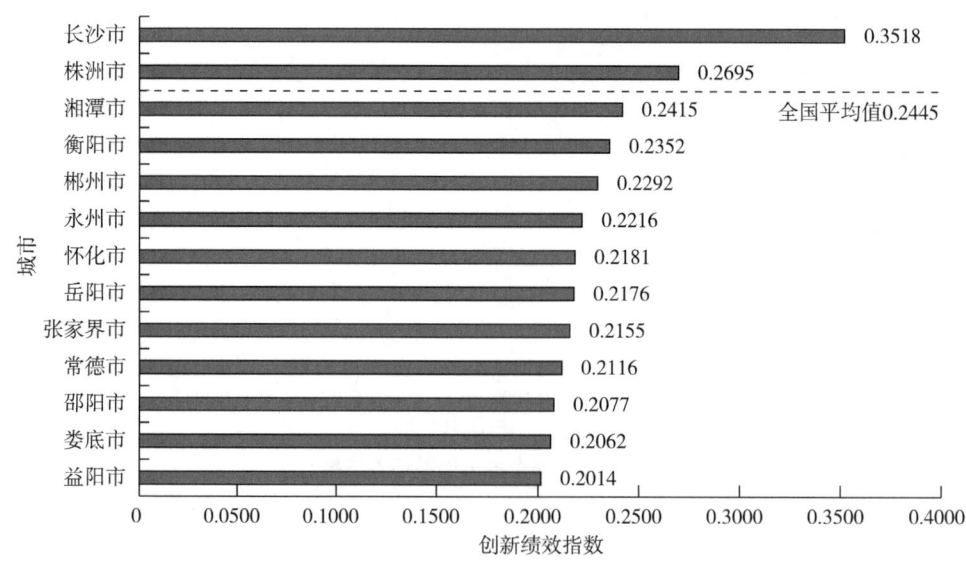

图7-45　湖南各市创新绩效指数

十二、吉林省城市科技创新发展指数排名及分析

吉林，省会长春市，下辖主要城市有长春市、白城市、白山市、吉林市、辽源市、通化市、松原市，四平市。吉林各市科技创新发展指数及排名情况如表7-12所示。

表7-12 吉林各市科技创新发展指数

城市	科技创新发展指数	全国排名	省内排名
长春市	0.2219	29	1
全国平均值	0.1454		
通化市	0.1271	123	2
吉林市	0.1225	137	3
白城市	0.1087	179	4
白山市	0.1020	204	5
辽源市	0.0990	221	6
松原市	0.0977	226	7
四平市	0.0903	255	8

吉林各市科技创新发展指数排名依次为长春市、通化市、吉林市、白城市、白山市、辽源市、松原市、四平市。其中，只有省会长春市的城市科技创新发展指数高于全国平均值。

在创新资源一级指标中，吉林各市的排名依次为长春市、辽源市、吉林市、通化市、白城市、四平市、松原市、白山市。其中，只有长春市的城市创新资源指数高于全国平均值（图7-46）。

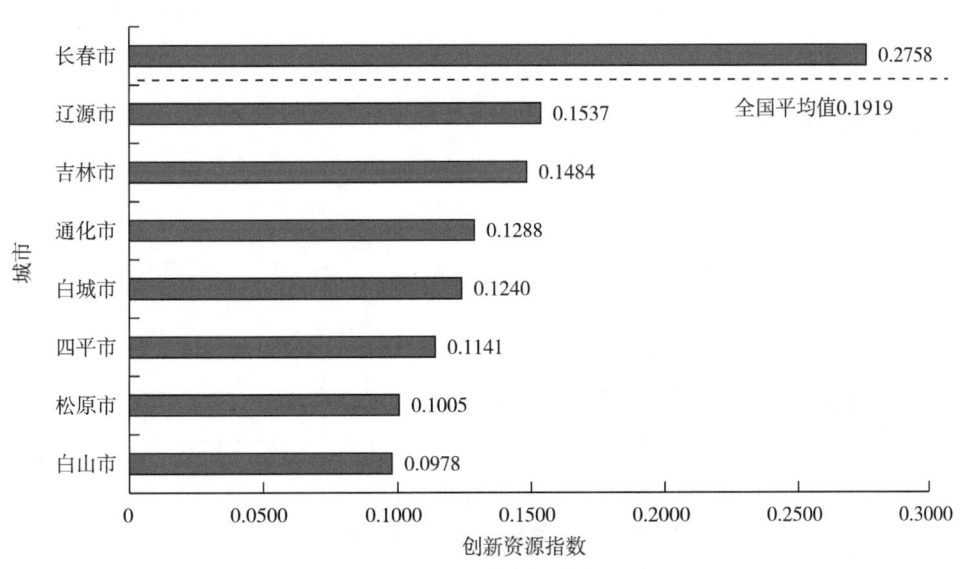

图7-46 吉林各市创新资源指数

在创新环境一级指标中,吉林各市的排名依次为长春市、通化市、白山市、白城市、吉林市、辽源市、四平市、松原市。其中,长春市、通化市两市的创新环境指数高于全国平均值(图7-47)。

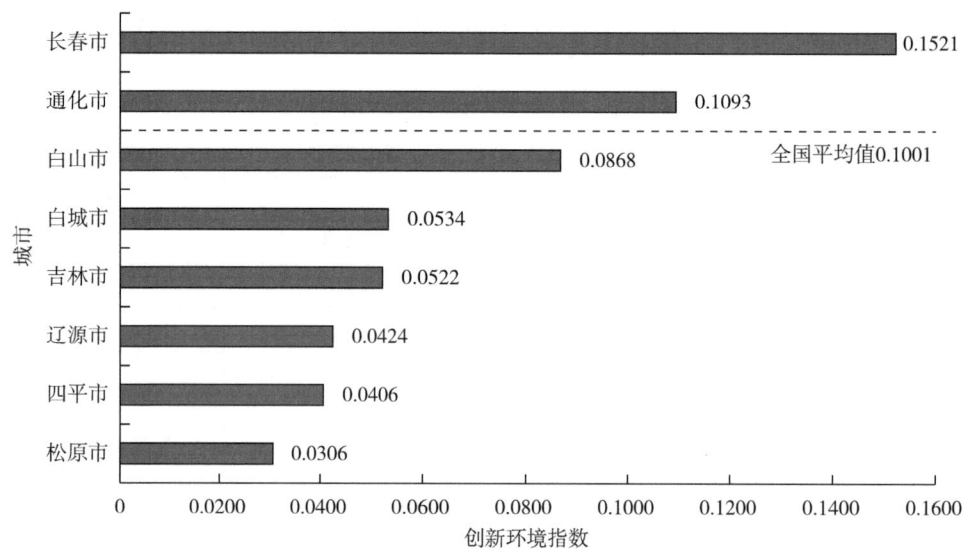

图 7-47　吉林各市创新环境指数

在创新服务一级指标中,吉林各市的排名依次为长春市、吉林市、辽源市、通化市、四平市、白城市、白山市、松原市。其中,仅长春市一个城市的创新服务指数高于全国平均值(图7-48)。

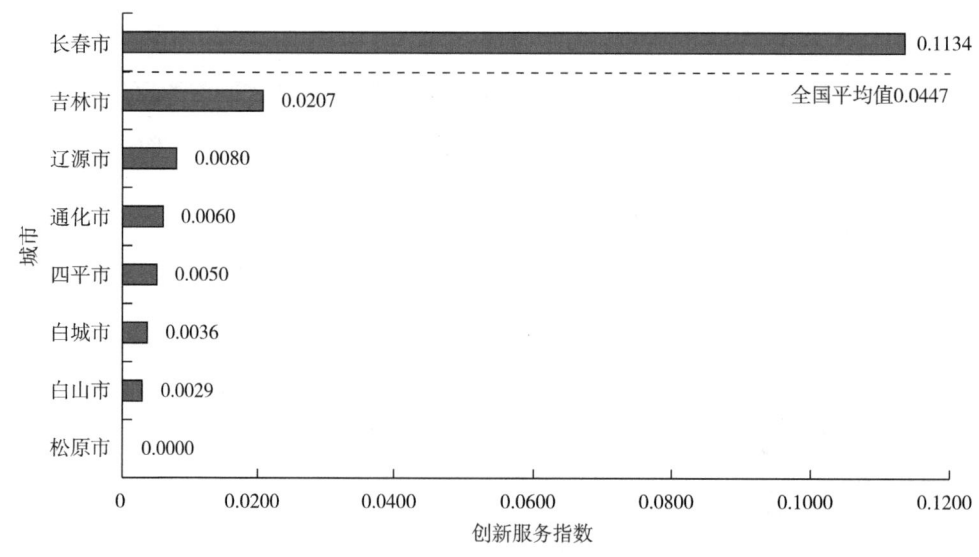

图 7-48　吉林各市创新服务指数

在创新绩效一级指标中，吉林各市的排名依次为长春市、吉林市、通化市、松原市、白城市、白山市、四平市、辽源市。其中，长春市、吉林市、通化市、松原市、白城市五市的创新绩效指数高于全国平均值（图 7-49）。

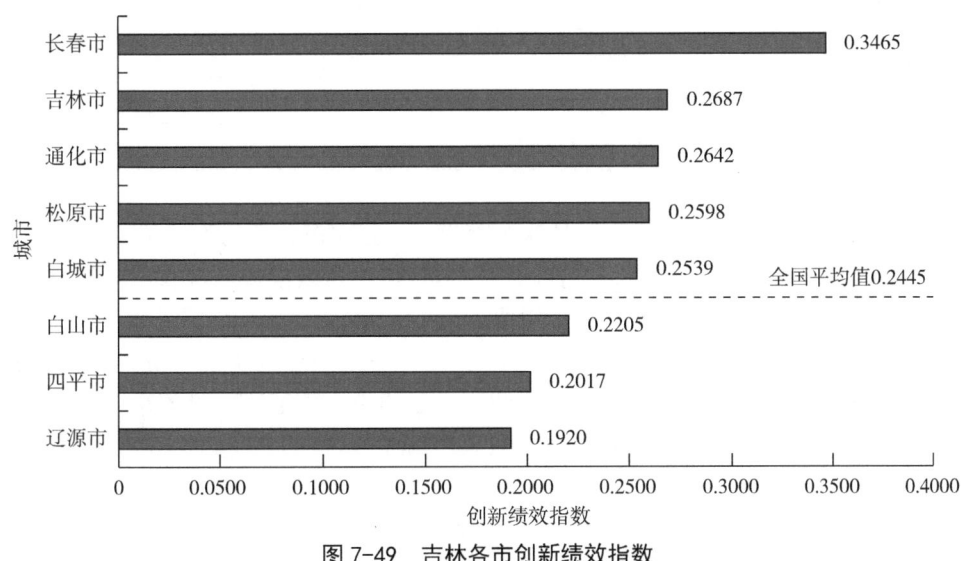

图 7-49 吉林各市创新绩效指数

十三、江苏省城市科技创新发展指数排名及分析

江苏，省会南京市，下辖主要城市有南京市、苏州市、无锡市、常州市、镇江市、南通市、扬州市、泰州市、盐城市、徐州市、连云港市、淮安市、宿迁市。江苏各市科技创新发展指数及排名情况如表 7-13 所示。

表 7-13 江苏各市科技创新发展指数

城市	科技创新发展指数	全国排名	省内排名
南京市	0.4404	6	1
苏州市	0.3806	7	2
常州市	0.2915	15	3
无锡市	0.2787	17	4
南通市	0.2127	33	5
镇江市	0.2104	34	6
扬州市	0.1990	42	7
徐州市	0.1890	49	8
泰州市	0.1753	63	9

续表

城市	科技创新发展指数	全国排名	省内排名
盐城市	0.1719	66	10
宿迁市	0.1686	67	11
连云港市	0.1487	87	12
全国平均值	0.1454		
淮安市	0.1398	99	13

江苏各市科技创新发展指数排名依次为南京市、苏州市、常州市、无锡市、南通市、镇江市、扬州市、徐州市、泰州市、盐城市、宿迁市、连云港市、淮安市。其中，只有淮安市的科技创新发展指数低于全国平均值。

在创新资源一级指标中，江苏各市的排名依次为南京市、常州市、苏州市、无锡市、宿迁市、镇江市、扬州市、连云港市、徐州市、泰州市、南通市、淮安市、盐城市。江苏各市的创新资源指数均高于全国平均值（图7-50）。

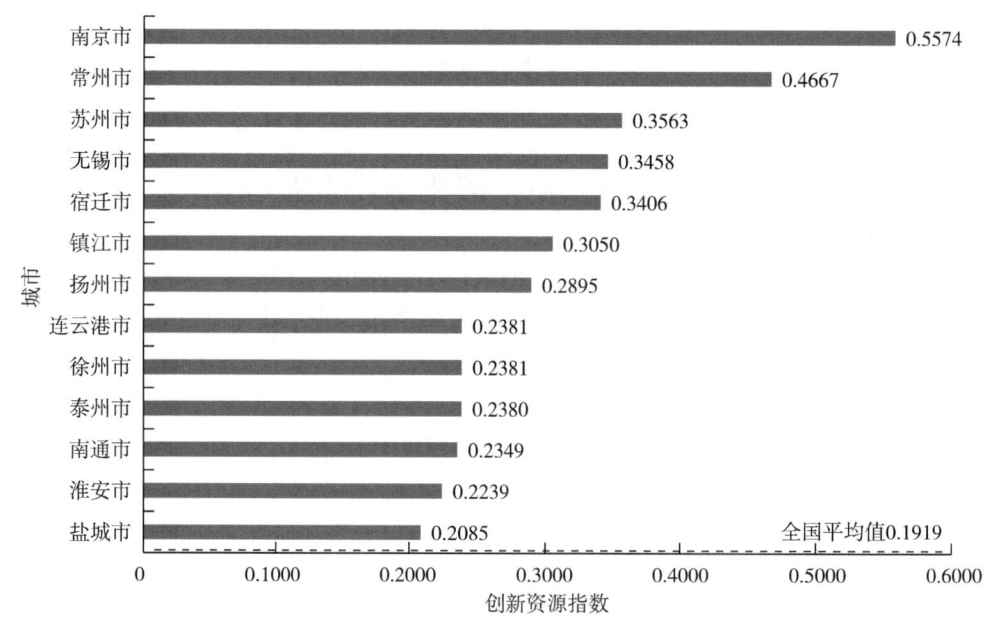

图 7-50　江苏各市创新资源指数

在创新环境一级指标中，江苏各市的排名依次为苏州市、南京市、无锡市、常州市、南通市、徐州市、扬州市、镇江市、盐城市、泰州市、连云港市、宿迁市、淮安市。其中，苏州市、南京市、无锡市、常州市、南通市、徐州市、扬州市、镇江市、盐城市、泰州市十市的创新环境指数高于全国平均值（图7-51）。

第七章 不同省域内城市科技创新发展指数比较

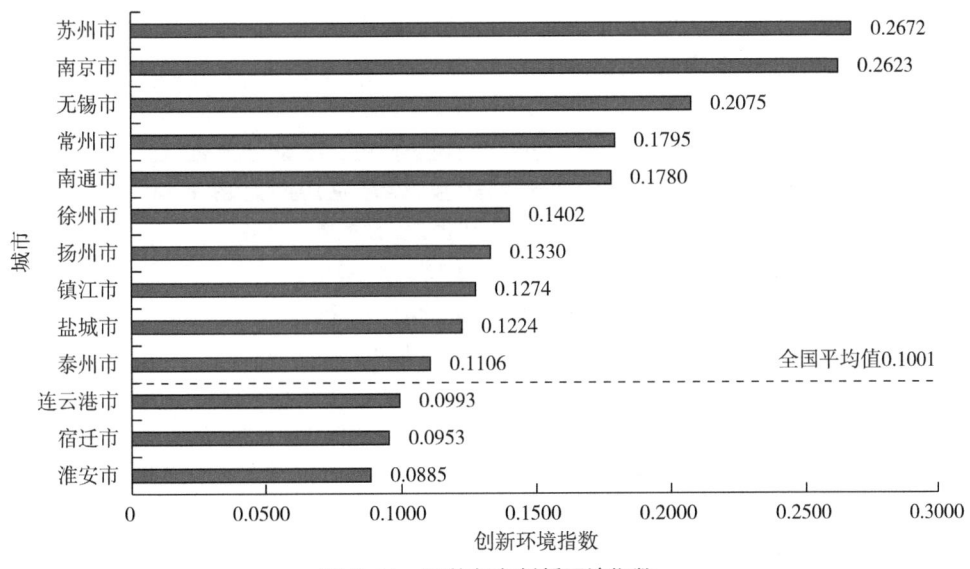

图 7-51 江苏各市创新环境指数

在创新服务一级指标中，江苏各市的排名依次为苏州市、南京市、常州市、无锡市、徐州市、南通市、盐城市、扬州市、镇江市、泰州市、宿迁市、连云港市、淮安市。其中，苏州市、南京市、常州市、无锡市、徐州市、南通市、盐城市、扬州市、镇江市、泰州市十市的创新服务指数高于全国平均值（图 7-52）。

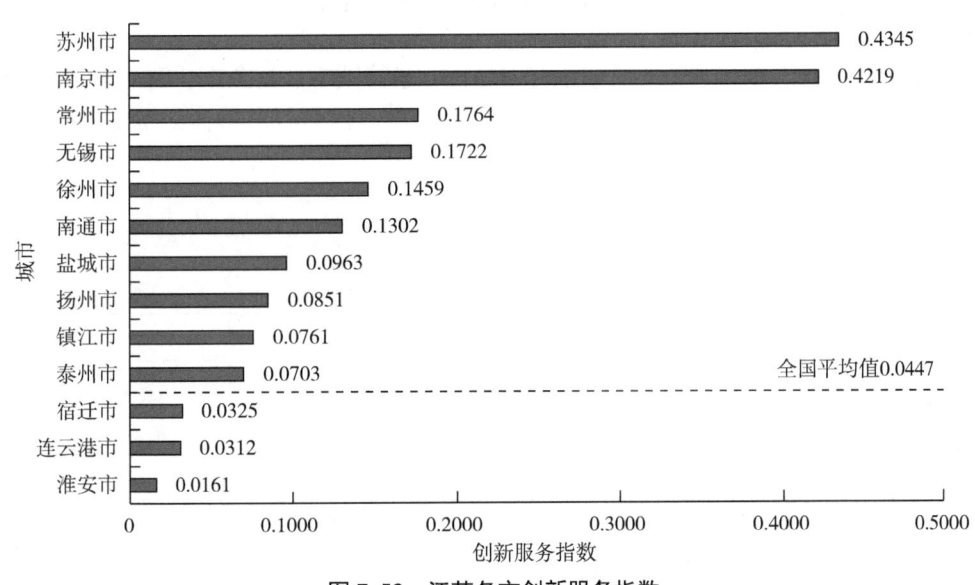

图 7-52 江苏各市创新服务指数

在创新绩效一级指标中，江苏各市的排名依次为南京市、苏州市、无锡市、常州市、镇江市、南通市、扬州市、泰州市、盐城市、徐州市、淮安市、连云港市、宿迁市。其中，南京市、苏州市、无锡市、常州市、镇江市、南通市、扬州市、泰州市、盐城市九市的创新绩效指数高于全国平均值（图7-53）。

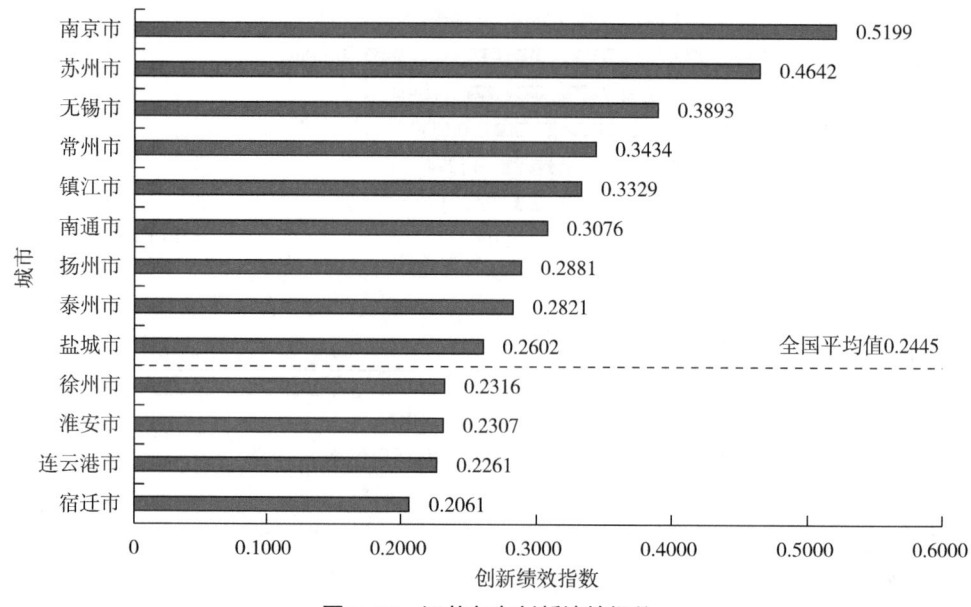

图 7-53　江苏各市创新绩效指数

十四、江西省城市科技创新发展指数排名及分析

江西，省会南昌市，下辖主要城市有南昌市、景德镇市、新余市、鹰潭市、吉安市、九江市、萍乡市、赣州市、宜春市、抚州市、上饶市。江西各市科技创新发展指数及排名情况如表7-14所示。

表 7-14　江西各市科技创新发展指数

城市	科技创新发展指数	全国排名	省内排名
南昌市	0.2103	35	1
新余市	0.1681	69	2
鹰潭市	0.1511	81	3
九江市	0.1463	91	4
全国平均值	0.1454		
赣州市	0.1448	94	5
吉安市	0.1363	104	6
上饶市	0.1333	112	7
萍乡市	0.1321	115	8

续表

城市	科技创新发展指数	全国排名	省内排名
景德镇市	0.1306	117	9
宜春市	0.1250	129	10
抚州市	0.1180	149	11

江西各市科技创新发展指数排名依次为南昌市、新余市、鹰潭市、九江市、赣州市、吉安市、上饶市、萍乡市、景德镇市、宜春市、抚州市。其中，南昌市、新余市、鹰潭市、九江市四市的科技创新发展指数高于全国平均值。

在创新资源一级指标中，江西各市的排名依次为南昌市、新余市、鹰潭市、九江市、景德镇市、萍乡市、吉安市、上饶市、赣州市、宜春市、抚州市。其中，南昌市、新余市、鹰潭市三市的创新资源指数高于全国平均值（图7-54）。

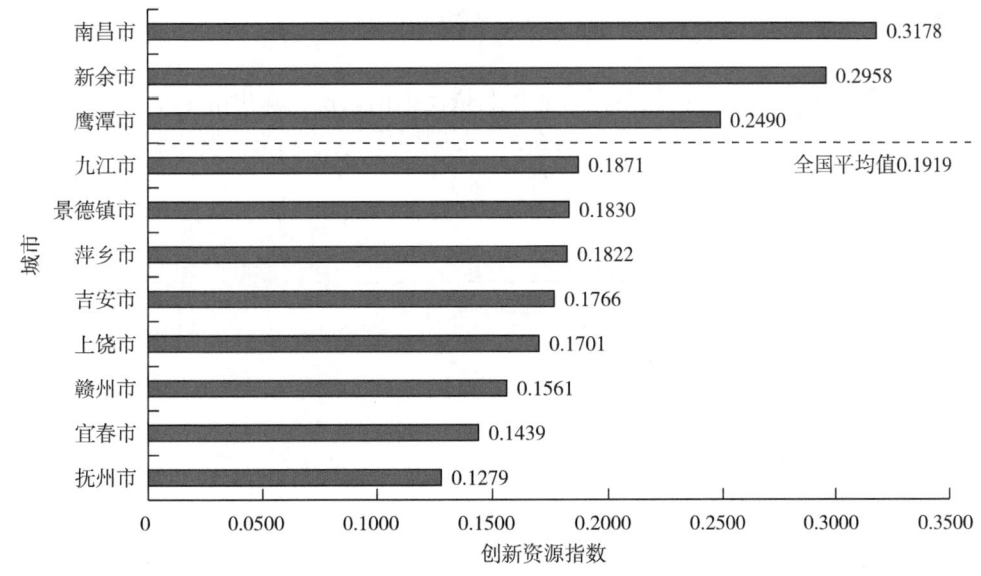

图7-54 江西各市创新资源指数

在创新环境一级指标中，江西各市的排名依次为南昌市、九江市、赣州市、新余市、宜春市、吉安市、鹰潭市、上饶市、萍乡市、抚州市、景德镇市。其中，南昌市、九江市、赣州市、新余市、宜春市、吉安市、鹰潭市、上饶市、萍乡市九江市、萍乡市、南昌市、赣州市九市的创新环境指数高于全国平均值（图7-55）。

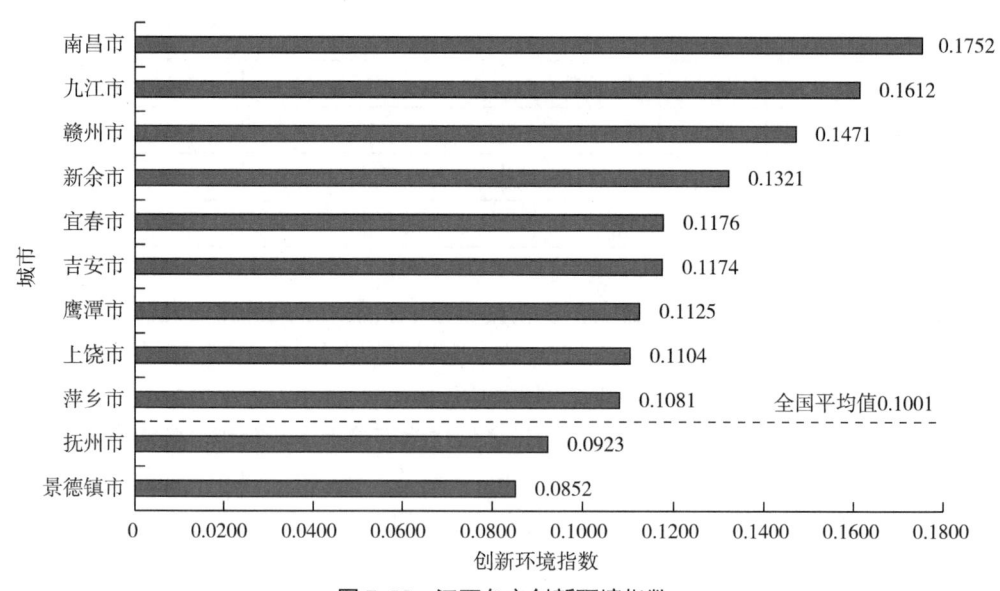

图 7-55　江西各市创新环境指数

在创新服务一级指标中，江西各市的排名依次为南昌市、赣州市、九江市、抚州市、吉安市、宜春市、上饶市、萍乡市、新余市、鹰潭市、景德镇市。其中，仅南昌市一个城市的创新服务指数高于全国平均值（图 7-56）。

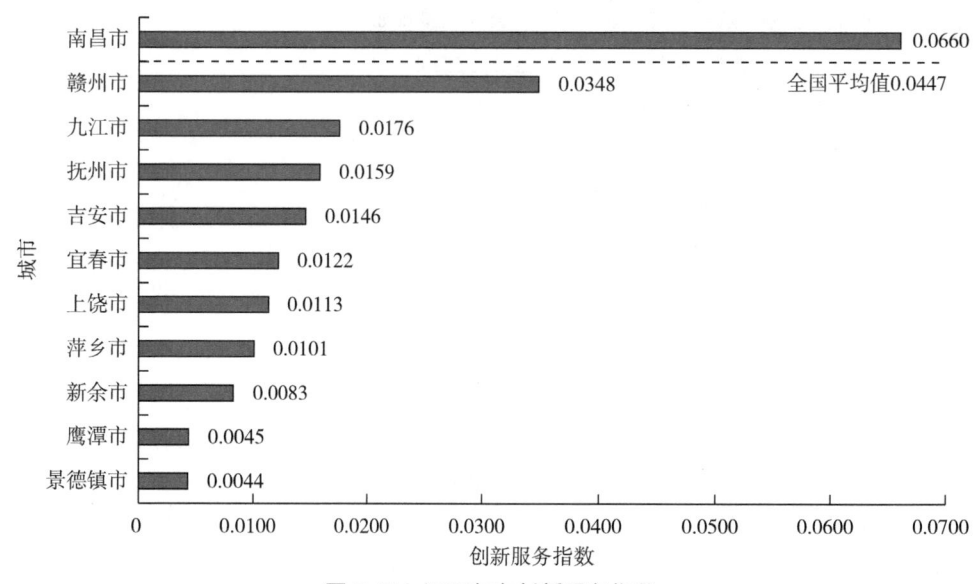

图 7-56　江西各市创新服务指数

在创新绩效一级指标中，江西各市的排名依次为南昌市、景德镇市、上饶市、赣州市、鹰潭市、吉安市、新余市、抚州市、萍乡市、宜春市、九江市。其中，南昌市、景德镇市两市的创新绩效指数高于全国平均值（图 7-57）。

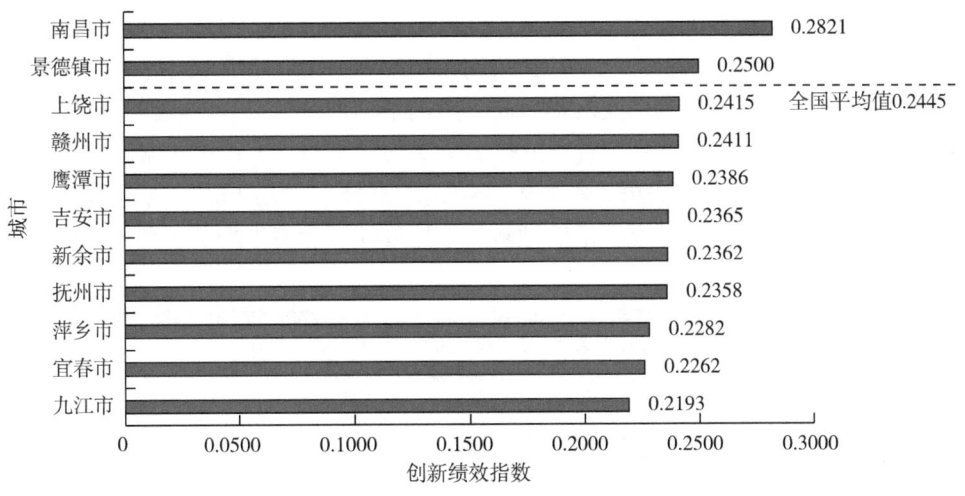

图 7-57 江西各市创新绩效指数

十五、辽宁省城市科技创新发展指数排名及分析

辽宁,省会沈阳市,下辖主要城市有沈阳市、大连市、盘锦市、本溪市、锦州市、鞍山市、丹东市、辽阳市、抚顺市、营口市、朝阳市、阜新市、铁岭市、葫芦岛市。辽宁各市科技创新发展指数及排名情况如表 7-15 所示。

表 7-15 辽宁各市科技创新发展指数

城市	科技创新发展指数	全国排名	省内排名
沈阳市	0.2094	36	1
大连市	0.1948	46	2
全国平均值	0.1454		
盘锦市	0.1360	105	3
营口市	0.1298	119	4
丹东市	0.1023	203	5
朝阳市	0.0950	236	6
抚顺市	0.0949	238	7
鞍山市	0.0933	241	8
锦州市	0.0898	256	9
阜新市	0.0897	257	10
本溪市	0.0869	266	11
辽阳市	0.0855	269	12
葫芦岛市	0.0828	277	13
铁岭市	0.0702	287	14

辽宁各市科技创新发展指数排名依次为沈阳市、大连市、盘锦市、营口市、丹东市、朝阳市、抚顺市、鞍山市、锦州市、阜新市、本溪市、辽阳市、葫芦岛市、铁岭市。其中，大连市和沈阳市两市的科技创新发展指数高于全国平均值。

在创新资源一级指标中，辽宁各市的排名依次为沈阳市、大连市、盘锦市、抚顺市、营口市、锦州市、丹东市、鞍山市、阜新市、本溪市、辽阳市、葫芦岛市、朝阳市、铁岭市。其中，沈阳市、大连市、盘锦市三市的创新资源指数高于全国平均值（图7-58）。

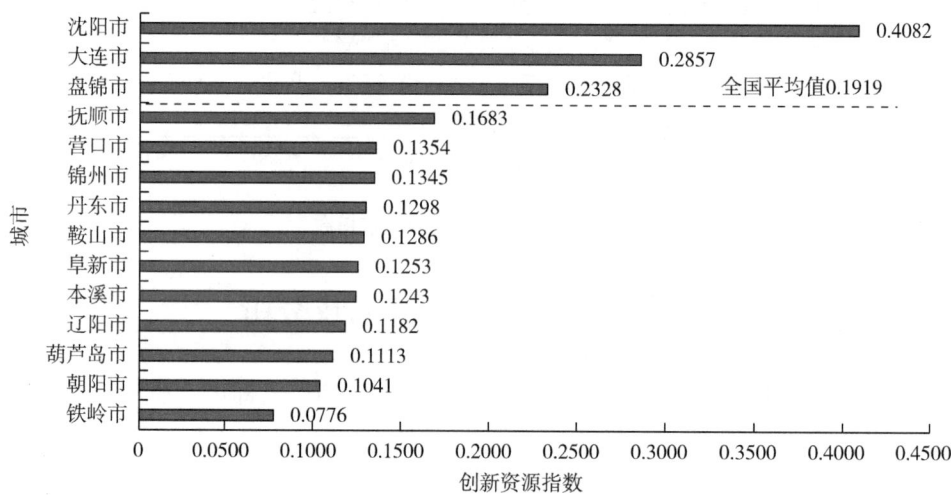

图7-58　辽宁各市创新资源指数

在创新环境一级指标中，辽宁各市的排名依次为营口市、大连市、朝阳市、沈阳市、盘锦市、丹东市、鞍山市、葫芦岛市、辽阳市、阜新市、锦州市、铁岭市、本溪市、抚顺市。其中，营口市、大连市两市的创新环境指数高于全国平均值（图7-59）。

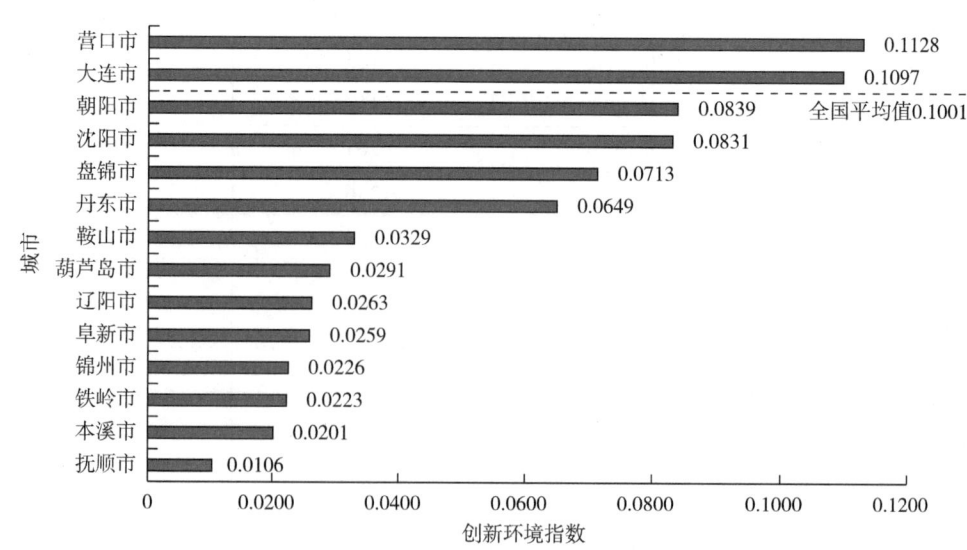

图7-59　辽宁各市创新环境指数

在创新服务一级指标中，辽宁各市的排名依次为大连市、沈阳市、鞍山市、盘锦市、锦州市、阜新市、葫芦岛市、辽阳市、铁岭市、营口市、丹东市、抚顺市、本溪市、朝阳市。其中，大连市、沈阳市两市的创新服务指数高于全国平均值（图7-60）。

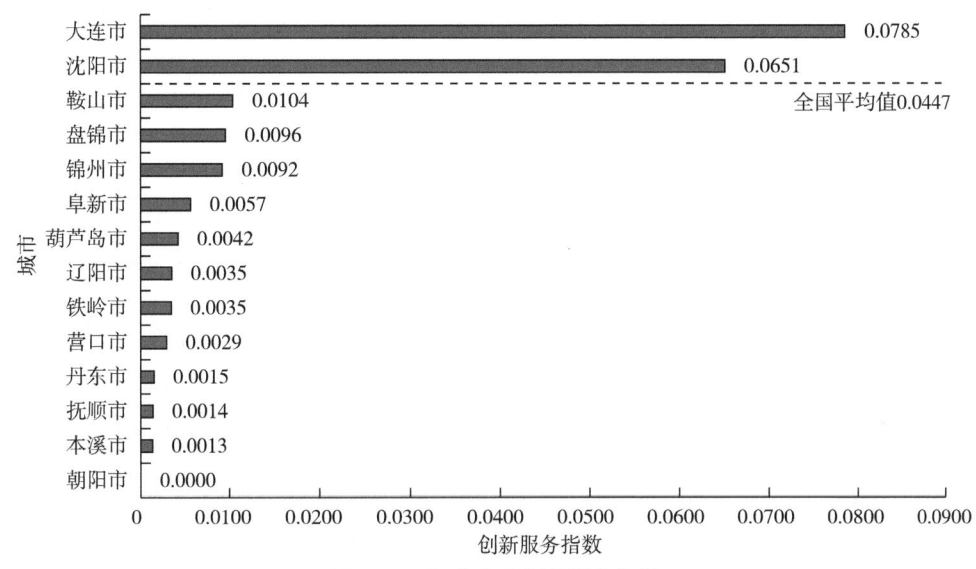

图7-60　辽宁各市创新服务指数

在创新绩效一级指标中，辽宁各市的排名依次为大连市、沈阳市、营口市、盘锦市、丹东市、阜新市、本溪市、鞍山市、抚顺市、辽阳市、锦州市、朝阳市、葫芦岛市、铁岭市。其中，大连市、沈阳市、营口市三市的创新绩效指数高于全国平均值（图7-61）。

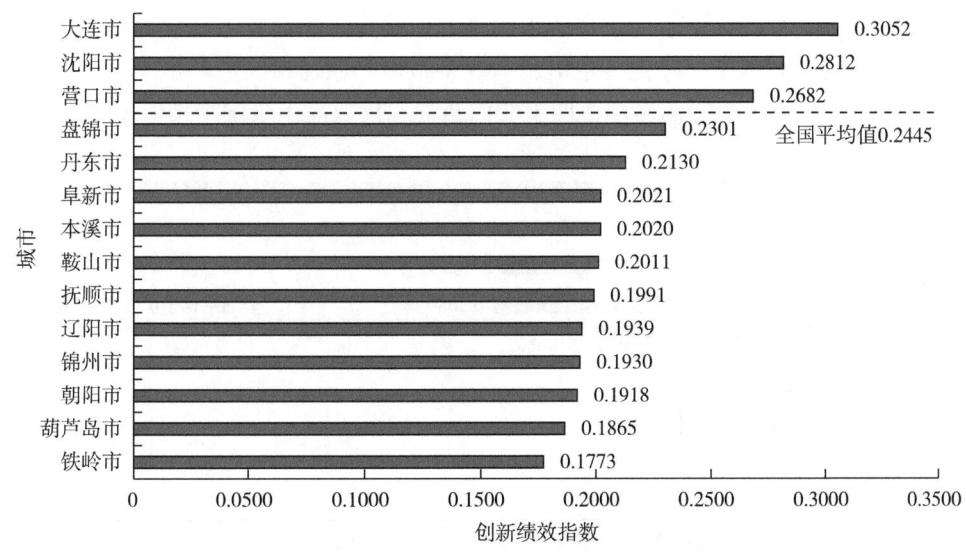

图7-61　辽宁各市创新绩效指数

十六、内蒙古自治区城市科技创新发展指数排名及分析

内蒙古自治区，首府呼和浩特市，下辖主要城市有呼和浩特市、鄂尔多斯市、包头市、呼伦贝尔市、乌兰察布市、赤峰市、巴彦淖尔市、通辽市、乌海市。内蒙古各市科技创新发展指数及排名情况如表7-16所示。

表7-16 内蒙古各市科技创新发展指数

城市	科技创新发展指数	全国排名	省内排名
呼和浩特市	0.2196	30	1
鄂尔多斯市	0.1875	51	2
包头市	0.1589	76	3
全国平均值	0.1454		
乌海市	0.1197	142	4
赤峰市	0.1192	144	5
呼伦贝尔市	0.1133	164	6
巴彦淖尔市	0.1026	201	7
乌兰察布市	0.1012	208	8
通辽市	0.0946	239	9

内蒙古各市科技创新发展指数排名依次为呼和浩特市、鄂尔多斯市、包头市、乌海市、赤峰市、呼伦贝尔市、巴彦淖尔市、乌兰察布市、通辽市。其中，呼和浩特市、鄂尔多斯市、包头市三市的科技创新发展指数高于全国平均值。

在创新资源一级指标中，内蒙古各市的排名依次为呼和浩特市、包头市、乌海市、鄂尔多斯市、巴彦淖尔市、呼伦贝尔市、乌兰察布市、通辽市、赤峰市。其中，呼和浩特市、包头市、乌海市、鄂尔多斯市四市的创新资源指数高于全国平均值（图7-62）。

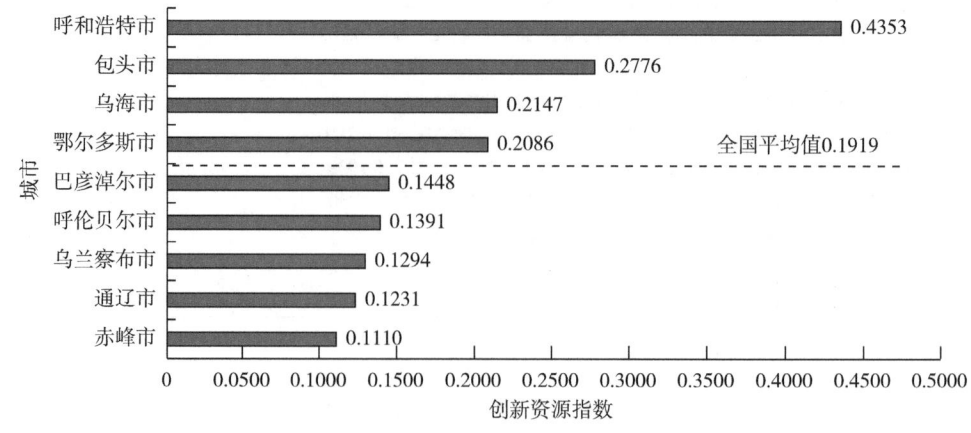

图7-62 内蒙古各市创新资源指数

在创新环境一级指标中，内蒙古各市的排名依次为鄂尔多斯市、包头市、呼和浩特市、赤峰市、通辽市、呼伦贝尔市、乌兰察布市、巴彦淖尔市、乌海市。其中，鄂尔多斯市、包头市、呼和浩特市三市的创新环境指数高于全国平均值（图7-63）。

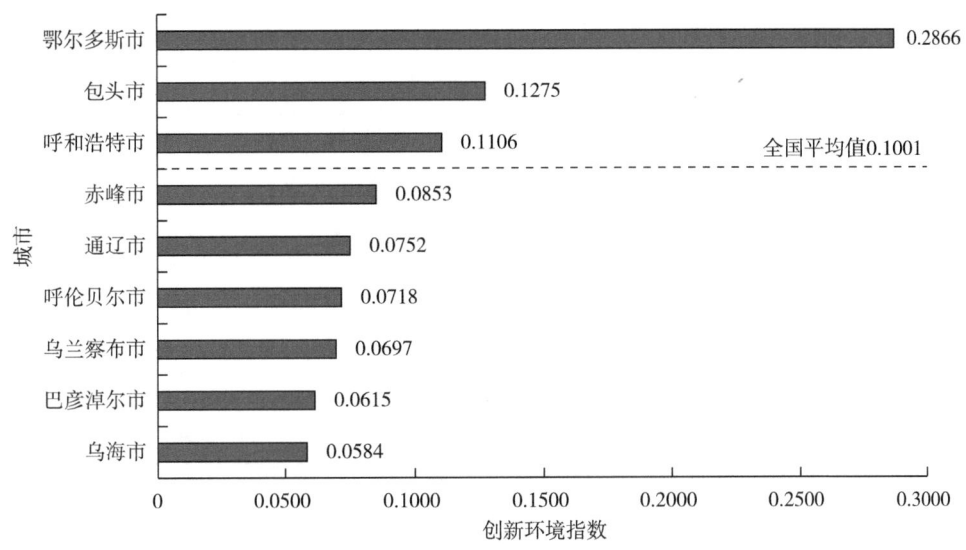

图7-63　内蒙古各市创新环境指数

在创新服务一级指标中，内蒙古各市的排名依次为呼和浩特市、包头市、赤峰市、鄂尔多斯市、巴彦淖尔市、呼伦贝尔市、乌兰察布市、乌海市、通辽市。内蒙古各市的创新服务指数均低于全国平均值（图7-64）。

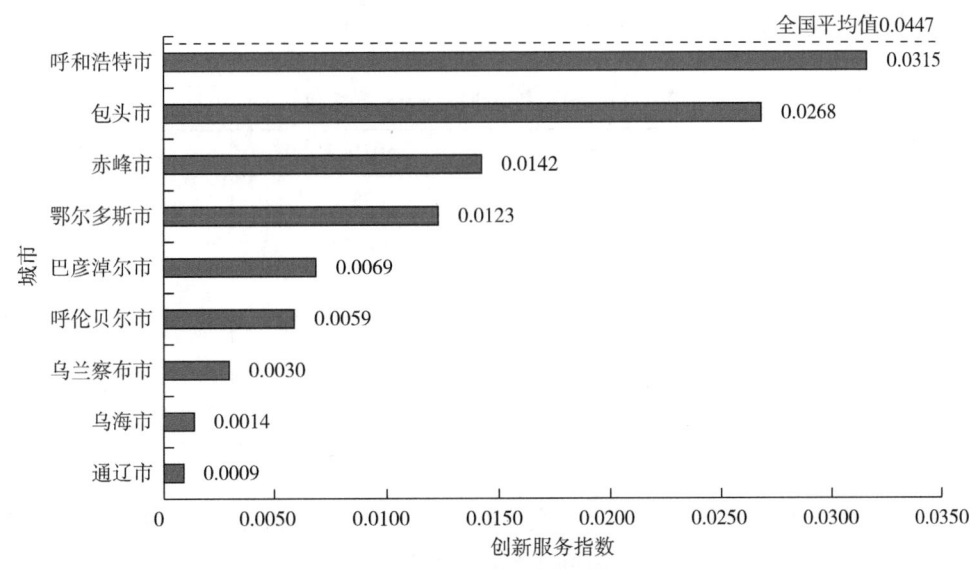

图7-64　内蒙古各市创新服务指数

在创新绩效一级指标中，内蒙古各市的排名依次为呼和浩特市、赤峰市、鄂尔多斯市、呼伦贝尔市、乌海市、包头市、乌兰察布市、巴彦淖尔市、通辽市。其中，呼和浩特市、赤峰市两市的创新绩效指数高于全国平均值（图7-65）。

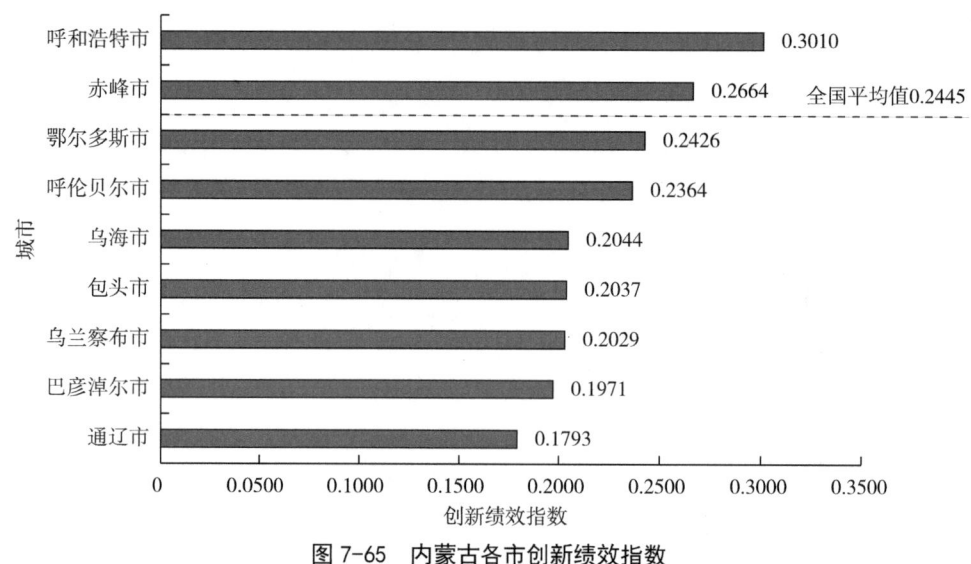

图7-65　内蒙古各市创新绩效指数

十七、宁夏回族自治区城市科技创新发展指数排名及分析

宁夏回族自治区，首府银川市，下辖城市主要有银川市、固原市、石嘴山市、吴忠市、中卫市。宁夏各市科技创新发展指数及排名情况如表7-17所示。

表7-17　宁夏各市科技创新发展指数

城市	科技创新发展指数	全国排名	省内排名
银川市	0.1535	78	1
全国平均值	0.1454		
固原市	0.1175	152	2
中卫市	0.1063	187	3
石嘴山市	0.1045	194	4
吴忠市	0.1029	200	5

宁夏各市科技创新发展指数排名依次为银川市、固原市、中卫市、石嘴山市、吴忠市。其中，只有银川的科技创新发展指数高于全国平均值。

在创新资源一级指标中,宁夏各市的排名依次为银川市、石嘴山市、中卫市、固原市、吴忠市。其中,仅吴忠市一个城市的创新资源指数高于全国平均值(图7-66)。

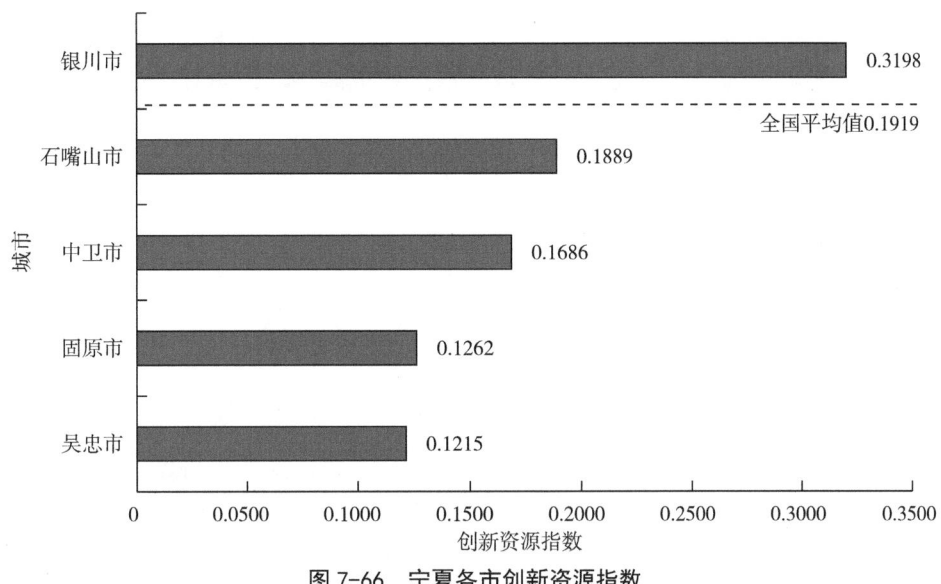

图7-66 宁夏各市创新资源指数

在创新环境一级指标中,宁夏各市的排名依次为固原市、吴忠市、中卫市、石嘴山市、银川市。其中,固原市、吴忠市、中卫市三市的创新资源指数高于全国平均值(图7-67)。

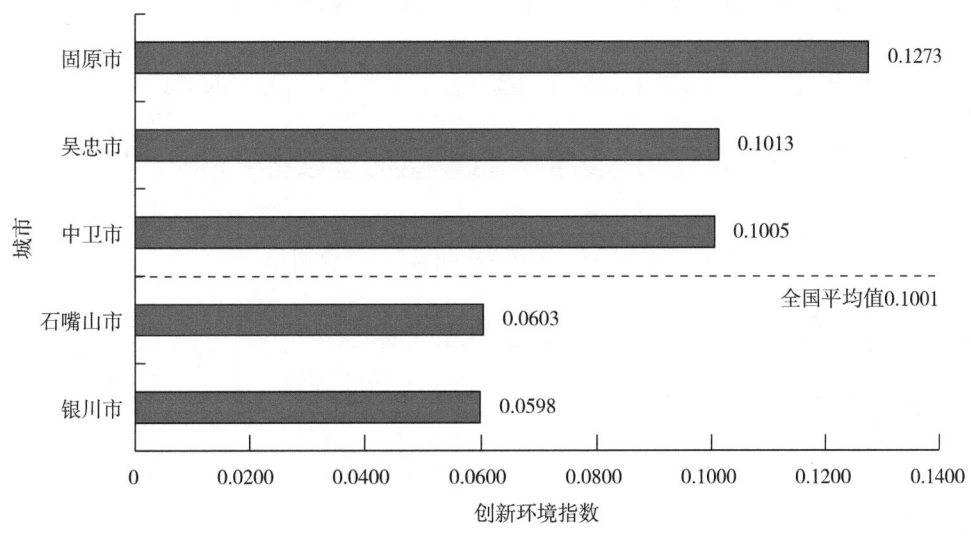

图7-67 宁夏各市创新环境指数

在创新服务一级指标中，宁夏各市的排名依次为银川市、石嘴山市、固原市、吴忠市、中卫市。宁夏各市的创新服务指数均低于全国平均值（图7-68）。

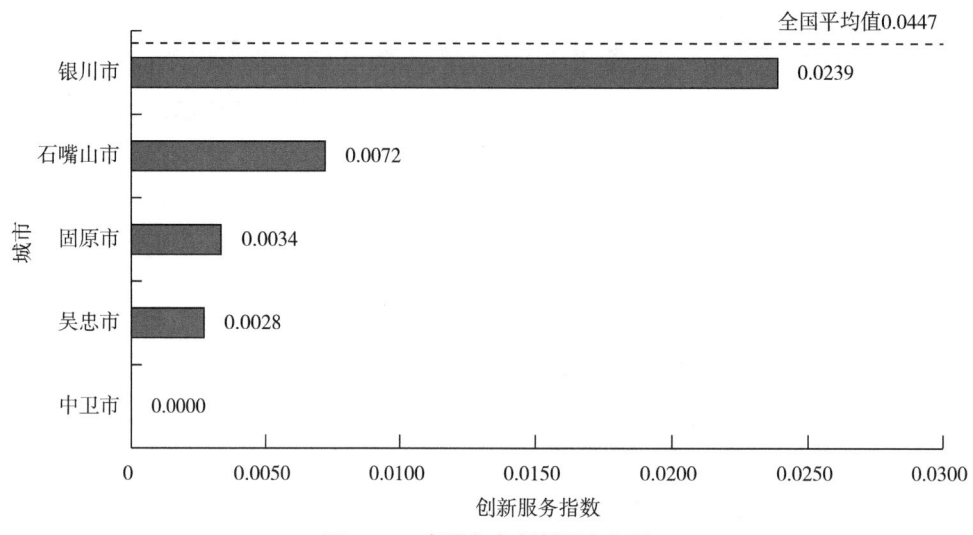

图 7-68　宁夏各市创新服务指数

在创新绩效一级指标中，宁夏各市的排名依次为固原市、银川市、吴忠市、石嘴山市、中卫市。宁夏各市的创新绩效指数均低于全国平均值（图7-69）。

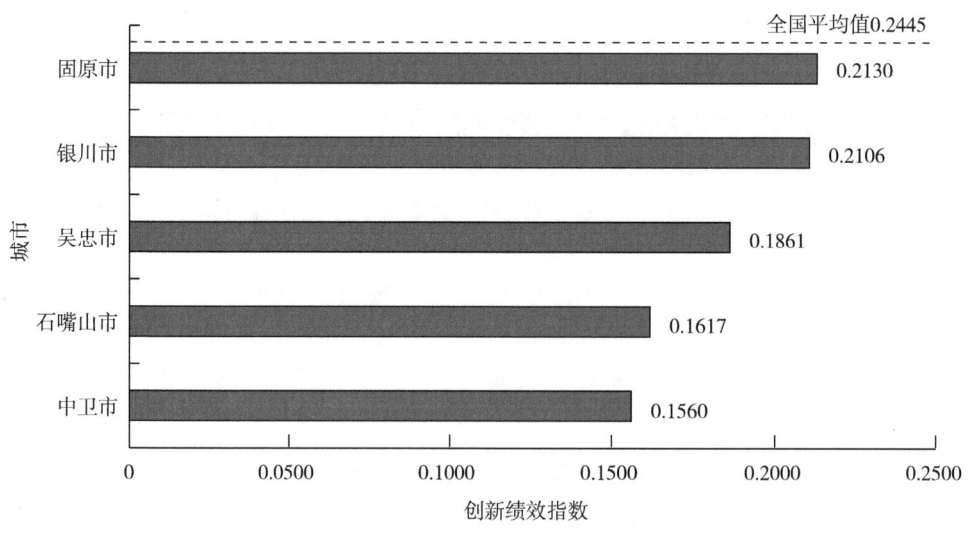

图 7-69　宁夏各市创新绩效指数

十八、山东省城市科技创新发展指数排名及分析

山东,省会济南市,下辖主要城市有青岛市、济南市、威海市、烟台市、东营市、淄博市、潍坊市、泰安市、日照市、滨州市、临沂市、济宁市、聊城市、德州市、枣庄市、菏泽市。山东各市科技创新发展指数及排名情况如表7-18所示。

表7-18 山东各市科技创新发展指数

城市	科技创新发展指数	全国排名	省内排名
济南市	0.2778	18	1
青岛市	0.2764	19	2
威海市	0.1951	45	3
东营市	0.1908	48	4
烟台市	0.1821	56	5
潍坊市	0.1507	83	6
淄博市	0.1481	88	7
全国平均值	0.1454		
泰安市	0.1439	95	8
日照市	0.1323	114	9
临沂市	0.1242	131	10
济宁市	0.1187	146	11
德州市	0.1145	161	12
聊城市	0.1106	172	13
滨州市	0.1036	198	14
枣庄市	0.1007	213	15
菏泽市	0.0847	274	16

山东各市科技创新发展指数排名依次为济南市、青岛市、威海市、东营市、烟台市、潍坊市、淄博市、泰安市、日照市、临沂市、济宁市、德州市、聊城市、滨州市、枣庄市、菏泽市。其中,济南市、青岛市、威海市、东营市、烟台市、潍坊市、淄博市七市的科技创新发展指数高于全国平均值。

在创新资源一级指标中,山东各市的排名依次为济南市、东营市、青岛市、威海市、淄博市、泰安市、烟台市、聊城市、日照市、潍坊市、滨州市、德州市、临沂市、枣庄市、济宁市、菏泽市。其中,济南市、东营市、青岛市、威海市、淄博市、泰安市、烟台市、聊城市、日照市九市的创新资源指数高于全国平均值(图7-70)。

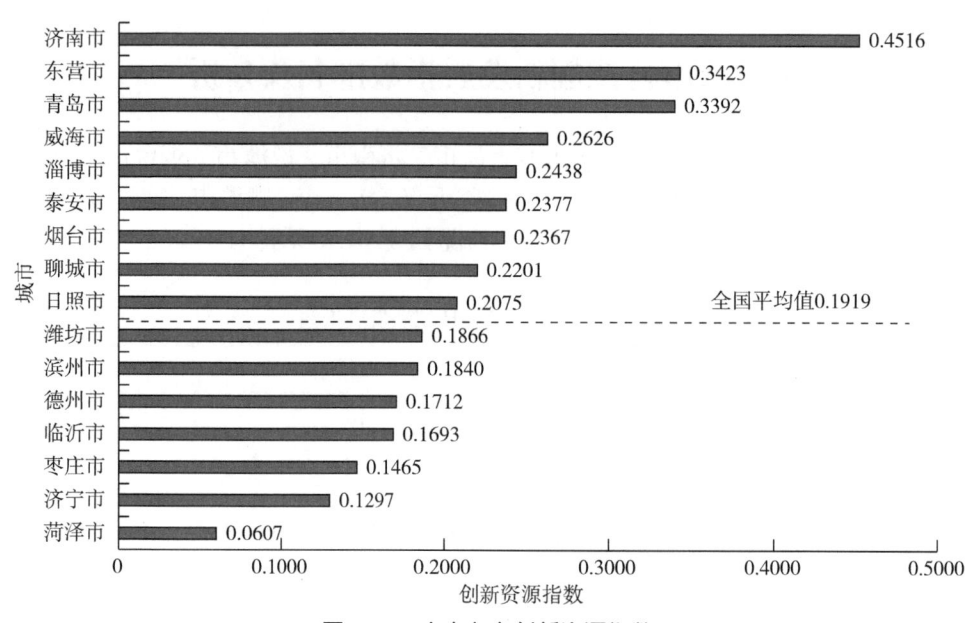

图 7-70　山东各市创新资源指数

在创新环境一级指标中，山东各市的排名依次为青岛市、济南市、威海市、东营市、烟台市、潍坊市、泰安市、济宁市、淄博市、临沂市、菏泽市、日照市、滨州市、德州市、聊城市、枣庄市。其中，青岛市、济南市、威海市、东营市、烟台市、潍坊市、泰安市七市的创新环境指数高于全国平均值（图 7-71）。

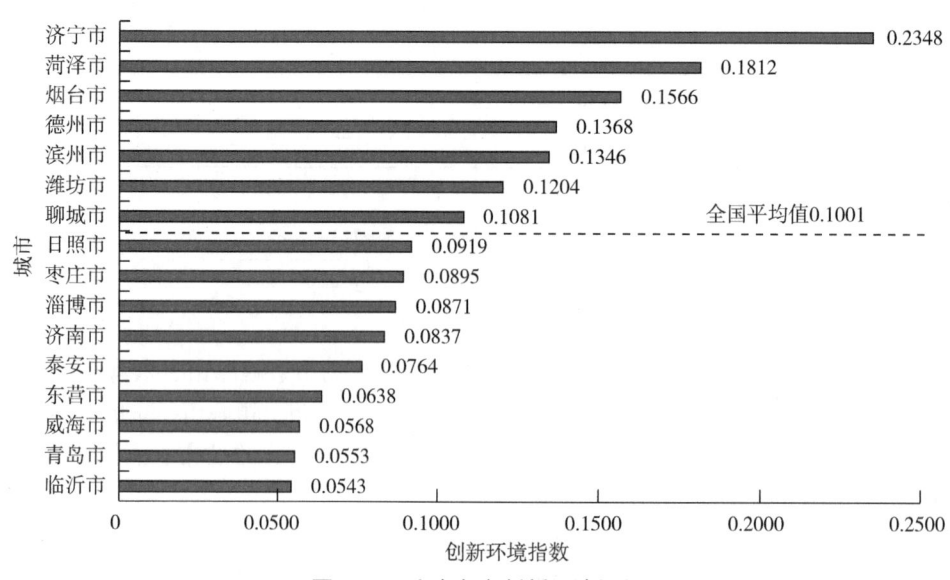

图 7-71　山东各市创新环境指数

在创新服务一级指标中，山东各市的排名依次为济南市、青岛市、烟台市、潍坊市、威海市、济宁市、德州市、临沂市、淄博市、东营市、泰安市、菏泽市、日照市、枣庄市、聊城市、滨州市。其中，济南市、青岛市、烟台市、潍坊市、威海市、济宁市、德州市七市的创新服务指数高于全国平均值（图7-72）。

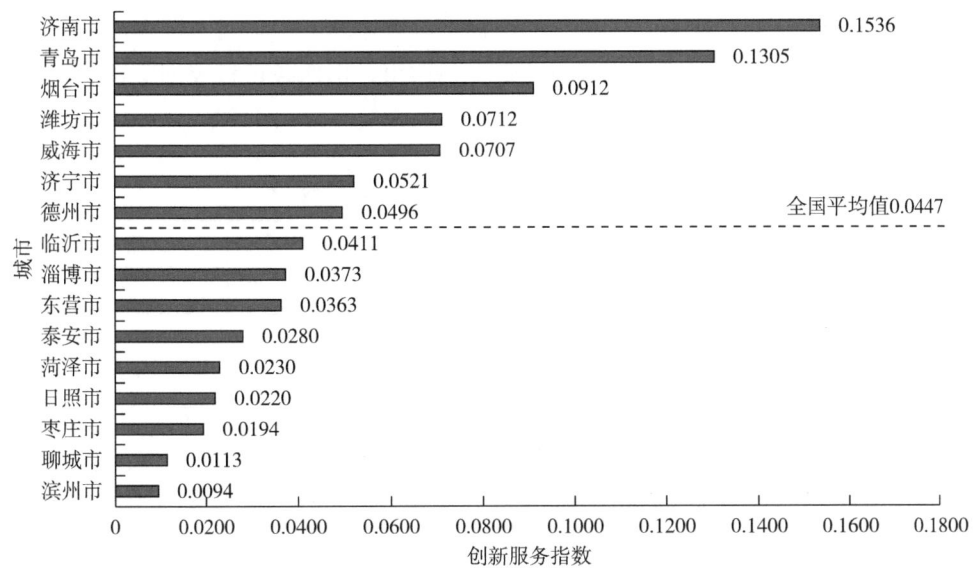

图7-72　山东各市创新服务指数

在创新绩效一级指标中，山东各市的排名依次为青岛市、济南市、威海市、烟台市、东营市、潍坊市、日照市、淄博市、泰安市、济宁市、临沂市、枣庄市、德州市、菏泽市、滨州市、聊城市。其中，青岛市、济南市、威海市、烟台市、东营市五市的创新绩效指数高于全国平均值（图7-73）。

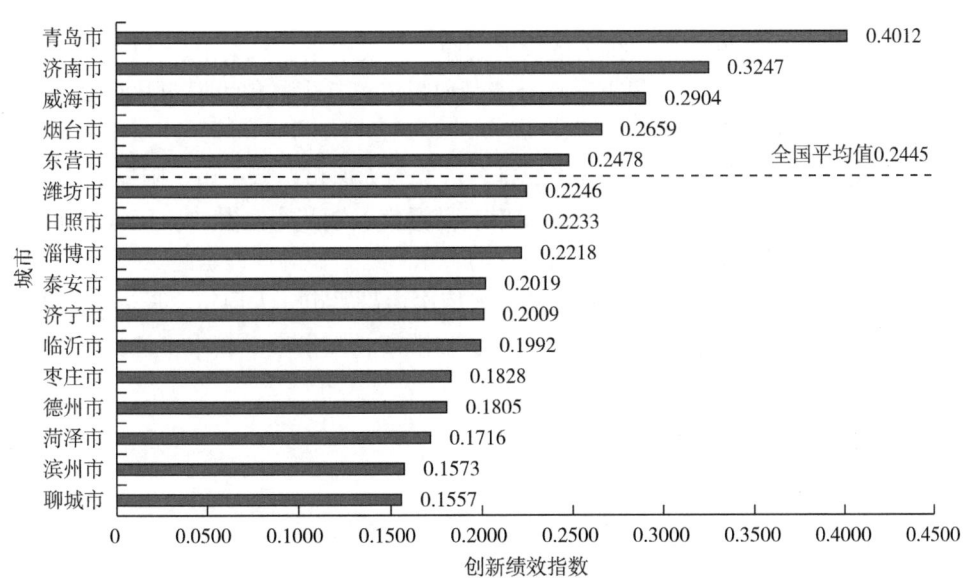

图7-73　山东各市创新绩效指数

十九、山西省城市科技创新发展指数排名及分析

山西，省会太原市，下辖主要城市有太原市、晋中市、运城市、阳泉市、大同市、朔州市、晋城市、长治市、临汾市、忻州市、吕梁市。山西各市科技创新发展指数及排名情况如表7-19所示。

表7-19　山西各市科技创新发展指数

城市	科技创新发展指数	全国排名	省内排名
太原市	0.2140	32	1
全国平均值	0.1454		
长治市	0.1260	125	2
吕梁市	0.1195	143	3
晋中市	0.1068	186	4
大同市	0.1023	202	5
晋城市	0.1014	207	6
阳泉市	0.0991	220	7
运城市	0.0885	263	8
忻州市	0.0854	271	9
临汾市	0.0853	272	10
朔州市	0.0848	273	11

山西各市科技创新发展指数排名依次为太原市、长治市、吕梁市、晋中市、大同市、晋城市、阳泉市、运城市、忻州市、临汾市、朔州市。其中，仅太原市一个城市的科技创新发展指数高于全国平均值。

在创新资源一级指标中，山西各市的排名依次为太原市、晋中市、阳泉市、晋城市、长治市、运城市、临汾市、大同市、忻州市、吕梁市、朔州市。其中，仅太原市一个城市的创新资源指数高于全国平均值（图7-74）。

在创新环境一级指标中，山西各市的排名依次为吕梁市、太原市、长治市、晋城市、晋中市、大同市、运城市、忻州市、朔州市、临汾市、阳泉市。其中，仅吕梁市一个城市的创新环境指数高于全国平均值（图7-75）。

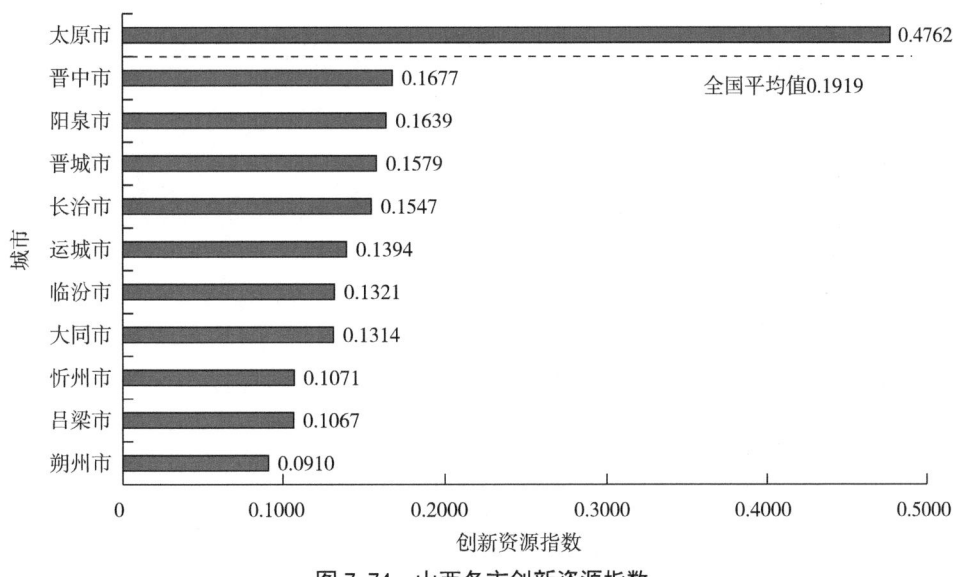

图 7-74 山西各市创新资源指数

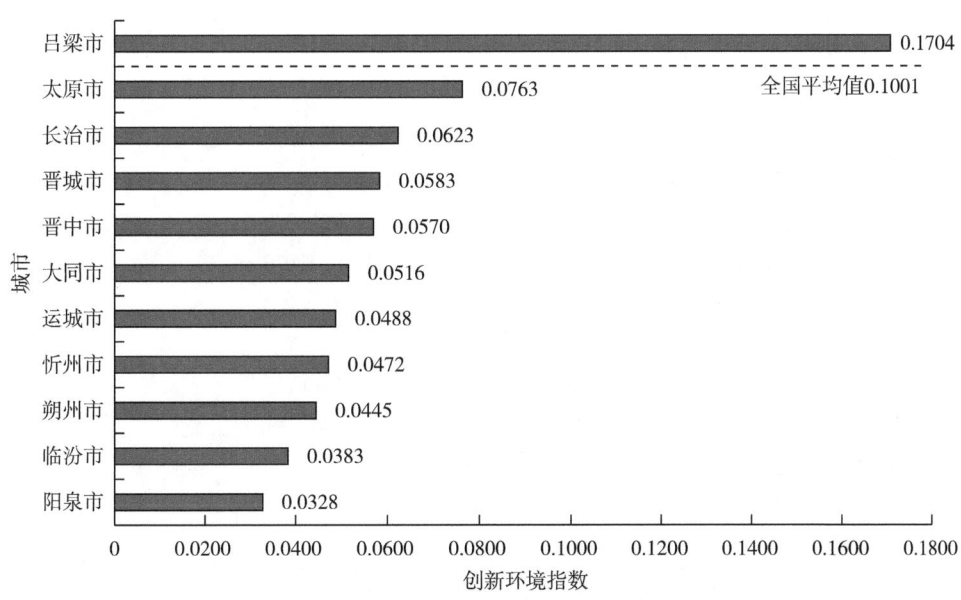

图 7-75 山西各市创新环境指数

在创新服务一级指标中，山西各市的排名依次为太原市、长治市、大同市、阳泉市、运城市、晋中市、忻州市、吕梁市、晋城市、临汾市、朔州市。其中，仅太原市一个城市的创新服务指数高于全国平均值（图 7-76）。

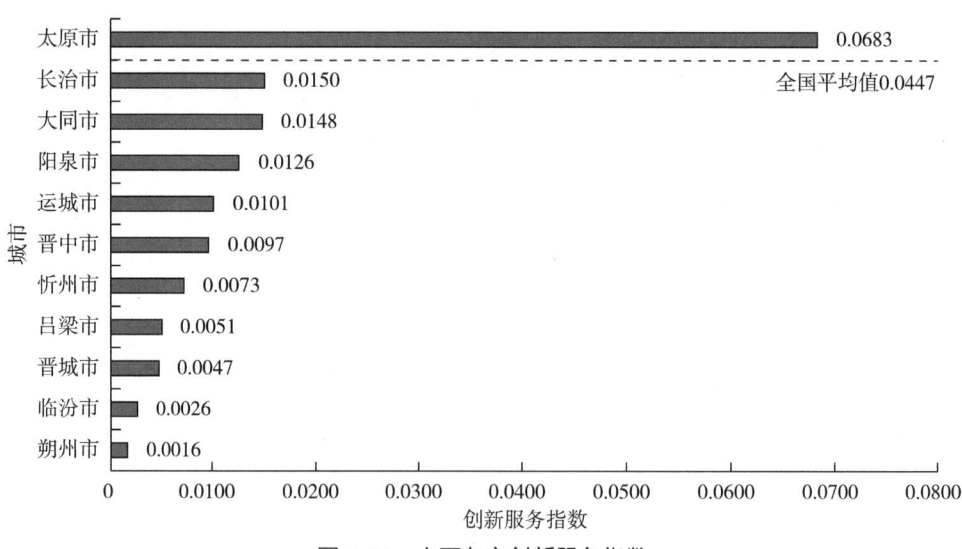

图 7-76　山西各市创新服务指数

在创新绩效一级指标中，山西各市的排名依次为长治市、太原市、大同市、朔州市、吕梁市、晋中市、阳泉市、晋城市、忻州市、临汾市、运城市。其中，仅长治市一个城市的创新绩效指数高于全国平均值（图 7-77）。

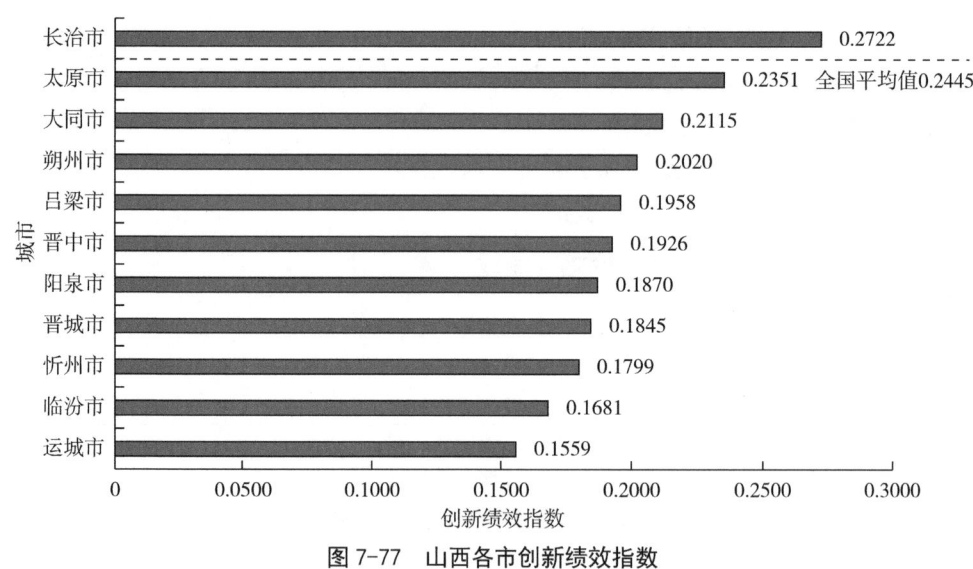

图 7-77　山西各市创新绩效指数

二十、陕西省城市科技创新发展指数排名及分析

陕西，省会西安市，下辖主要城市有西安市、宝鸡市、安康市、汉中市、咸阳市、榆林市、铜川市、商洛市、渭南市、延安市。陕西各市科技创新发展指数及排名情况如表 7-20 所示。

第七章 不同省域内城市科技创新发展指数比较

表7-20 陕西各市科技创新发展指数

城市	科技创新发展指数	全国排名	省内排名
西安市	0.3150	10	1
铜川市	0.1491	86	2
全国平均值	0.1454		
延安市	0.1343	109	3
榆林市	0.1232	136	4
汉中市	0.1091	178	5
宝鸡市	0.1080	182	6
咸阳市	0.1058	191	7
商洛市	0.0972	229	8
渭南市	0.0971	230	9
安康市	0.0953	235	10

陕西各市科技创新发展指数排名依次为西安市、铜川市、延安市、榆林市、汉中市、宝鸡市、咸阳市、商洛市、渭南市、安康市。其中，西安市、铜川市两市的科技创新发展指数高于全国平均值。

在创新资源一级指标中，陕西各市的排名依次为西安市、铜川市、延安市、汉中市、咸阳市、宝鸡市、榆林市、渭南市、商洛市、安康市。其中，西安市、铜川市两市的创新资源指数高于全国平均值（图7-78）。

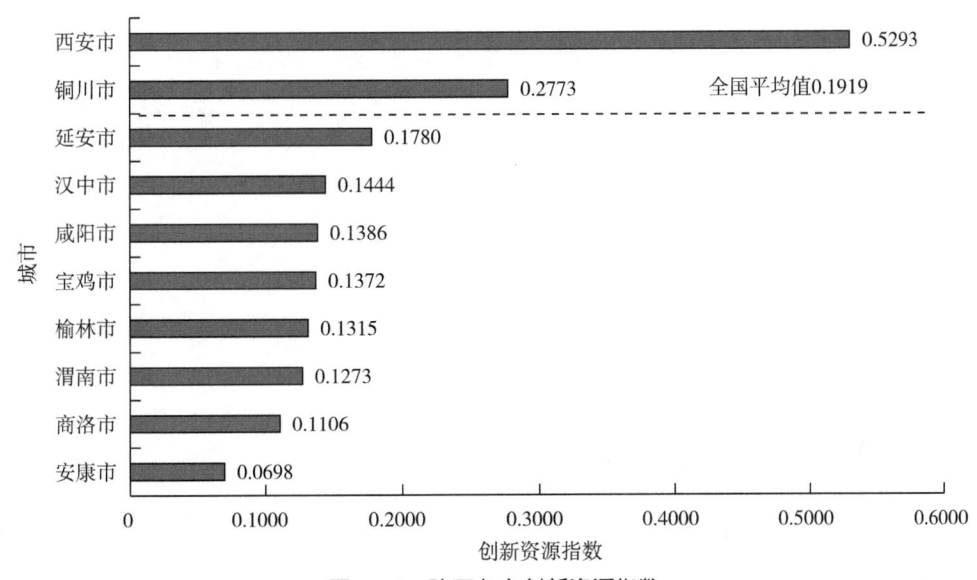

图7-78 陕西各市创新资源指数

在创新环境一级指标中,陕西各市的排名依次为西安市、榆林市、延安市、铜川市、安康市、咸阳市、宝鸡市、渭南市、商洛市、汉中市。其中,西安市、榆林市、延安市、铜川市四市的创新环境指数高于全国平均值(图7-79)。

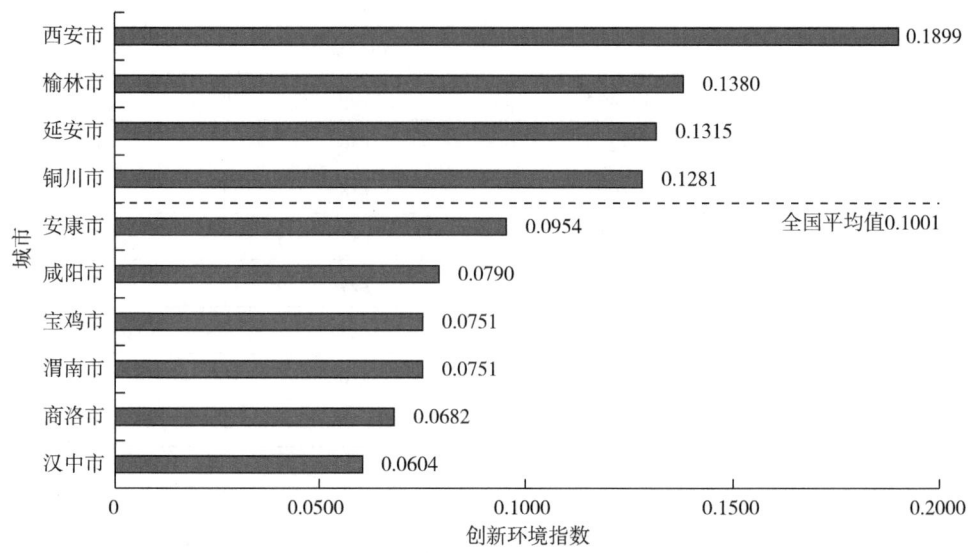

图7-79　陕西各市创新环境指数

在创新服务一级指标中,陕西各市的排名依次为西安市、宝鸡市、咸阳市、安康市、渭南市、延安市、汉中市、榆林市、商洛市、铜川市。其中,仅西安市一个城市的创新服务指数高于全国平均值(图7-80)。

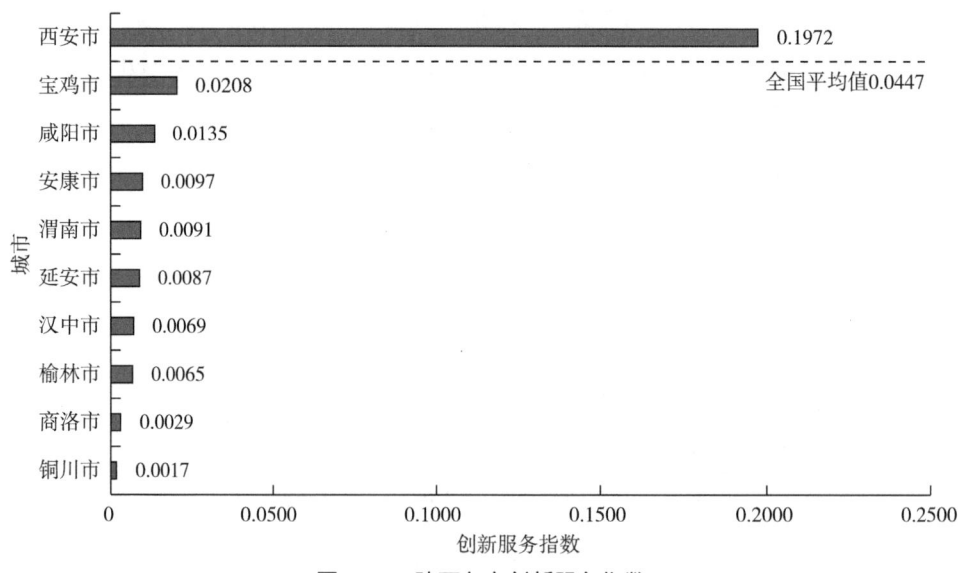

图7-80　陕西各市创新服务指数

在创新绩效一级指标中，陕西各市的排名依次为西安市、汉中市、延安市、榆林市、商洛市、安康市、宝鸡市、咸阳市、铜川市、渭南市。其中，仅西安市一个城市的创新绩效指数高于全国平均值（图 7-81）。

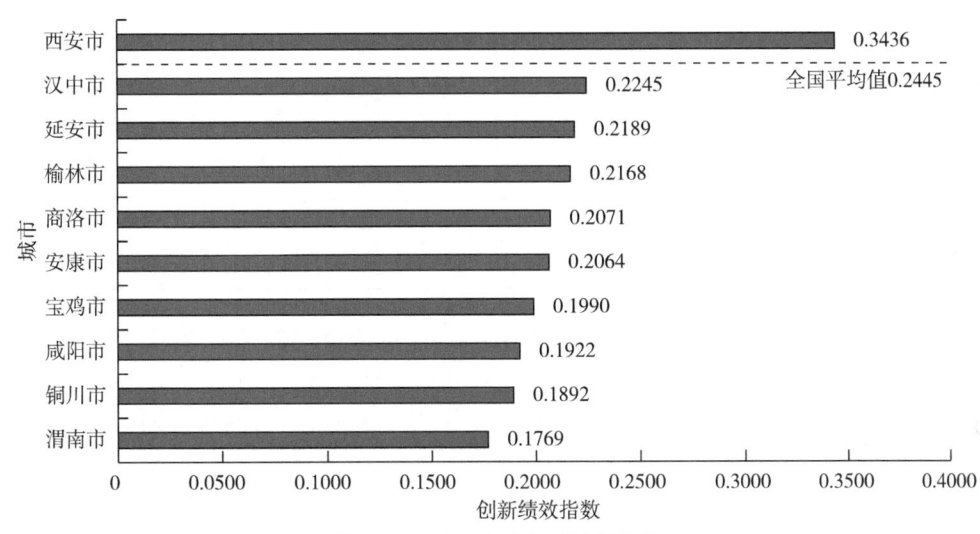

图 7-81　陕西各市创新绩效指数

二十一、四川省城市科技创新发展指数排名及分析

四川，省会成都市，下辖主要城市有成都市、绵阳市、自贡市、广安市、遂宁市、德阳市、内江市、广元市、眉山市、乐山市、资阳市、宜宾市、南充市、攀枝花市、巴中市、雅安市、达州市、泸州市。四川各市科技创新发展指数及排名情况如表 7-21 所示。

表 7-21　四川各市科技创新发展指数

城市	科技创新发展指数	全国排名	省内排名
成都市	0.3038	13	1
绵阳市	0.1917	47	2
德阳市	0.1476	89	3
全国平均值	0.1454		
攀枝花市	0.1239	132	4
内江市	0.1198	141	5
乐山市	0.1085	180	6
宜宾市	0.1042	195	7
雅安市	0.1042	196	8
广元市	0.1004	214	9
遂宁市	0.1001	215	10

续表

城市	科技创新发展指数	全国排名	省内排名
泸州市	0.0993	219	11
自贡市	0.0949	237	12
巴中市	0.0920	245	13
南充市	0.0917	248	14
眉山市	0.0896	258	15
资阳市	0.0887	262	16
达州市	0.0882	264	17
广安市	0.0858	268	18

四川各市科技创新发展指数排名依次为成都市、绵阳市、德阳市、攀枝花市、内江市、乐山市、宜宾市、雅安市、广元市、遂宁市、泸州市、自贡市、巴中市、南充市、眉山市、资阳市、达州市、广安市。其中，成都市、绵阳市、德阳市三市的科技创新发展指数高于全国平均值。

在创新资源一级指标中，四川各市的排名依次为绵阳市、成都市、德阳市、攀枝花市、雅安市、自贡市、乐山市、资阳市、达州市、广元市、眉山市、宜宾市、泸州市、南充市、巴中市、内江市、遂宁市、广安市。其中，绵阳市、成都市、德阳市三市的创新资源指数高于全国平均值（图7-82）。

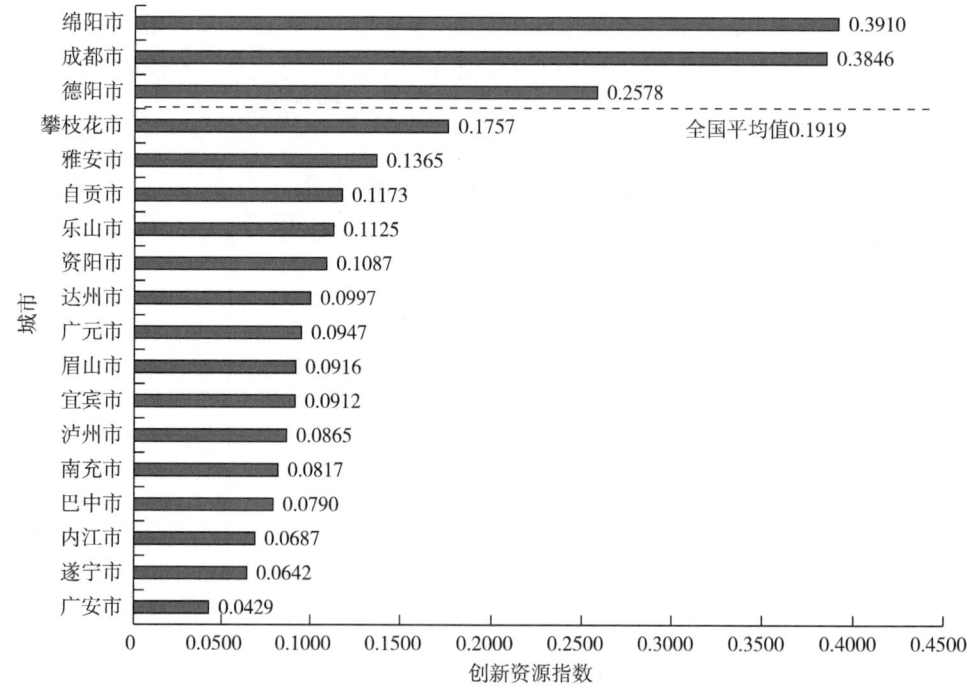

图7-82　四川各市创新资源指数

在创新环境一级指标中,四川各市的排名依次为成都市、内江市、宜宾市、遂宁市、德阳市、泸州市、广安市、广元市、攀枝花市、南充市、绵阳市、巴中市、雅安市、自贡市、眉山市、达州市、乐山市、资阳市。其中,成都市、内江市两市的创新环境指数高于全国平均值(图7-83)。

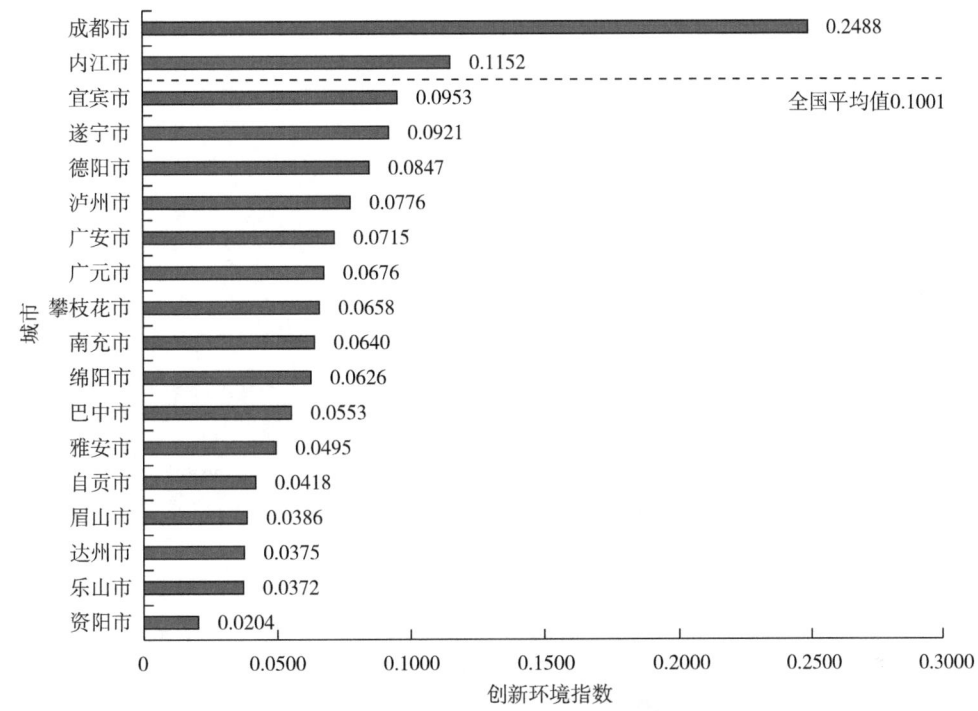

图7-83 四川各市创新环境指数

在创新服务一级指标中,四川各市的排名依次为成都市、绵阳市、德阳市、泸州市、宜宾市、内江市、眉山市、遂宁市、达州市、巴中市、南充市、乐山市、自贡市、广元市、广安市、攀枝花市、雅安市、资阳市。其中,成都市、绵阳市两市的创新服务指数高于全国平均值(图7-84)。

在创新绩效一级指标中,四川各市的排名依次为成都市、内江市、乐山市、攀枝花市、绵阳市、遂宁市、广元市、德阳市、雅安市、资阳市、巴中市、广安市、泸州市、眉山市、宜宾市、自贡市、南充市、达州市。其中,成都市、内江市、乐山市、攀枝花市、绵阳市五市的创新绩效指数高于全国平均值(图7-85)。

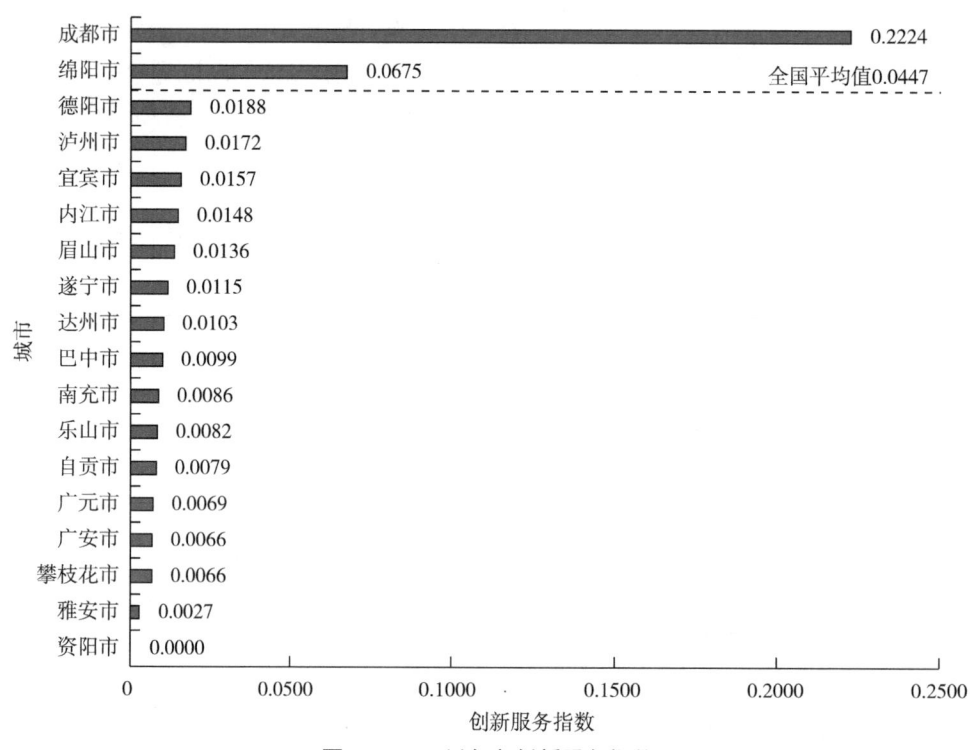

图 7-84 四川各市创新服务指数

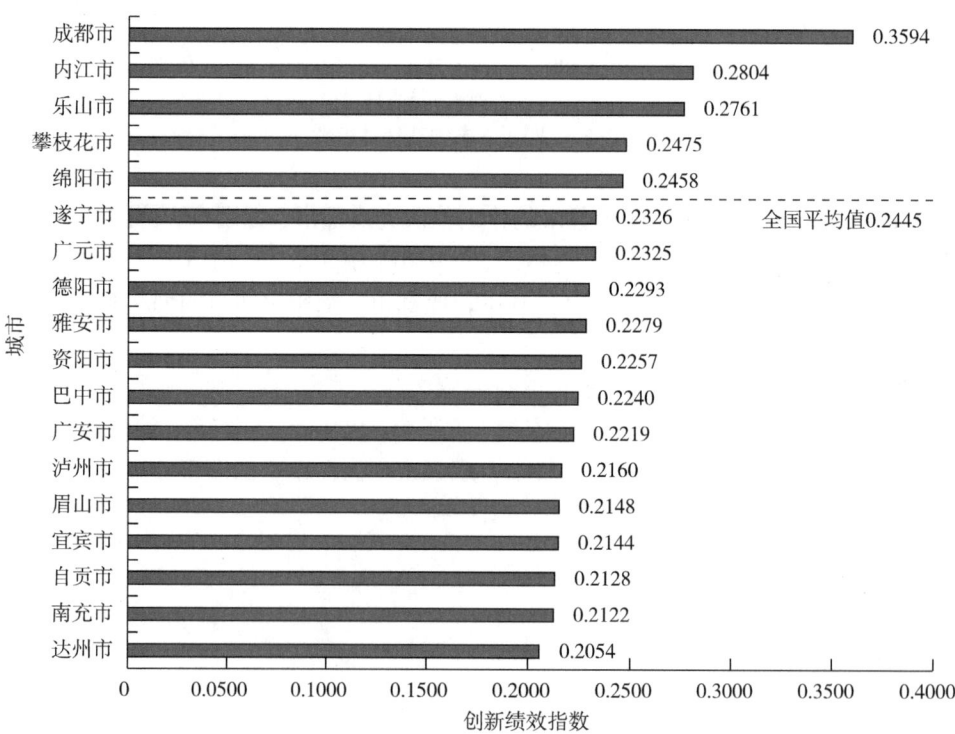

图 7-85 四川各市创新绩效指数

二十二、云南省城市科技创新发展指数排名及分析

云南,省会昆明市,下辖主要城市有昆明市、普洱市、曲靖市、丽江市、玉溪市、保山市、临沧市、昭通市。云南各市科技创新发展指数及排名情况如表 7-22 所示。

表 7-22 云南各市科技创新发展指数

城市	科技创新发展指数	全国排名	省内排名
昆明市	0.1992	41	1
全国平均值	0.1454		
普洱市	0.1254	128	2
玉溪市	0.1243	130	3
曲靖市	0.1123	167	4
丽江市	0.1116	170	5
昭通市	0.0920	246	6
保山市	0.0916	249	7
临沧市	0.0911	251	8

云南各市科技创新发展指数排名依次为昆明市、普洱市、玉溪市、曲靖市、丽江市、昭通市、保山市、临沧市。其中,仅昆明市一个城市的科技创新发展指数高于全国平均值。

在创新资源一级指标中,云南各市的排名依次为昆明市、普洱市、玉溪市、丽江市、曲靖市、保山市、临沧市、昭通市。其中,仅昆明市一个城市的创新资源指数高于全国平均值(图 7-86)。

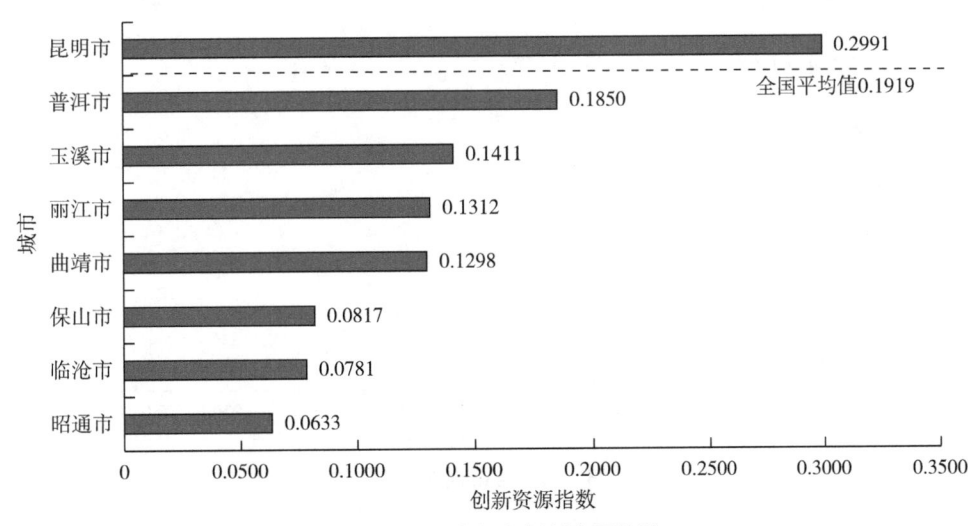

图 7-86 云南各市创新资源指数

在创新环境一级指标中,云南各市的排名依次为昆明市、玉溪市、昭通市、普洱市、曲靖市、临沧市、丽江市、保山市。其中,仅昆明市一个城市的创新环境指数高于全国平均值(图7-87)。

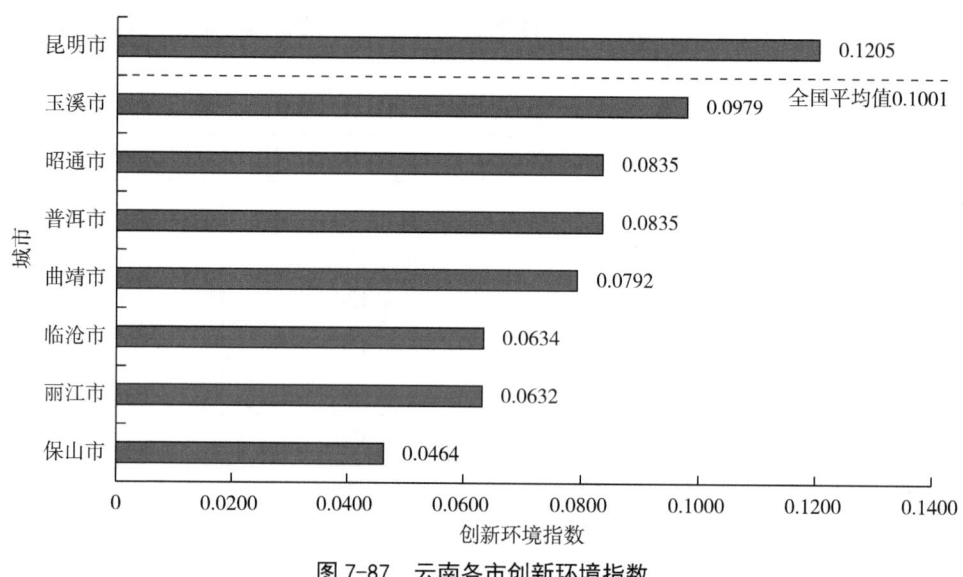

图 7-87　云南各市创新环境指数

在创新服务一级指标中,云南各市的排名依次为昆明市、曲靖市、玉溪市、临沧市、普洱市、丽江市、保山市、昭通市。其中,仅昆明市一个城市的创新服务指数高于全国平均值(图7-88)。

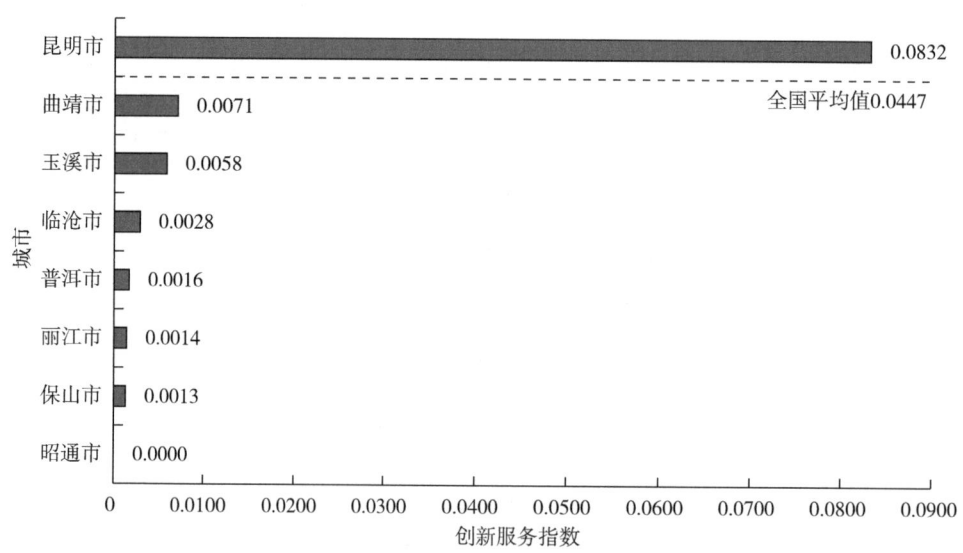

图 7-88　云南各市创新服务指数

在创新绩效一级指标中，云南各市的排名依次为昆明市、玉溪市、丽江市、保山市、曲靖市、普洱市、昭通市、临沧市。其中，昆明市、玉溪市、丽江市三市的创新绩效指数高于全国平均值（图7-89）。

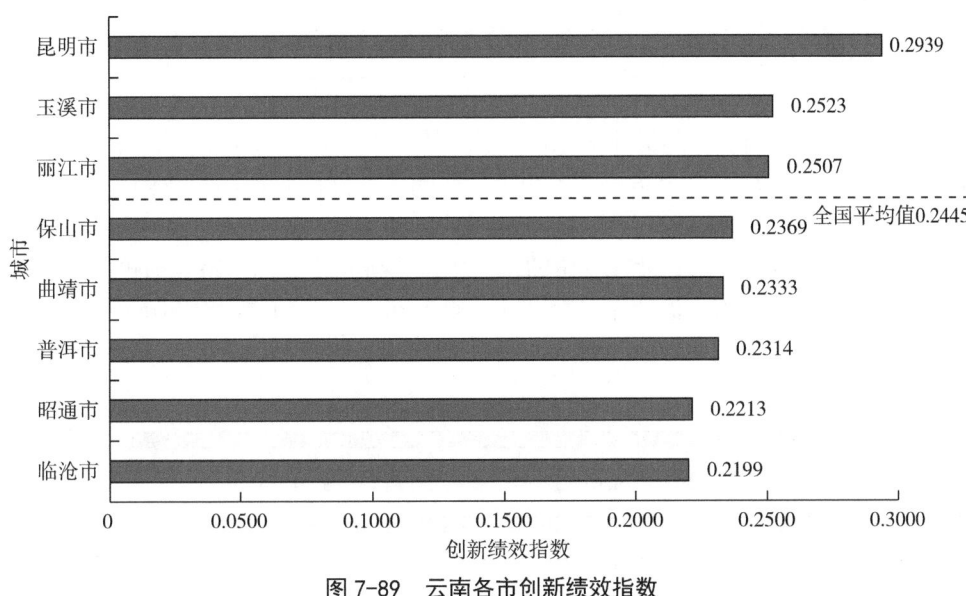

图 7-89　云南各市创新绩效指数

二十三、浙江省城市科技创新发展指数排名及分析

浙江，省会杭州市，下辖主要城市有杭州市、嘉兴市、宁波市、舟山市、温州市、金华市、绍兴市、湖州市、台州市、丽水市、衢州市。浙江各市科技创新发展指数及排名情况如表7-23所示。

表 7-23　浙江各市科技创新发展指数

城市	科技创新发展指数	全国排名	省内排名
杭州市	0.4475	5	1
宁波市	0.2447	22	2
舟山市	0.2422	25	3
嘉兴市	0.2378	26	4
湖州市	0.2293	27	5
丽水市	0.2047	37	6
绍兴市	0.2003	40	7
温州市	0.1964	44	8
金华市	0.1806	57	9

续表

城市	科技创新发展指数	全国排名	省内排名
台州市	0.1686	68	10
衢州市	0.1518	80	11
全国平均值	0.1454		

浙江各市科技创新发展指数排名依次为杭州市、宁波市、舟山市、嘉兴市、湖州市、丽水市、绍兴市、温州市、金华市、台州市、衢州市。浙江各市的科技创新发展指数均高于全国平均值。

在创新资源一级指标中，浙江各市的排名依次为杭州市、丽水市、湖州市、嘉兴市、宁波市、舟山市、绍兴市、温州市、金华市、衢州市、台州市。除台州市外，其他城市的创新资源指数高于全国平均值（图7-90）。

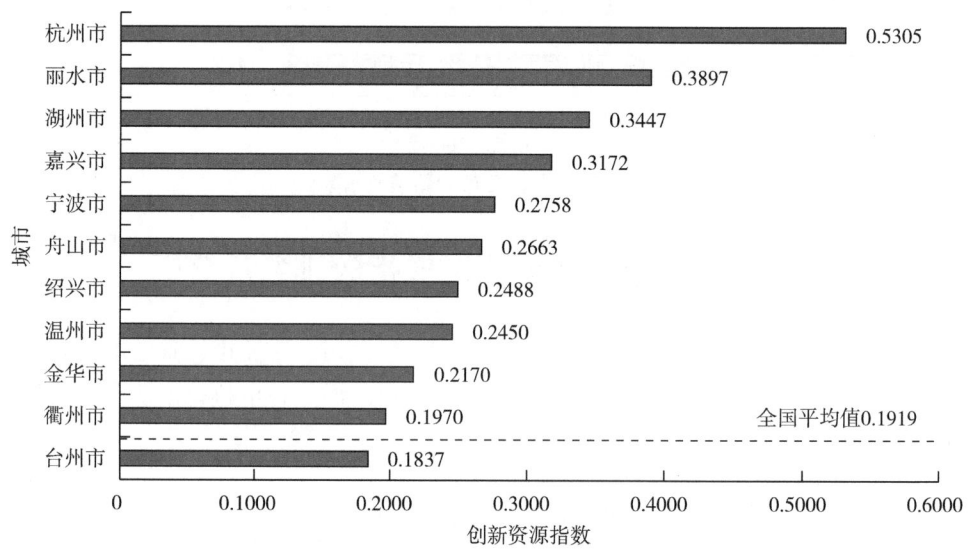

图7-90　浙江各市创新资源指数

在创新环境一级指标中，浙江各市的排名依次为舟山市、杭州市、宁波市、嘉兴市、湖州市、绍兴市、温州市、丽水市、台州市、金华市、衢州市。浙江各市的创新环境指数均高于全国平均值（图7-91）。

在创新服务一级指标中，浙江各市的排名依次为杭州市、宁波市、嘉兴市、湖州市、金华市、绍兴市、温州市、台州市、丽水市、衢州市、舟山市。其中，杭州市、宁波市、嘉兴市、湖州市、金华市、绍兴市、温州市七市的创新服务指数高于全国平均值（图7-92）。

第七章 不同省域内城市科技创新发展指数比较

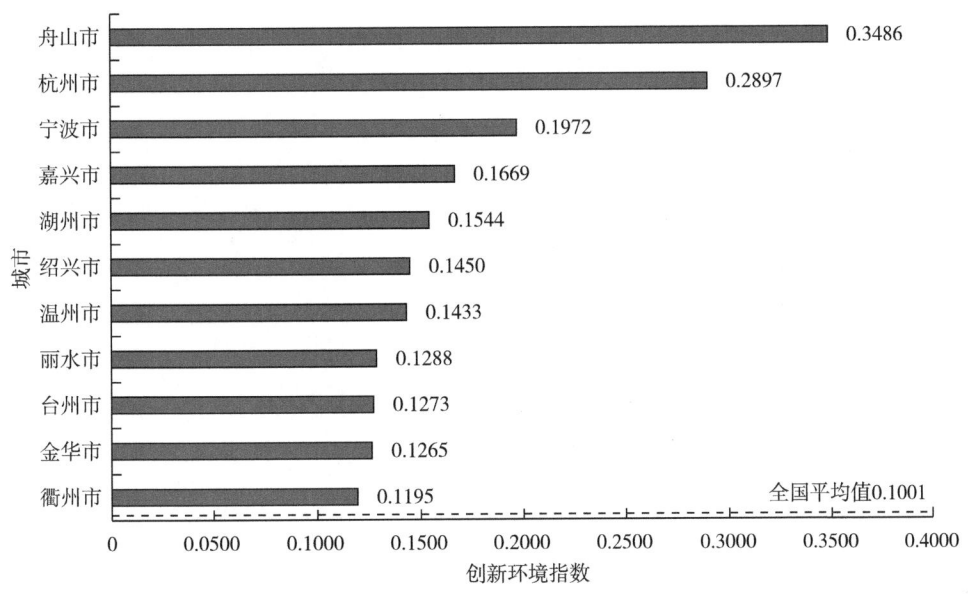

图 7-91 浙江各市创新环境指数

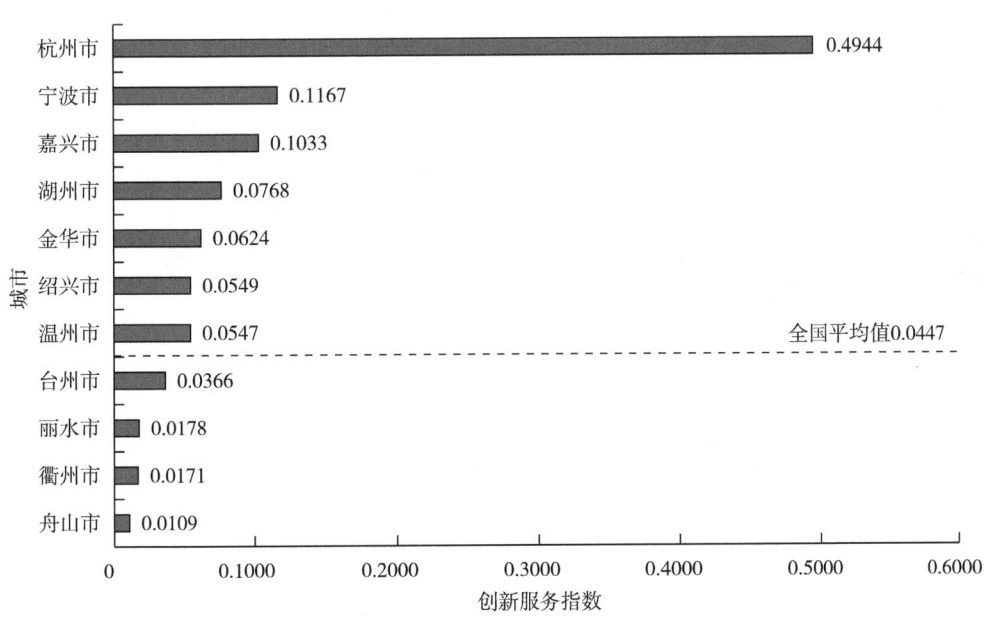

图 7-92 浙江各市创新服务指数

在创新绩效一级指标中，浙江各市的排名依次为杭州市、宁波市、嘉兴市、绍兴市、舟山市、温州市、湖州市、台州市、金华市、丽水市、衢州市。浙江各市的创新绩效指数均高于全国平均值（图 7-93）。

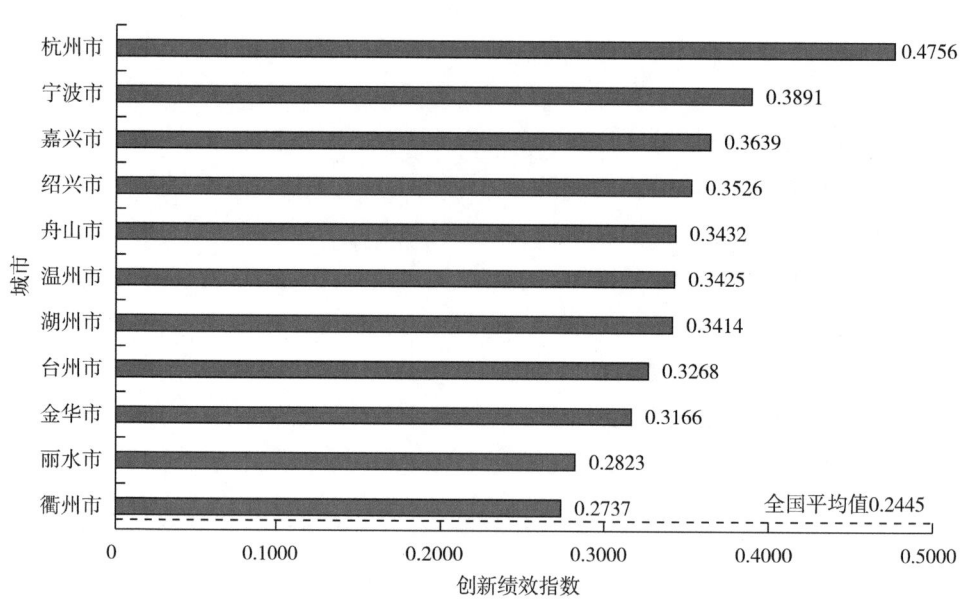

图 7-93　浙江各市创新绩效指数

专题篇

第八章 美国建设创新强国之路的镜鉴①

新一轮科技革命和产业变革深入发展，国际力量对比深刻调整，全球科技创新发展的中长期态势也在发生重大变化。中国等新兴经济体的创新能力大幅提升，欧美发达国家的科技领先优势相对下降，世界创新版图正加速重构。当前，我国深入实施创新驱动发展战略，科技事业发生了历史性、整体性、格局性重大变化，成功进入创新型国家行列，向着世界科技强国建设的新征程努力迈进。美国作为世界创新强国，其科技和产业实力雄厚，不仅形成了波士顿湾区、旧金山湾区、纽约湾区等世界级创新高地，也引领着全球航天航空、计算机、互联网信息技术、生物医药等产业的发展。对美国创新强国建设历程进行梳理，总结其中蕴含的基本特征和存在的问题与挑战，有助于我国在日趋激烈的国际竞争中把握主动，为加快建设世界科技强国提供镜鉴。

一、美国建设创新强国之路的历程回顾

美国在建国至今的 200 余年里，由一个殖民地国家发展成为世界公认的创新强国，其发展历程并非一蹴而就。自 1776 年《独立宣言》正式签署发布以来，美国政府先后在知识产权保护、教育和人才发展、大规模工业化改革和社会经济治理等领域推进制度创新，使"自由、民主、平等"等创新文化萌芽并充分发展，为美国创新强国建设提供了丰厚的土壤。随着第二次世界大战和冷战的相继爆发，美国以军事和国防研究为核心驱动力，建立了多元主体协同的国家创新体系并将其制度化，于战后确立了创新强国的领先地位。冷战结束后，由于外部军事和国防压力减弱，美国政府将科技发展重心转向更广泛的社会经济领域，在诸多重点领域取得突破性进展，进一步巩固了其创新强国的领先地位。21 世纪以来，面对突如其来的金融危机和愈加复杂的国际形势，美国在深化创新发展策略的同时，也针对一些战略科技产业的出口实施限制，以保持其在科技领域的相对竞争优势。美国的创新强国建设之路，在应对外部挑战和寻求内部变革中不断得到发展，既充分体现"市场自发"的特征，也了了可见"政府引导"的影子。

第一阶段：强化制度保障，奠定创新强国基础（美国建国至第二次世界大战）。创新精神是美国持续繁荣的灵魂所在，美国建设创新强国之路有赖于建立"激励创新"的制度环境。在知识产权保护方面，建国初期，美国通过颁布《宪法》（1787 年）、《专利法》（1790 年）及成立专利局（1802 年）等方式，为创新活动的开展提供"私公权平衡"的制度保障，激励社会大众进行发明创造。在专利制度保障下，随着"西进运动"的推进和第一次工业革命创新成果的应用，美国工农业得以快速发展，但受限于

---
① 本章由首都科技发展战略研究院院长关成华教授完成，文章内容已收录于《人民论坛·学术前沿》2022 年第 20 期。

创新人才的缺失，1860年时美国的发明专利累计仅3.6万件，整体创新活力有待提高。在教育和人才发展方面，美国自19世纪50年代起推行免费的初等和中等教育，颁行《莫里尔法案》（1862年）等系列法案，以促进公立、应用型工农类院校和研究机构发展，并出台《移民法案》（1864年）吸引移民，通过创新育才引才制度吸引全球创新人才在美集聚。在大规模工业化改革方面，美国内战后，"工业资本主义"成为主导，电力、铁路、电报、石油、钢铁、化工等产业蓬勃发展，制造企业开始进行大规模、标准化的"工业化"生产，创新活动的开展主体由独立科学家向工业研究实验室转移，美国实现了工业、创新发明和经济实力的全方位、爆发式增长，成为第二次工业革命的引领者，并在1890年实现了经济总量的世界领先。在社会经济治理方面，随着经济垄断、贫富分化、政治腐败等问题在美国日益凸显，19世纪90年代至20世纪20年代，美国通过实施《谢尔曼反托拉斯法案》（1890年）、《克莱顿反托拉斯法案》（1914年）等系列改革措施，有效抑制经济垄断，刺激市场竞争，维持社会创新活力和消费者福利，在消除公共生活中的腐败、扩大民众对社会治理的参与度、增加和扩大政府职能、缓解社会经济矛盾等方面发挥关键作用，为创新活动的开展提供了长期稳定的治理环境。直至第二次世界大战之前，虽然美国政府对于科技活动的支持力度有待加强，各类创新主体开展的创新活动尚未形成合力，在基础研究领域对欧洲国家的依赖程度仍较高，但美国已形成以工业界、学界和政界为主体的创新体系，各类创新主体活跃并富有成效，创新强国之势渐成。

第二阶段：完善创新体系，确立创新强国领先地位（第二次世界大战至冷战结束）。20世纪前叶以来，战争激发了美国科学技术和工业的发展，凭借积极的科技政策、雄厚的科研条件和高端的人才资源等优势，以及特有的国家创新体系，美国一举超过欧洲国家，确立了创新国家的领先地位。第二次世界大战期间，美国通过成立国防研究委员会（1940年）和科学研究与发展局（1941年），建立起由政府、大学、研究机构、工业企业和军事部门等主体参与的全国性协同创新模式，集结、调动全国科技力量为战争服务，造就了"曼哈顿计划"的成功，原子能、火箭、雷达等重大科学发现也在那一时期取得了突破性进展。第二次世界大战结束后，为将军事科研的成功经验应用于人民健康、社会福祉和国家安全等领域，万尼瓦尔·布什（Vannevar Bush）应邀于1945年发布了《科学：无尽的前沿》报告，确立了以基础研究为核心，政府引导、多方协同参与的国家创新体系，为美国创新发展描摹了蓝图，美国创新强国建设之路开始加速腾飞。冷战期间，美国政府延续其第二次世界大战时的创新主导地位，将主要研发经费投向国防建设和军事研究，开展了国家空间发展计划、阿波罗登月计划、人类基因组计划等国家计划，其半导体、电子计算机、软件和因特网等技术因此实现突破性创新，并创造了大量科技成果。当时，美国政府虽然拥有这些科技成果的所有权，但对其商业转化并不敏感，科技成果转化的整体效率不高。冷战后期，为应对来自日本、德国等国家在科技领域的迅速崛起，美国政府颁布了《拜杜法案》（1980年）和《史蒂文森—威德勒技术创新法》（1980年），赋予高校和联邦实验室科技成果转化收益权，同时实施企业研发税收抵免政策（1981年），极大地激发了各类创新主体开展科技创新和科技成果转化的热情。冷战结束后，随着苏联解体，美国成为世界唯一的超级大国、世界最富有和最具影响力的国家及公认的国际秩序领导者，在原子能、电子计算机、信息通信、航空航天、生物工程等领域取得了绝对领先优势，引领了第三次工业革命，其创新强国领先地位得到确立。

第三阶段：突出重点领域，巩固创新强国领导地位（冷战结束至 21 世纪初期）。随着冷战结束，来自美国外部的军事和国防压力明显减弱，依据《技术为美国经济增长服务：增强经济实力的新方针》（1993 年）等报告，美国政府将科学技术发展的重心从军事国防领域转向民用和军民两用领域，开始实施更全面的创新发展策略，以科技创新引领经济社会发展。其间，美国先后实施"先进技术计划"（1990 年）和"创新技术计划"（2007 年），强化政府与其他创新主体间的协同关系，致力于促进民用和军民两用领域的突破性技术发展。同时，美国将有限的资源集中投入需要重点突破的技术领域中，推动实施生物技术战略、信息高速公路计划、新一代因特网计划、国家纳米技术计划等科技创新战略和计划，使得美国在生物技术、纳米技术、信息通信技术等领域的研究和应用水平长期处于世界前列。此外，美国注重顶尖创新人才培养，其在 1994 年发布的国家政策文件《科学与国家利益》提出"造就 21 世纪最优秀的科学家和工程师"和"提升全体美国人的科学和技术素养"的基础上，推出《美国竞争力计划》（2006 年），大力培养"科学、技术、工程、数学（STEM）人才"。在一系列组合策略下，美国创新强国领导地位得到进一步巩固，在 2008—2009 年全球创新指数（Global Innovation Index，GII）报告中位列世界第一。

第四阶段：国际秩序重塑，创新强国之路发生形势转变（21 世纪初期至今）。21 世纪初期以来，世界处于大发展、大变革、大调整时期，国际力量对比发生深刻变化，美国在更广泛的战略领域实施创新发展策略的同时，也针对一些具有战略意义的科技产业实施国际科技合作限制策略，以保持其在科技领域的相对竞争优势。金融危机后，美国长期处于经济停滞和高失业率的困境之中，环境污染、社会不平等、新冠肺炎疫情等进一步加剧了社会矛盾。一方面，美国政府依据 2009 年、2011 年、2015 年连续出台的《美国国家创新战略》系列报告，在先进制造、精准医疗、大脑计划、先进汽车、智慧城市、清洁能源和节能技术、教育技术、太空探索和计算机新领域等九大战略领域进行资源配置，并于 2017—2020 年相继发布了一系列技术发展法案，进一步拓展战略性科技创新领域的范畴。美国政府希望在更广泛的前沿、新兴领域开展科技创新，以解决日益增长的社会矛盾，维持其创新强国领先地位。另一方面，为应对全球新兴经济体的崛起和自身相对优势的下降，美国先后出台《出口管制改革法案》（2018 年）、《外国投资风险审查现代化法案》（2018 年）、《无尽前沿法案》（2021 年）、《美国创新与竞争法案》（2021 年）、《美国竞争法案》（2022 年）、《芯片和科学法案》（2022 年）等限制性竞争法案，构建"排他性"科技联盟，实施"逆全球化"的科技策略，限制特定新兴国家的科技发展进程。在后危机时代，美国依旧把创新作为提升国家竞争力的主要手段，但逆全球化、排他的科技策略也显现出其领导力正在衰减的事实。

二、美国建设创新强国之路的基本特征

美国在创新强国建设的历史进程中,形成了一些独具特色的成功要素,包括自由包容的创新文化、多点支撑的区域创新体系、有机协同的创新生态系统、促进科技成果转化的风险资本及日益完善的人才育引留用体系等。这些特征和要素既根植于美国创新强国建设的历史,也体现于美国创新发展的当下,更将成为美国未来持续性创新的强大支撑。

一是创新文化厚植创新土壤,催生"颠覆性创新"。美国拥有世界最具活力的创新文化,自北美大陆首批移民历经磨难开疆拓土以来,到独立战争摆脱"殖民控制"、南北战争废除"奴隶制度",敢于冒险、勇于开拓、自由独立的创新精神一直深深根植于美国的发展历史和轨迹中,指引一代又一代"创新人"开拓创新强国建设之路。在美国创新文化中,《五月花号公约》《独立宣言》《1787年宪法》被视为"开天辟地"式的创新,其所体现的自由、平等和自治思想是"美国精神"诞生的原点。美国的创新文化在完善法律保障体系、推动高校和科研机构发展等方面影响深远。一方面,为推进高等教育发展,美国出台了《莫里尔法案》和第二次《赠地法案》,成立了美国国家科学院和国家委员会,为开展科学研究提供资金支持;另一方面,为促进科技成果产业化,美国出台了《拜杜法案》和《史蒂文森—威德勒技术创新法》等系列法案,营造了科技成果向现实生产力转化的制度环境。在国家支持和完善制度环境的保障下,宽松自由的创新文化进一步激发了创造性的想法,高校和科研机构不断产生新研究成果,风险资本和企业将创新性想法和科研成果不断推向市场。在创新文化中,人才、资本、技术、信息和政策等创新要素深度融合,以飞机、计算机、互联网、登月、通信卫星等为代表的颠覆性创新在美国诞生,引领着全世界的科技进步。

二是区域创新中心各显神通,形成"点状"辐射力。20世纪70年代以来,美国的"创新高地"当以硅谷为代表,其背靠斯坦福大学等世界一流高校的研发资源,集聚了大量高科技人才,且伴随计算机、软件等新兴产业的蓬勃发展,苹果、微软、英特尔等引领计算机和互联网革命的核心企业开始在硅谷扎根,助推其迅速成为"世界科技之都"。无独有偶,美国的创新中心远不止于硅谷,多个"区域中心"已在全美范围内迅速崛起并成熟。澳大利亚研究机构"2 Think Now"已连续14年测度美国城市创新能力,其数据显示,波士顿、纽约、西雅图、芝加哥、奥斯汀和休斯敦等地区的创新活力常年位居全美前列,成为美国创新的"超级明星区"。这些"区域中心"各显神通,依托自身独特优势吸引创新要素集聚,它们或以区域内大学和研究机构为"锚点"引进人才和产业资源,如依托于麻省理工学院的肯德尔广场、依托于宾夕法尼亚大学和德雷塞尔大学等的费城大学城;或通过旧工业区改造及新区建设,借助与研究机构相邻、交通便利、历史悠久等优势吸引企业入驻,如波士顿海港区和西雅图联合湖南区;部分地区还会借助政府规划的力量来实现大学和企业的联动合作,如北卡罗来纳州的"三角研究园"。除了这些"区域中心",亚特兰大、丹佛、堪萨斯城、迈阿密和奥兰多等地区凭借较低的税收、广阔的生活空间、便利的基础设施和自由多样的文化,成功吸引了大批科技企业

和人才，正成为美国区域创新的后起之秀。新冠肺炎疫情以来，远程工作模式的推行强化了美国创新活动的"空间分散"特征，明尼阿波利斯等北部商业城市及图森等阳光地带的科技产业占比和就业量都明显上升。无论是传统的创新"超级明星区"，还是近些年发展迅速的内陆及北部城市，这些"区域中心"都发挥着整合集聚区域创新要素、辐射带动区域创新发展的作用，整体提升了美国的创新活力。

三是政企校研各司其职，推动"创新系统"良性循环。在美国的创新生态系统中，企业是创新活动的核心主体，主导着从研发投入到科技成果产业化的全过程，是"政产学研用"协同联动的关键核心。企业是研发活动最主要的投入者，美国国家科学委员会《2022年美国科学与工程状况》报告显示，2019年美国企业研发投入在全国研发总投入中占比高达72.2%，在基础研究总投入中的占比也高达32.8%，企业在创新活动中的主体地位得到充分体现。企业通过挖掘技术的商业用途、把握创新市场方向，将高校和科研院所的基础研究成果推向市场，实现科技成果的产业化。高等院校和科研机构是美国基础研究的主要承担者，其拥有数量庞大、精力充沛、思想活跃的科研力量，具有学科门类交叉综合的优势，在军事科学研究中也占有重要地位，"曼哈顿计划"就是在科学家的通力合作下最终得以成功实现。政府始终是美国基础研究的主要资助者，其倡导"开放创新"，一般不直接干预高校、企业的研发活动和市场运行，而是在投资周期长、风险大、难度高、前景好的基础研究和国防安全研究中发挥核心作用。美国政府致力于为企业创新和科研院所的基础研究提供良好的制度环境和政策支持，通过实施企业税收减免和财政补贴政策、开展合作伙伴计划、搭建科技创新公共平台、完善科技成果转化政策等方式，推动企业、高校和科研机构开展产学研合作。政企校研各司其职的创新生态系统成为推动美国创新发展的强大力量。

四是风险投资和初创企业相与有成，撬动技术走向市场。美国是风险投资业起步最早和发展最成熟的国家，1946年美国研究和发展公司的成立标志着风险投资业的诞生。科技成果产业化往往需要经历漫长的等待期和验证期，面临着创新产品与市场脱钩的风险，而风险投资则负责平滑风险，犹如阿基米德杠杆一般撬动资金与技术，成为推动科技成果转化的重要支点。作为世界上风险投资最发达的国家，美国的风险投资额长期保持全球第一，据美国风险投资协会（NVCA）2022年风险投资报告显示，2021年美国风险投资交易总额达到3300亿美元，占全球风投总额的48.61%，在推动美国互联网、计算机、生物医药和新能源等行业发展中发挥关键作用。初创企业往往面临资金匮乏问题，风投资本通过向企业提供资金支持和信用背书，帮助初创企业生存，而风投资本家具有专业技术背景和管理知识，能为初创企业的成长提供战略咨询，并利用自身资源帮助初创企业扩展融资渠道，是初创企业发展壮大的"战略助推器"。从美国风险投资业和创新型领军企业的发展历程看，风险投资还是创新型领军企业的重要筛选工具，据斯坦福大学的研究报告统计，近50年上市的1500多家企业中，有高达43%的公司起源于风险资本的投资，谷歌、微软、亚马逊、苹果、Facebook、英特尔等企业在初创期都接受了风险投资。通过资金保障和管理决策，风险投资推动了初创企业的技术进步，加速了科技成果向现实生产力的转化，实现了创新型企业从小到大、由弱到强的发展，也激发了新兴产业的形成。

五是人才育引留用体系完善，汇聚全球一流智力。国家创新竞争力的根本源泉在于人才，美国一直重视人才培育，建立了覆盖各年龄段、各层次和各领域的教育体系，其特征在于注重培养学生的发散性、批判性思维，提高学生发现问题、解决问题和学以致用的能力，引导学生在大量阅读、资料搜索与思辨中得出结论，在观察、发现、思考和实践中领悟知识并举一反三。美国从基础教育阶段就重视学生创造力与创新能力的开发，这为其实现高等教育阶段的人才培育目标奠定了基础，据《U. S. News 世界大学排名（2022）》显示，在全世界排名前 20 位的大学中，美国占据 15 席，其高等教育质量世界领先，为美国创新事业源源不断地输送高端人才。除了通过教育体系建设加强人才培育外，美国也从世界各地积极引进经济社会发展所需的各类创新人才。从早期优先吸收精于农耕技术的移民，到第二次世界大战期间对物理、化学等领域科研人才的吸纳，再到后期推行技术移民、留学生和特殊人才政策，美国以高水准的科研设施条件和人才激励、民生保障等机制吸引全球人才赴美发展。移民对美国创新强国建设起到了至关重要的作用，美国国家科学委员会发布的《科学与工程指标（2022）》数据显示，自 1970 年以来，65% 的诺贝尔奖获得者都在美国，且超过 1/3 的获奖者是移民，2020 年，19% 的 STEM 专业劳动力来自国外，其中本科及以上学历的外源 STEM 劳动力更高达 23%。通过培养本土人才和吸引全球人才，美国不断丰富自身的创新人才储备，为创新强国建设提供了强大的人力资本。

三、美国建设创新强国之路存在的问题与挑战

当今世界正经历百年未有之大变局，东西力量对比深度调整，国际秩序深刻重塑，以欧美国家为中心的全球创新版图面临动态变化。新冠肺炎疫情使世界经济陷入历史性衰退，物理空间的阻隔限制了全球创新资源的流动，加之"逆全球化"思潮的兴起，部分欧美国家开始实行贸易和投资保护措施、收紧移民政策，对人才、资本等要素的跨国流动形成了制度性阻碍。美国在《2022 年全球创新指数》中位列第二，且在 2021 年"彭博创新指数"中已跌出前十，创新强国绝对优势有所下降。与此同时，中国等新兴经济体在科技创新领域的资源投入不断增加，其经济持续增长、社会和谐稳定的优势更加明显，创新能力也实现了大跨度、实质性的跃升，逐渐成为全球创新要素集聚和创新活动发生的"新中心"和"新高地"，这将使全球创新资源从"由东向西"单向流动态势向"东西互动""东升西降"转变，加速了全球经济与战略重心东移进程。除世界创新版图重构和美国在科技领域的相对优势下降外，从内部看，美国创新强国建设也面临诸多挑战。

一是两党交替执政易降低政策制定和执行效率。美国实行两党制，民主党与共和党在执政理念、政策导向和产业优先发展次序上存在明显分歧。成为执政党的党派往往会实施符合自身执政理念的政策，这种制度设计容易使政策制定历时较长且难以连续。例如，在政府与市场的关系上，民主党与共和党的看法泾渭分明，主张"小政府、大市场"的共和党倾向于让市场自由运转，而主张"大政府、小市场"的民主党认为政府应该出

台相关政策以减少"市场失灵",这对相关产业政策和法案的制定和施行影响深远。在《芯片和科学法案》的制定过程中,两党对于是否直接给予企业补贴和开支优先事项也存在不同政见,在历经长达一年多的讨论与妥协后,法案才得以出台。这种分歧在关于多边组织的议题上体现得更为明显,奥巴马政府推行"清洁能源计划",并加入"巴黎气候协定",特朗普政府则取消计划并退出协定,拜登政府又重返协定,政策摇摆不定。长时间的政策协商会错过政策实施的最佳时机,反复变动的政策也会影响研发投入和企业投资方向,最终影响创新活动的可持续开展。

二是区域发展不平衡加剧经济社会不平等。美国区域创新中心正加速崛起,在吸引高素质劳动力、资本等创新要素集聚的同时,地区间发展的不平等、不平衡等问题也开始出现。创新能力较强、创新资源较多的地区凭借其先发优势,持续吸引各层次人才、各领域初创企业和各类型风险投资者,也源源不断地产出新的科技成果,形成强大的"滚雪球"效应。与此同时,创新能力较弱或经济发展较为落后的地区则面临着严重的人才外流、劳动力市场"空心化"和产业衰退等问题,其创新活力随着"区域中心"的发展进一步降低。美国布鲁金斯学会和信息科技与创新基金会联合发布的《生长中心案例、怎样在美国推广科技创新?》报告显示,2005—2017年,美国高科技产业的就业增长中,90%以上集中在波士顿、旧金山、圣何塞、西雅图和圣地亚哥5个城市,而处于创新梯队底层90%地区的高科技产业呈现就业负增长,区域间经济社会不平等的现象正在加剧。区域发展的差距影响了人才、教育、资金、基础设施、公共卫生等创新资源的分布,导致"强者越强、弱者越弱"局面的出现,创新两极分化现象的日益严重,极易引发群体性不满和社会动荡,降低社会活力与创造力,不利于创新活动的开展。

三是联邦政府难以有效协调统筹各州行动。美国实行联邦制政体,各州政府以本州发展需求和利益为核心,自行制定州内商业、税收、教育和医疗保健等政策。一方面,州政府从自身利益最大化的角度出发各自为政,容易出现州际竞争问题和资源争夺问题,不利于国家内部长期稳定发展。例如,为发展本州经济,吸引和集聚创新人才与企业,州政府各自出台力度不等的补贴和低息贷款政策,以体现自身吸引力、竞争力,如佛蒙特州2022年计划为到该州工作的人提供高达7500美元的安家费。另一方面,在面临共同的突发危机时,由于联邦政府对各州的领导力不一且缺乏统一有效的指导,各州往往自行制定应对措施,非常容易出现政策不一、协调困难的问题,难以凝聚"举国力量"齐心协力解决困难,反而可能使危机更加严重。例如,为应对通货膨胀问题,各州纷纷考虑推行减税政策以降低民众生活成本,印第安纳州、艾奥瓦州都决定调降州个人所得税,堪萨斯州也计划降低杂货销售税,但从国家整体视角上看,各州政府自行推行的减税政策反而可能刺激市场消费需求,全国物价可能攀上新高峰。联邦政府难以协调各州事务,而创新强国建设需要举全国之力共同攻克难题,也需要各区域协调配合形成强大的政策合力,只有久久为功方能建功久久。

中国正处于全面开启世界科技强国建设的新阶段,既是国际前沿创新的重要参与者,也是共同解决全球性问题的重要贡献者。中国始终坚持创新在我国现代化建设全局中的核心地位,把教育、科技、人才作为全面建设社会主义现代化国家的基础性、战略性支撑,深入实施科教兴国战略、人才强国战略、创新驱动发展战略,开辟发展新领域新赛道，不断塑造发展新功能新优势，基础研究和原始创新不断加强，一些关键核心技术实现突破，战略性新兴产业发展壮大，载人航天、探月探火、深海深地探测、超级计算机、卫星导航、量子信息、核电技术、大飞机制造、生物医药等取得重大成果，进入创新型国家行列。当前，我们正处于政治稳定、经济繁荣、创新活跃、人民幸福的伟大时代，更是迈上全面建设社会主义现代化国家新征程、向第二个百年奋斗目标进军的关键时刻，应抓住历史变革时机，顺势而为，奋发有为，健全新型举国体制，强化国家战略科技力量和现代化建设人才支撑，提升国家创新体系整体效能，形成具有全球竞争力的开放创新生态，加快建设世界重要人才中心和创新高地。

第九章 超大城市推动共同富裕的经验、挑战与路径：基于北京的调查研究①

共同富裕是社会主义的本质要求，是中国式现代化的重要特征，是中国人民的共同期盼。习近平总书记2021年8月17日在中央财经委员会第十次会议上发表的重要讲话提出了推动共同富裕总的思路，阐明了推动共同富裕，要坚持鼓励勤劳创新致富、坚持基本经济制度、坚持尽力而为量力而行、坚持循序渐进的重要原则，有针对性地提出提高发展的平衡性、协调性、包容性，着力扩大中等收入群体规模，促进基本公共服务均等化，加强对高收入的规范和调节，促进人民精神生活共同富裕等一系列重大举措，为在高质量发展中促进全体人民共同富裕提供了根本遵循。

超大城市人口、产业、空间集聚程度高，经济社会文化发展的竞争力、影响力和辐射力强，对都市圈、城市群乃至全国发展都具有引领示范作用，许多成功的经验做法已在全国各地得到推广，这些城市的人民群众对共同富裕的期待更高，需求也更丰富。但相比其他区域，超大城市的城乡收入差距较大、新市民融入难、基层治理难等问题更加突出，同时面临着"大城市病"的困扰挑战。当前，我国进入了全面建设社会主义现代化国家、向第二个百年奋斗目标进军的新发展阶段，全国各地均在因地制宜积极探索推动共同富裕的有效路径，而超大城市在实现共同富裕方面的探索与实践不仅对城市本身现代化发展具有重要意义，也对进一步丰富和完善我国共同富裕的实现机制、加快社会主义现代化国家建设具有重要的理论和应用价值。我们对典型的超大城市——北京进行了实地调研，梳理总结了其推动共同富裕的主要做法和成效，并结合北京推动共同富裕面临的问题和挑战，形成相关政策建议，以为全国城市推进共同富裕提供参考和借鉴。

一、北京推动共同富裕的经验与成效

（一）人才创新驱动高质量发展，夯实城市共同富裕的动力基础

共同富裕要靠勤劳和智慧来创造，提高从业人员中的人才比重是实现人才引领创新、创新驱动发展的有效路径。北京始终把营造适合不同类型人才的优良创新生态作为主要

---

① 本章由首都科技发展战略研究院、国务院发展研究中心公共管理与人力资源研究所和北京市经济信息中心联合课题组完成，执笔人为赵峥、杨晓东和杨永恒。文章内容已收录于《中国经济报告》2022年第6期。

的政策发力点。一是充分发挥首都高等教育优势,将优秀毕业生作为补充城市人才资源的主要来源,整合央地高校和科研机构力量,全面提升人才培养质量,大力促进高校毕业生创业就业;二是实施分层分类人才吸引政策,对于顶尖人才,强化国家实验室、新型研发机构的创新平台作用,推进"揭榜挂帅"制度,对于其他层次人才,放宽人才引进条件,如在昌平区的申请单位不再局限于高新技术企业,文创、体育、金融等企业都可申请,人才也不局限于高学历、高职称,更加注重高薪酬、高贡献。截至 2020 年,北京市人才资源总量和从业人员规模分别达到 781.3 万人和 1259.4 万人,人才密度达到 62%,较 2010 年提升 24.7 个百分点,带动北京人均 GDP、全员劳动生产率、人才对经济增长贡献率分别为 16.5 万元、28.7 万元 / 人和 56%,人才和创新已经成为北京推动共同富裕的第一动力。

(二)促进城市就业和产业匹配,提高初次分配劳动份额

实现勤劳创新致富,除了提高人才密度外,还需要人尽其才、人尽其用,促进超大城市就业与产业的协调匹配是关键。近年来,北京大力发展实体经济和生产性服务业,并适应人口资源环境约束和未来科技发展方向,主动引导产业结构调整升级,在经济持续稳定发展中实现了就业的扩容提质。2005 年,北京市就业占比靠前的工业、商务、建筑、批零、交通等 5 个行业共吸纳全市 54.2% 的从业人员,但经济贡献仅有 47%,明显低于就业贡献;到 2020 年,北京市就业与产业匹配度明显改善,就业占比靠前的 5 个行业分别为商务、信息、批零、科技服务和工业,就业占比达到 52.1%,相应增加值占比上升至 49%,相应的劳动者报酬占 GDP 的份额由 2005 年的 45% 提升至 55% 左右,与欧美发达国家水平基本相当。按照国家统计局对于我国中等收入群体的划分标准,2020 年北京中等收入群体比重达到 68.5%,率先基本形成橄榄型分配结构。

(三)各类城市资源倾斜投向薄弱地区,强化再分配导向

受历史原因和资源环境约束等影响,北京的城南、京西、生态涵养区等地区的经济社会发展水平相对较低。近年来,北京充分发挥首都资源优势和超大城市的市场规模优势,内部功能重组与向外疏解转移双向发力,区域发展差距明显缩小。一是北京把更多的重大功能性活动和项目安排到薄弱地区,如在城南布局北京大兴国际机场和临空经济区,在京西举办北京冬奥会部分赛事,在生态涵养区承办世界园艺博览会和世界休闲大会,这些重大活动有效缩小了发展薄弱地区与中心城区在基础设施、公共服务、区域形象等方面的差距;二是通过制定新版城市总体规划,将经济发展的主战场逐步转向郊区,特别是 5 个平原新城的近郊区,2020 年郊区固定资产投资比重由 2005 年的 23.5% 上升至 45.8%;三是结合大城市小农业、大京郊小城区的基本市情,大力发展旅游休闲产业,既有与山水特色相融的古北水镇,也有体现国际时尚的北京环球度假区,同时积极开发 15 类农村公益性岗位,逐步扭转了城乡收入差距不断拉大的趋势,城乡居民人均可支配收入比例由峰值时期的 2.57 回落至 2021 年的 2.45。

（四）推动城市基本公共服务"扩围提质"，保障促进社会公平

北京是一个开放度较高的城市，城市基本公共服务需覆盖占常住人口比重61.5%的户籍居民和38.5%的常住外来人口，而在医疗、交通、文化等领域，相应的公共服务对象范围更广，很多公共服务需要面向北方地区乃至全国人民。近年来，北京主要聚焦民生关切热点和"新市民"等群体，加大民生投入力度，教育、社会保障和就业、卫生健康3项支出占一般公共预算支出的比重稳步提升，基本公共服务保障水平不断提高。

一是通过加大财政投入和引导民办幼儿园转成普惠园等方式，实现在园儿童数量规模的大幅提升；二是通过集团化办学和学区制改革等方式，扩大优质教育资源覆盖面，实现小学和初中就近入学比例均达到99%；三是实施医药分开、分级诊疗、预约挂号、分时段就诊、医保异地结算等改革措施，看病难和看病贵的问题得到极大缓解；四是围绕老年人床边、身边、周边的就近精准养老服务需求，不断健全市级组织、区级指导、街乡统筹、社区落实的"三边四级"养老服务体系，养老照料中心在中心城区基本实现全覆盖，并不断提升传统养老机构服务效能；五是实施房地产市场平稳健康发展长效机制，增加住房土地供给，城镇地区人均住房建筑面积由2010年21.6平方米增至2020年的33.7平方米，二手住房购房主体中首套刚需占比达80%左右，建设筹集公共租赁住房，将各类政策性购房归集为共有产权住房，持续提高对重残、大病、老龄等部分家庭市场租房补贴，逐步形成"租、购、补"并举的住房保障制度。

（五）深挖城市文化资源宝藏，推动人民群众精神富裕

精神富裕是共同富裕的应有之义，北京作为全国文化中心，在挖掘文化资源和凝聚精神力量方面具有引领示范效应。一是充分挖掘重大纪念日、重大历史事件蕴含的爱国主义教育资源，搭建市民群众学习党的理论和表达情感的平台，发布《北京市文明行为促进条例》，引导和促进市民文明行为，将社会主义核心价值观落小落细落实；二是深入贯彻落实"老城不能再拆"要求，加强老城、中轴线、3条文化带等历史文化保护传承利用，探索出以中轴线申遗带动老城整体保护、社会力量参与"共生院"建设、大运河文化带京杭对话合作机制等模式；三是发挥现代文化产业资源和文化市场优势，集中力量提升设计、影视、演艺、音乐、网络游戏、旅游、艺术品交易、会展等领域的国际竞争力，培育了一批文化领域的"专精特新"企业；四是聚焦人民群众日益增长的公共文化需求，推动公共文化服务设施覆盖身边化、服务内容品质化、供给主体多元化、服务方式智能化改革，开展了惠民文化消费季、文创市集等一批文化惠民活动，打造出"大戏看北京"等文化名片，引入了环球影城主题公园、乐高主题公园等全球文化IP。

（六）树立到基层一线解决问题导向，满足市民多元化诉求

人民群众的获得感、幸福感、安全感需要通过不断办好市民的身边事来实现。北京以市民诉求驱动城市治理，树立了到基层一线解决问题的鲜明导向。一是壮大基层组织

力量，在市级层面坚持工作过问到街道，赋权到街道，力量下沉到街道，考评到街道，有事不出街道，在区级层面深化街道管理体制改革，理顺条块关系，抓好"赋权、下沉、增效"，构建起具有首都特点的简约高效基层治理体系。二是出台《北京市接诉即办工作条例》，完善为民服务长效机制。12345整合了54条热线，将各区、各部门、343个街道（乡镇）、市属44家国有企业全部纳入接诉即办体系，对于点位清晰、职责明确的诉求，由市民热线服务中心直接派单至街乡，并进一步向"未诉先办""每月一题"延伸，滚动推进高频共性问题专项治理。三是完善基层议事机制，推进建设社会矛盾纠纷多元预防化解体系，鼓励引导社区社会组织参与公共治理事项，推广"回天有我"社会治理创新实践品牌，探索大型社区治理样本，形成"小院议事厅""老街坊议事厅""民情驿站""法官联系点""物业议事党支部"等社区矛盾化解的平台，建设更高水平的平安北京，营造和谐温暖的社会氛围。

二、北京推动共同富裕面临的问题与挑战

（一）农村居民大多还属于低收入群体

统计显示，北京城镇地区已有82.2%的居民达到国家中等收入群体标准，但农村居民的平均收入水平还在标准线之下，仅27.6%的农村居民进入了中等收入群体行列。目前，农村居民增收主要依靠进城务工拉动，工资性收入占比达到八成左右，但就业质量不高，约42%的农村就业人口从事居民服务、修理和其他服务业、农林牧渔业、住宿和餐饮业，薪资只有全市平均水平的一半左右。虽然财产性收入和经营性收入增长空间较大，但农村集体经济参与市场竞争的能力偏弱，2020年年底，北京已完成农村集体产权制度改革的3927个村集体经济组织中只有1433个实现了股份分红。

（二）中等收入群体发展仍存在"脆弱性"

北京中等收入群体占比已接近七成，但内部结构并不稳固，仍存在较大的"脆弱性"。一是根据本市2020年住户调查样本数据测算，北京户均收入分布在10.2万～12.8万元的群体规模达221.1万人，占中等收入群体的14.7%，存在较大的滑入低收入群体风险；二是脆弱群体中无劳动合同或仅签订短期合同和临时工的超过四成，工作强度普遍较大，根据《2021年中国一线城市出行平台调研报告》，北京网约车司机每日平均工作时间为11.05小时，每周平均出车时间为6.45天，接近正常工作时长的1倍；三是居住成本高企且不断攀升，2021年北京居民的居住消费占人均消费支出的比重达到38.6%，对于中低收入群体形成很大压力，出现了有体面收入但依然节衣缩食的"穷中产"现象。

（三）行业间的收入差距依然偏大

采用行业收入极值比测度，2020年北京门类行业收入差距在4.5倍左右，明显高于行业收入差距相对适中的欧洲（3倍左右）、日本（3.4倍左右）。在19个门类行业城镇非私营单位就业人员平均工资中，金融业收入最高，达到26.1万元，信息服务业排名第二，收入接近26万元。还有11个行业在全市平均水平以下，其中，住宿餐饮业和居民服务业收入分别为5.8万元、7.4万元，不到全市平均水平的四成。

（四）民生领域还存在不少短板和弱项

一是二孩三孩生育政策全面实施后，婴幼儿托育服务需求快速增长，约1/3的家庭有托育服务需求，但北京托育服务建设整体处于起步阶段，0～3岁婴幼儿入托率为4%，远低于OECD国家入托率平均值33.2%。二是养老服务供给存在较大的结构性矛盾，中心城区床位紧张而远郊区床位大量闲置，全市养老机构总入住率仅为51.9%，此外，护理人才存在约2万人的缺口。三是口腔、精神、妇产、儿童等专科医疗资源紧缺，康复医院、护理院、安宁疗护服务等供给明显不足。四是市民亚健康问题突出，据中国健康学会调查，国内16个百万以上人口城市中，北京亚健康人群占比排名第一，高达75.3%，其中部分上班族为了纾解精神压力，在下班后通过报复性熬夜安排个人兴趣爱好活动，使得快节奏生活更加紧张。根据领英报告，32%的北京职场人士睡眠时间为5～6小时。五是住房有效供给依然不足，新市民、青年人买不起房、租不好房的问题比较突出。

三、推动超大城市实现共同富裕的主要路径

（一）进一步拓宽城市勤劳创新致富渠道

推进城市产业转型与提升劳动者技能"双管齐下"，一方面加快产业数字化和数字产业化，推动数字技术全方位赋能传统产业，提高城市劳动生产率；另一方面进一步加大教育投入，普遍提高劳动者受教育水平，盘活闲置劳动力，培养更多适应经济高质量发展要求的高素质劳动者。坚持多劳多得，保护劳动所得，增加劳动者特别是一线劳动者的劳动报酬，促进勤劳致富。完善以知识价值为导向的分配制度，深化事业单位工资分配制度改革，对紧缺急需的科研人员实行协议工资、项目工资，采取科技成果转化收益和股权奖励等方式，加强科研人员创新激励，探索劳动股份制、技术股份制等新型产业组织模式，引导城市企业实行人才年薪制和股权激励，鼓励创新致富。

（二）在努力扩大中等收入群体的同时巩固城市现有中等收入群体

在稳步扩大中等收入群体的同时，进一步巩固城市中等收入脆弱层群体，优化中等收入群体结构。深化农村"三块地"改革和集体产权制度改革，因地制宜发展乡村新产业新业态，盘活闲置宅基地和闲置农房，千方百计拓宽农民收入渠道。搭建高校毕业生职业指导、职业培训、就业见习等公共服务平台，鼓励毕业生到城市基层就业创业，增加城市人才公寓、青年驿站等市场供给，让高校毕业生成为中等收入群体的新增量。发挥政府技能培训补贴引导作用，鼓励企业推行新型学徒制，帮助一般技能劳动者向专业技术人员发展转型，促进技能人才进入中等收入群体。破除不合理就业限制，鼓励从业者跨界融合业态创新，加强新就业形态权益保护，促进更多灵活就业人员进入城市中等收入群体。

（三）加快探索超大城市实现城乡融合的有效路径

积极探索促进城乡良性互动、功能互补的有效路径，实现以城带乡、先富带后富。超大城市近郊农村要加快业态转型升级，鼓励通过使用权入股、联营等模式，推动从初级"瓦片经济"向"楼宇经济""服务经济"转变；远郊农村要主动适应城市居民对绿色优质农产品和生态产品的消费需要，积极发展田园观光、农耕体验、森林康养等生态友好型产业，把产业链增值收益更多留给农民。推进城市生活性服务业规范化标准化数字化发展，提升行业组织效率和服务品质，带动进城务工人员持续增收。推动城市财政转移支付与落实区域功能定位挂钩，重点向远郊新城和农村薄弱地区倾斜，创新跨区横向转移支付资金使用方式，建立生态环境保护、绿色产业发展等领域长效机制。

（四）以基本公共服务均等化提升城市居民的获得感

将基本公共服务均等化作为促进城市居民共同富裕的重要途径，推动从收入水平富裕迈向生活品质富裕。加大城市普惠性人力资本投入，通过集团化办学方式向郊区、农村、薄弱地区的学校扩充优质教育资源，完善经济困难家庭学生资助政策体系，健全进城务工人员子女享受基本公共教育服务保障机制。加快城市多元化养老服务供给，推动传统培训疗养机构向普惠性养老服务转型，探索养老服务时间银行等互助养老新模式，鼓励引导一二级医院、养老机构向医养康养联合体转型，加大护理型人才培养力度，建立符合国情的长期照护保险制度。增加城市保障性租赁住房供给，着力解决好高校毕业生、青年人才、新市民的阶段性住房困难问题，大力推进老旧小区改造。推进城市分层分类精准救助，进一步兜好特困人员和低保家庭的基本生活底线，稳步提升救助标准，健全支出型贫困家庭临时救助制度。

（五）完善群众诉求驱动的市域社会治理机制

完善和推广北京"五个一"的做法（一套体系、一号响应、一单到底、一把尺子、一组机制），通过赋予街乡权力、下沉工作力量和开展街道管理体制改革，推动各级政府主动治理、未诉先办，滚动推进高频共性问题专项治理，努力把矛盾问题解决在基层，提升城市基层社区的综合服务能力和水平，构建简约高效的城市基层治理体系。支持鼓励城市社区议事厅、小巷管家等居民自治平台建设，调动居民参与社区事务的积极性，引导社区社会组织参与公共治理事项，畅通群众参与基层社会治理的制度化渠道，推进建设城市社会矛盾纠纷多元预防化解体系，营造温暖和谐的社会氛围。

第十章 从"首科指数"看北京谱写中国式现代化建设新篇章:基于对"首科指数2022"的解读

"首科指数"是全国首个针对单一城市的科技创新评价指标体系,自2012年起每年发布。"首科指数"连续、动态地跟踪和度量首都科技创新发展情况,被媒体誉为全社会了解首都科技创新的一扇"新窗口",首都科技创新发展的"全景图",以及客观反映首都科技创新发展水平和趋势的"晴雨表"。

"首科指数2022"以"创新驱动北京中国式现代化建设"为主题开展研究,回顾过去10年党的十八大和党的十九大时期首都科技创新发展的基本情况,同时围绕中国式现代化建设,对北京相关发展问题进行具体的解读和探讨。

一、数读"首科指数2022"

党的十八大以来,北京加速推进科技创新中心建设,10年来成绩斐然。从数据上看,2012—2021年,首科指数增长态势明显(图10-1),总指数得分从2012年的98.73分增长到2021年的176.25分,增幅达78.5%,年均增长8.61分,明显高于2006—2011年的年均增长值4.88分。可以说,自2012年以来,首都创新水平持续攀高,科技创新中心建设明显加速,北京创新驱动高质量发展态势更加明显。

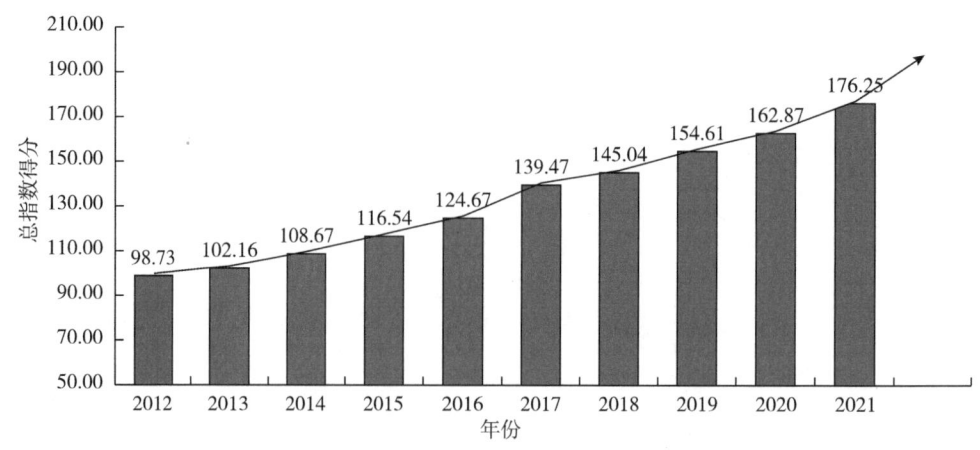

图10-1 2012—2021年首都科技创新发展总指数得分

从分项指数看，2012年以来，4个一级指标均保持强劲增长态势，创新资源、创新环境、创新服务和创新绩效指数得分增幅分别为34.63%、49.94%、79.91%和107.39%。总体而言，创新资源和创新环境指数得分增长相对平稳，而创新服务和创新绩效指数得分快速攀升，成为拉动首科指数总体得分增长的主要动力。尤其是创新绩效指数，2021年同比增长13.29%，为近10年（2012—2021年）最高增幅。此外，受国际形势和新冠肺炎疫情影响，国外技术引进合同、吸纳技术合同成交额占总额的比重，以及留学生人数均略有下降。

二、北京建设国际科技创新中心的3个突出特征

通过数据分析，课题组发现当前北京建设国际科技创新中心具有3个突出特征。

（一）首都科技创新资源在加速集聚

从人才方面来看，北京R&D人员规模大幅提升，2021年R&D人员规模是2012年的1.4倍；从经费方面来看，2021年北京R&D经费达到2600亿元，R&D投入强度达到6.53%，排名全国第一；从结构方面来看，2021年中关村示范区硕博学历以上的人才数量是2012年的2.5倍，说明整体上科技人才的规模和质量都在提升。

（二）首都科技创新改革在持续深化

近年来，北京市在持续深入推动科技创新领域体制机制改革，落实"揭榜挂帅""赛马制"管理制度，尤其在推动人才制度改革方面提出了很多创新性的探索，这些措施都有效支撑了首都创新人才及创新企业的发展。

（三）首都创新驱动绩效十分显著

首先，全要素生产率是衡量科技对经济社会贡献的重点指标，其中，北京劳动生产率排名全国第一，2021年达到30万元/人。其次，北京每万人发明专利拥有量达到218件，持续保持全国第一，科技创新驱动着经济的高质量发展。参考全球创新指数的研究方法，将创新绩效和创新投入进行对比来判断创新效率，可以发现，北京从2012年到2021年整体的创新效率在持续攀升，尤其是2021年创新效率达到1.89%，是10年里增幅最高的一年。

三、数据分析北京谱写中国式现代化建设新篇章

2022年，党的二十大顺利召开，进一步强调了科技是第一生产力、人才是第一资源、创新是第一动力，提出了"以中国式现代化全面推进中华民族伟大复兴"的重要论断。

党的二十大报告为新时期的首都科技创新发展工作指明了前进方向,确立了行动指南。北京作为我国建设世界科技强国的"排头兵",是我国科技资源最丰富、最密集的地区,创新驱动北京中国式现代化建设体现在以下4个方面。

(一)积极构建现代化经济体系,创新驱动经济高质量发展

2021年,北京数字经济实现增加值16 251.9亿元,占全市GDP的比重超40%,数字经济的核心产业增加值接近9000亿元,比重居全国第1位;5G、车联网、工业互联网等新型基础设施加速建设,新基建项目投资占全市固定资产投资的比重为9.1%;战略新兴产业较上一年有明显提升,增幅为89.2%。整体来看,北京通过科技创新整体推动了经济的持续高质量发展。

(二)深入落实京津冀协同发展战略,创新驱动现代化首都都市圈建设

北京、天津和河北之间的积极联动较多,同时不断优化创新资源配置,目前形成了以首都为核心的世界级城市群主干架构,现代化首都城市圈提出了通勤圈、功能圈和产业圈等3个概念。2021年,北京企业对"通勤圈"的投资次数是2015年的2.4倍,对"功能圈""产业圈"的投资次数分别是2015年的2.2倍、2.1倍,现代化首都都市圈实现地区生产总值3.9万亿元,占京津冀地区生产总值的比重超四成。

(三)贯彻落实国家"双碳"战略,创新驱动生态文明建设

北京成立"双碳"工作领导小组,2022年持续推进"双碳1+N"政策体系完善。数据显示,2022年,北京优天数为286天,一级优天数明显增加,PM2.5连续两年达到国家空气质量二级标准,年均浓度连续下降至30微克/立方米,持续保持历史同期最优、京津冀及周边地区"2+26"城市中最优的"双优"成绩。

(四)以"两区"建设和科技冬奥为抓手,创新驱动高水平对外开放

"两区"建设提出以来,北京落地实施了近70项首创性突破性政策,形成了80余项制度创新成果,为国家探索出一条高水平扩大开放的有效路径。2022年1—10月,北京利用外资超过170亿美元,同比增长近20%,呈现逆势增长良好态势。北京冬奥会期间,共有212项技术落地应用,为全球观众展现了科技冬奥的形象。

四、推动中国式现代化建设面临的挑战与思考

党的十八大以来,北京持续塑造科技创新核心优势,朝着全球科技创新关键枢纽不断迈进,但在创新驱动中国式现代化建设方面,北京仍面临较大的挑战,主要有以下3个方面。

第一,创新链和产业链融合深度的挑战。北京优势的创新主体是高校和科研院所,而企业作为技术创新主体的地位有待提升。数据显示,2021年,企业的R&D人员占比在下降,创新成果与北京高精尖产业的结合面临比较大的挑战。

第二,北京在探索国际科技合作新模式上面临重大的挑战。北京目前已经初步建成了具有全球影响力的科技创新中心,从跟跑、并跑开始向领跑转变,在这个过程中,也面临着西方国家对中国科技的围追堵截,北京如何率先破局是重要的命题。

第三,科技创新的体制机制深化改革面临重大的挑战。科技创新是发展的引擎,改革是点燃引擎的点火器,北京在人才体制、创新制度方面已经推出了很多先行先试的政策,但仍然存在很多堵点。

面对以上的挑战,本章提出了3个方面的思考。

第一,站在新的历史起点上,北京科创中心建设要从长远去谋划,通过创新驱动中国式现代化建设。中国式现代化有自身的特色,北京的特色是作为大国首都,需要坚持自身一直持续的"五子"联动的发展策略,尤其将国际科技创新中心的建设作为"五子"之首,通过创新驱动的方式打造成为中国式现代化建设的样板之城。

第二,要以科技和产业融合为重点来优化创新发展范式。北京要充分发挥自身原始创新策源能力强的特点,通过原始创新的策源能力来推动新兴产业的发展成长,同时要服务传统产业及新兴产业持续的创新。加强应用场景的牵引,以应用为导向加强跨领域、跨区域、跨城级创新的统筹布局、集约建设,促进技术的迭代更新。坚持政府引导和市场主导的定位,充分发挥北京科技服务业的优势,及时调整和疏通双链双向融合过程中的堵点和具体的瓶颈。

第三,北京全力打造人才的新高地,深度融入全球创新网络。人才高地是北京科创中心建设本身定位的重要目标,积极推动人才高地的建设,尤其是国际人才高地的建设,要形成层次丰富的多样化国际人才模式。吸引人才更多的是依靠城市的品牌形象,一定要多措并举打造创新型的城市品牌影响力,无论是从官方的渠道,还是从民间的渠道,都需要树立国际友好和创新的形象。北京要坚持以全球和人类命运共同体的视野去发展科技,对标的对象是全球,所以需要加强与国际科技资源更广泛的合作,来增强国际资源整体的吸附力。

第十一章 煤电企业综合能源服务：能源转型与科技创新的融合之路[①]

世界能源处在大变革时代，能源生产正逐步从以化石能源为主体转向以新能源为主体。作为世界主要的经济体、人口大国及能源生产消费国，我国一直积极推动能源革命，为人类可持续发展承担责任和贡献力量。当下我国已经基本形成了"立足能源资源禀赋，坚持先立后破"的能源变革路径，煤电在中短期内仍然是重要的基础能源。经过几十年的发展，我国煤电技术在效率、排放水平、发电性能等多项指标上均处于国际先进水平。在这样的背景下，如何充分发挥和延伸煤电功能，更好地服务于地区经济发展、能源安全和减污降碳，是一个值得探究的问题。

综合能源服务目前没有统一的定义，其主要特征是：服务、一体化、低碳、智慧、清洁、互联。笔者认为，综合能源服务主要是指以多能耦合、源网荷储为主要骨架，以能源供应及衍生服务为主要产出的一种新型能源服务模式。近年来，综合能源服务成为能源企业拓展的重点业务，国内主要能源集团都成立了专门的综合能源服务公司以推进相关业务。从理论和实践来看，煤电企业从事综合能源服务有基础和条件，也有利于煤电转型，促进地区能源稳定，支持经济发展和减污降碳。本章从国内外当前煤电企业的实践中总结提炼煤电企业从事综合能源服务的路径，特别是一些典型的应用场景，旨在为煤电企业转型发展提供一些参考。

一、煤电企业开展综合能源服务的现状

（一）主要煤电企业积极布局综合能源服务

我国五大发电集团是煤电企业的主体，近年来将综合能源服务作为重要转型方向，先后成立了专门的业务运作平台。2015年，国家电投集团就设立了综合智慧能源研究中心，2020年成立综合智慧能源科技公司，统筹公司综合能源发展；2019年，大唐集团设立智慧能源产业公司；2019年，华能集团提出由发电企业向综合能源服务供应商转型，目前在筹建专门的综合能源服务公司；华电集团将旗下的华电集团清洁能源公司作为综合能源服务的平台公司；国家能源集团近年新设立了国能（浙江）综合能源有限公司等多家地域性综合能源服务企业，旗下的国华投资也设立了综合智慧能源公司。

[①] 本章由首都科技发展战略研究院和国家能源集团联合课题组完成，执笔人为史晓雷、高建强、许尧、袁祥飞。文章内容已收录于《中国煤炭》2022年第7期。

（二）热电联产等多能耦合模式有基础

热电联产对于提升能源利用效率、解决能源供给、实现区域减污降碳协同治理有很好的效果，因此，我国长期支持热电联产发展。1989 年，国家计委印发《关于鼓励发展小型热电联产和严格限制凝汽式小火电建设的若干规定》的通知（计资源〔1989〕937 号），鼓励"有条件地积极发展小型热电联产"。此后，国家出台了相应文件，将热电联产作为能源梯级利用、循环经济、源网荷储一体化和多能互补的重要手段。例如，1998 年，国家计委等部门出台了《关于发展热电联产的若干规定》；2004 年，国家发展改革委出台了《节能中长期专项规划》；2013 年国务院印发了《循环经济发展战略及近期行动计划》；2016 年，国家发展改革委印发了《热电联产管理办法》；2021 年，国家发展改革委出台了《关于推进电力源网荷储一体化和多能互补发展的指导意见》。根据国家能源局的数据，截至 2020 年年底，全国热电联产机组装机约 5.6 亿 kW，占煤电装机比重达 52%。"十四五"期间，供热改造机组规划要达到 5000 万 kW。热电联产为煤电企业从事综合能源服务提供了技术和业务模式基础。从市场主体来看，以协鑫能源科技股份有限公司为代表的很多综合能源服务企业都是由热电联产供应商转变而来的。

（三）灵活调峰为源网荷储提供了条件

煤电是现代能源体系中重要的灵活性电源。在以新能源为主体的新型能源系统中，煤电灵活性的特点为煤电企业从事源网荷储一体化业务提供了天然条件。丹麦和德国是欧洲火电灵活性改造的典型国家，从 20 世纪 90 年代开始改造，目前硬煤火电机组最小出力能达到 25%～30%，褐煤机组能达到 40%～50%。中国从"十三五"期间开始重视煤电机组灵活性改造，计划"三北"地区热点机组灵活性改造约 1.33 亿 kW。截至 2019 年，我国已经完成了火电灵活性改造容量约 5775 万 kW，虽然不达预期，但是火电机组的灵活性调节功能获得了一定的发展。国家发展改革委和国家能源局印发的《"十四五"现代能源体系规划》要求 2025 年煤电机组灵活性改造规模累计超过 2 亿 kW。煤电企业利用灵活性技术，整合可再生能源，可以成为地区能源管理的重要组成部分。

（四）综合能源服务缺乏系统性模式

从实践来看，目前煤电企业从事综合能源服务仍处于早期，缺乏系统性模式。从底层逻辑来看，综合能源服务是传统能源服务的转型升级，甚至是一场"革命"。传统能源体系是源网分离的、生产供给导向的、工业化的、中心化的，而综合能源服务则是源网一体、服务导向的、数字化的、分布式的，这给传统能源企业带来了很大的转型压力和难度。大型煤电企业长期与用户端脱离，因此，需要重新培养服务意识、服务模式。中小型煤电企业缺乏从事综合能源服务的资本和收益方面的耐力，不具备进行中长期开发和培育市场的实力。同时，增量配网、电力市场改革等政策的进一步深化与落地还需要一定的时间，因此，短期内盈利模式并不明朗。

二、煤电企业开展综合能源服务的意义

（一）有助于保障能源安全和供给稳定

能源安全是供应安全和使用安全的有机统一。当前，国际能源环境和体系发生重大变革，能源需求不断增长，能源安全重新成为普遍关注的重要议题。以煤电企业为重要载体开展综合能源服务，可以充分发挥我国资源禀赋优势，确保能源供给安全。截至2021年年底，我国煤电装机总量约为13亿kW，约占全国总装机容量的54.6%，仍然是我国的主体能源。煤电企业开展综合能源服务，结合光伏、风电等多种新能源，实现多个供能系统协调配合运行，有效减少单一供能系统产生的弊端，从而增加了整体能源供应的稳定性，保障了经济社会发展用能需求。

（二）有助于提升社会综合能效水平

经过长期开展节能降耗工作，我国能耗水平有了大幅下降，但我国系统节能空间仍然较大，能耗强度较发达国家仍有差距。未来我国能耗进一步降低，需要大力开展系统性节能工作，强调行业、企业、流程之间的协同节能。煤电企业通过提供电、热、冷、汽等多种能源品类，并叠加系统性的能源供应与管理，可以充分挖掘区域不同企业间的系统节能空间，通过能源梯级利用、多能互补，提高能源总体利用效率，降低系统能耗，提高社会总体能效水平。李金桃等对一个集居住、商业、办公等功能于一体的大型城市综合体项目进行了多能互补运营效率的估算，发现多能互补比分供式供能节省能源约29%。

（三）有助于促进社会减污降碳

我国地区间经济社会发展不平衡的特点同样反映在能源供给和消费的数量、强度和质量上。在经济发展相对落后的地区，仍然存在很多小散锅炉。煤电企业通过清洁高效的综合能源服务，可以有效替代这些小散锅炉，从而降低地区总体污染物和二氧化碳排放。散煤产生的PM2.5是等量电煤的8倍，若每年替代散煤7.5亿t，可减少二氧化碳排放15亿~20亿t。另外，煤电企业建设综合能源服务，可以为可再生能源提供良好的消纳环境，促进可再生能源消纳，增强对可再生能源的开发利用，有利于全社会减污降碳工作。

（四）有助于煤电企业转型发展

煤电企业中长期面临很大的转型压力。煤电企业从业人员多、资产总量大，平稳转型对于地方经济社会发展十分重要。煤电企业从事综合能源服务，可以实现逐步渐进转

型，最大限度地减少转型阵痛，找到转型出路。按照国资委对国有煤电企业的要求，到2025年可再生能源比重要达到50%，意味着煤电企业的可再生能源项目有巨大的发展空间。据公开数据整理，除国家电投集团的可再生能源装机占比超过50%外，其余几家国家大型发电集团的可再生能源装机占比均在40%以下，其中国家能源集团的可再生能源装机占比不到30%。国家能源集团是我国煤电装机最大的企业，预计"十四五"期间其可再生能源装机增加7 000万～8 000万kW。新能源发展将为煤电企业提供新的业务点。除此之外，有研究机构预计，2025年综合能源市场规模将达到1.2万亿元，2035年将达到1.3万亿～1.8万亿元。综合能源市场可以为煤电转型提供足够的市场空间。

三、煤电企业开展综合能源服务的路径

煤电企业开展综合能源服务要注重因地制宜，结合各地资源禀赋、政策导向、产业基础等因素探索适宜的综合能源服务内容及模式。通过文献研究、实地调研等方法，提出煤电企业构建综合能源服务体系的路径。

（一）开展煤电机组"三改联动"

煤电目前是煤电企业开展综合能源服务的根基。煤电企业首先应该充分利用政策红利，做好煤电机组的改造，以节能降碳改造、灵活性改造、供热改造"三改"为主进行机组改造，不断提升煤电清洁高效和灵活性水平，为综合能源服务打下基础。

目前，我国已经建成了世界最大的清洁煤电系统，煤电排放水平世界领先。以国家能源集团泰州电厂为例，该电厂有世界首台百万千瓦级别超超临界二次再热机组，两台机组分别于2015年9月和2016年1月投运，供电煤耗低达266.3 g/（kW·h）。国际能源署认为，该工程机组是国际上发电效率最高的燃煤发电机组，投运3年实现节约标煤363万t/a，二氧化碳减排1016万t/a，创造了巨大的经济和社会效益。

另外，国华三河电厂是一个依托大城市进行供暖改造的典型案例。三河临近京冀交汇处，随着三河地区住宅面积的增加，民用供热能力面临较大缺口。2016年，该电厂采用"背压机抽汽+循环水热泵"的配置方式，通过热泵系统回收循环水余热，降低蒸汽消耗，实现了稳定的对外热水供应，在一定程度上实现了企业的转型和价值再实现。

（二）提升多能互补供应能力

煤电企业应积极布局分布式和集中式新能源电站建设，适当发展多种发电侧储能，为综合能源服务"开源"，提升多能互补能力，适应未来能源系统需要。

① 要大力发展光伏和风电等新能源，可以充分利用厂内闲置土地、屋顶等空间，开发以自发自用为主的分布式光伏项目。当下大部分煤电企业已经在厂区范围内建设类似的光伏电站，可以小部分满足厂内用电需求。同时，在具备条件的地区开发集中式光伏和风电电站。"十四五"期间，我国将在西北地区布局多个大型"风光火储"基地建设，

煤电企业应该争取参与相关建设。另外，也可以和地方政府合作开发城市或工业园区工商业屋顶光伏，参与乡村振兴，推进整县光伏开发。

② 和国内储能龙头企业广泛开展合作，发展发电侧储能。目前来看，煤电企业可以应用或探索的场景主要是"煤电＋储能"用于调峰调频，其中电化学储能已经在很多燃煤电厂进行了应用，主要通过合同能源管理的形式与储能方进行合作。另外一个值得关注的技术是"煤电＋熔岩储能"，不仅可以用于调峰调频，还可以用于蓄热供暖，但目前还没有成熟案例。江苏国信靖江电厂的 2×660 MW 机组熔盐储能调峰供热项目（设计配套储热量 75 MW·h），将打造全国首个真正意义上采用熔盐储热技术的大规模火电调峰/调频/供热项目。随着电力市场特别是辅助服务市场改革的逐步深化与落地，"发电侧＋储能"的潜能有望进一步释放，成为煤电企业从事综合能源服务的重要路径之一。

（三）不断丰富单体服务场景

煤电企业有土地、资产等多方面优势，可以据此发展大量综合能源服务场景。基于调研，提出了煤电企业综合能源服务开发的思路，如图 11-1 所示。场景开发可以从技术视角和生态视角来考虑，其中，技术视角主要是电厂现有资源利用的深度，而生态视角则强调资源利用的广度。其典型场景如下。

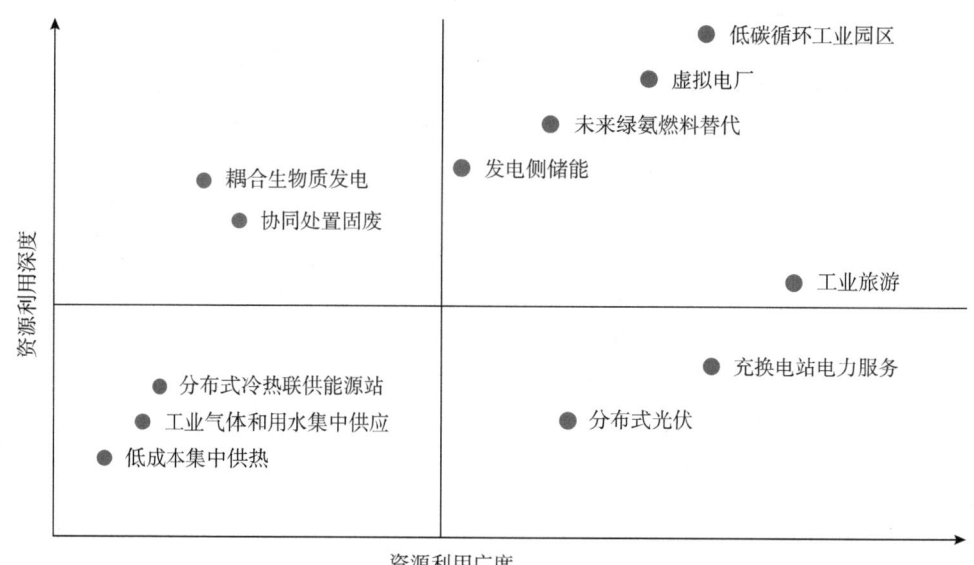

图 11-1 煤电企业综合能源服务场景示意

① 低成本集中供热、分布式冷热联供能源站及工业气体和用水集中供应是当下非常实用的综合能源场景。充分利用电厂蒸汽、热力等价格低的优势，为客户提供综合能源。南通天生港压缩空气项目是天生港电厂、龙源环保、江苏金通灵 3 家公司投资建设的项目，该项目利用天生港电厂的低廉蒸汽、厂用电作为驱动力，在电厂内设置大型的汽驱空压

机，为南通市港闸区的工业企业提供价格低廉的压缩空气，终端压缩空气成本不高于0.07元/Nm^3。

② 耦合生物质发电和协同处置固废是生态效应突出的综合能源应用场景。英国德拉克斯电厂从2003年开始在煤中掺配不到1%的生物质原料进行试烧，开始了其生物质耦合燃烧发电的历程，目前，其4台660 MW机组全部改造为100%燃烧生物质原料，年消耗生物质燃料超过700万t，连续多年生物质燃料供电量超过100亿kW·h，电厂二氧化碳排放降低超过90%。

③ 充换电站电力服务。利用电厂周边大量闲置空地及厂用电价较低的优势，建设电厂直供电的大型充电桩智能停车场或换电站，消纳部分厂用电；或者推进标准蓄电池换电工作，在厂内建设蓄电池换电站，实现标准电池的充电，借助现有的分销网点实现蓄电池的输配。

④ 低碳循环工业园区。利用电厂供热、供电、协同处置固废等，可以整合其他合作资源，共同打造城市低碳循环园区，为城市实现碳达峰、碳中和探索新路。

⑤ 工业旅游。围绕电厂工业设施，开展工业旅游、工业博物馆、冷却塔地标建设、城市场馆供暖等民生工程，更好地服务社会发展。

⑥ 未来绿氨燃料替代。使用NH_3作为化石燃料的补充或替代燃料，将有助于减少化石燃料的使用，降低各个领域使用化石燃料时造成的二氧化碳排放。目前最值得期待的是其具有大幅降低火力发电二氧化碳排放的潜力。对此，国际能源署将该技术定位为实现现有燃煤发电二氧化碳减排的重要且有力的手段。

⑦ 虚拟电厂。德国五大电力集团之一的意昂集团在德国和英国开发虚拟电厂业务，为其拥有的发电机组（热电联产、燃气和蒸汽机锅炉、应急发电机、风力电厂）、能源用户（工业负荷、水泵、热电联产）和储能设施（如电池）资源等客户提供信息通信技术设备，以便远程管理电厂，优化电厂的收入，参与平衡市场。E.ON和德国最大的扁钢生产商蒂森克虏伯合作，将其一个用于生产绿氢的电解水工厂纳入其虚拟电厂，并通过其快速调节绿氢产能以提供灵活性。绿氢生产工厂通过参与电力平衡市场获得额外收入，同时提高了绿氢生产的经济性。

（四）以园区为主要场景建设一体化项目

产业园区用能场景比较多样，有工商业用户和住宅用户，是综合能源服务的天然对象，也是当下综合能源服务企业抢夺的重点客户。产业园区综合能源项目的成功实施将大幅提升煤电企业的综合能源运营能力，形成系统的集成能力。当下煤电企业都在大力发展产业园区用户，与产业园区管委会、运营公司及园区内企业合作，搭建综合能源服务系统。虽然不同产业园区的综合能源服务系统有所差异，但是一个理想的综合能源服务系统应该是以"多能互补+源网荷储+智慧数字"为主要骨架。目前，有些煤电企业已经开始了示范工程，并且获得园区及内部企业的认可。

煤电企业在开发工业园区综合能源服务方面的优势主要是"冷热汽水电"多联供体系。例如，生物医药、精细化工等产业园区都需要热和蒸汽供应，目前新能源在工业用热和蒸汽,以及居民供暖等方面还存在一定技术和商业应用方面的不足。煤电企业应该充分发挥多联供的独特优势,积极开拓具备多能需求的园区,将其作为系统化综合能源服务的主要阵地。

国能宿州热电公司正在打造宿州高新区综合能源项目,如图11-2所示。宿州高新区主要发展高新技术产业,云计算和智能制造是其两大主导产业。宿州高新区综合能源项目将以煤电("热汽电")+风光绿电为源,同时建设区域微电网和能源资源循环利用平台,以及智能控制的综合能源信息化平台,从而实现园区用能的低成本、稳定性和绿色低碳之间的平衡。

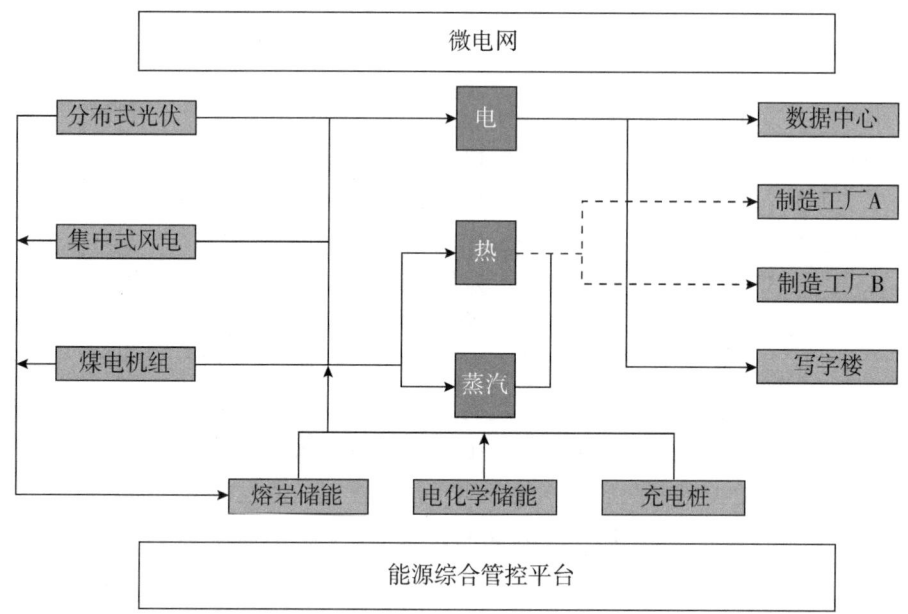

图11-2 国能宿州高新区综合能源项目示意

丹麦卡伦堡工业园区是国外循环经济园区的典型代表,从某种程度来看,也是围绕煤电厂开展综合能源服务的园区代表。燃煤发电站是工业园区的核心,向炼油厂和制药厂供应工业蒸汽,向全镇居民提供供暖,从而大量减少了燃烧废弃物和污染物排放;向水泥厂和建筑公司提供粉煤灰,用于制砖和铺路;向石膏板厂提供生产用的脱硫石膏等。以煤电厂为中心,园区内通过贸易的方式,充分利用关联企业的副产品或废弃物作为本企业的原材料,减少了废弃物排放,形成能源梯级利用和资源循环利用的过程。

(五)不断创新商业模式

综合能源服务商业模式主要包括EPC(对项目的设计、施工等实行全过程或若干阶段的承包)、BOT(投资建设,运营约定时间后转交给业主)、EMC(合同能源管理)、PPP(负责设计投资建设运营,以政府付费或业主付费的方式收回投资)、DBFO(项目设计开始就特许经营)、BSO 模式（项目建设后通过设置特定公司出售股份来获取现金流）。

根据不同应用场景和客户的需求，煤电企业需要开发不同的商业模式，并不断进行创新。一般而言，对于园区类综合能源项目，由于投资量比较大，涉及场景比较复杂，建议采用 BOT、PPP 模式，或者采用与园区运营方共建合资公司长期运营的模式；对于工业企业、建筑等单体场景，比较适合的方式是 EMC、BSO 等模式。

四、推动煤电企业发展综合能源服务的建议

（一）加强政策引导和支持

政府应制定本地综合能源服务规划，明确综合能源服务行业的发展方向。加大电力市场改革力度，推进电力辅助服务市场化改革，为煤电企业从事调峰调频等综合能源服务给予足够的激励。鼓励企业与园区合作共同建设"源网荷储"的能源系统，促进"微电网"等示范落地，推进打破"隔墙售电"约束，打造新型综合能源服务试点示范工业园区。在煤电机组应急扶持资金、碳排放权指标、新能源发展指标、税收优惠空间等方面给予更多有利政策，同时在储能发展措施、绿电制氢扶持措施、整县光伏、新能源开发建设用地、旧机组升级改造、腾退土地再次利用等多方面多领域多层面出台支持政策。

（二）积极开展技术创新

煤电企业应提升相关技术能力，充分利用太阳能、储能、氢能等领域的技术进步，实现多种技术的融合。与储能公司及相关机构合作，共同开展储能示范技术的应用与落地。与信息化、人工智能等公司合作，共同开发智慧能源综合服务平台，建设综合能源服务"大脑"。与科研院所及高校等合作共建综合能源服务、碳中和等实验室及研究项目，利用应用场景优势，促进相关技术转化落地。

（三）探索综合服务新模式

煤电企业应加快由生产型企业向服务型企业转型，转变思想认识，建立专业化的综合服务团队，主动接触终端客户，制定合理的市场营销方案，增强市场开拓能力。以热电销售为抓手开拓能效提升、节能优化、碳交易、碳资产管理、能源数据管理等多种类型的拓展服务，最终提供以客户为中心的全链条能源服务。搭建综合能源服务人才平台，提高人才教育和专业技能水平。引进或培养掌握电力、热能等知识的综合型专业人才，并建立相应的人才激励机制，促进后期综合运营与服务。

(四)加快产业生态圈建设

综合能源服务的业务特点决定了其发展必须依靠生态体系建设和广泛的企业间协作,在综合能源服务领域构建共享的生态体系。煤电企业应加快打造综合能源服务的生态圈,充分汇聚资源,寻求合作共赢的商业模式,助力产业可持续发展。

第十二章 建设三生友好山区，以城乡融合助推怀柔科学城高质量发展①

怀柔科学城建设是国家科技强国战略中的重要部署，是北京建设国际科技创新中心的主平台之一，代表国家在更高层次上参与全球科技竞争与合作，但在建设过程中，科学城与属地的发展尚未产生明显的融合互促效应。当前，怀柔科学城已进入建设与运行并重的新时期，势必为怀柔山区的发展带来新的机遇，怀柔要基于人们对梦想田园宜居生活的追求，着眼科学城发展给山区带来的机遇与乡村资源禀赋，以"人科产城乡"融合的思维擘画新发展蓝图，以城乡融合助推怀柔科学城高质量发展。

一、怀柔山区发展面临的机遇与挑战

《北京市浅山区保护规划（2017年—2035年）》中明确，将浅山区发展定位为首都环境治理能力展示窗口、特大城市生态文明示范地区、山区居民共享共生美丽家园、千年古都历史文脉传承源地。怀柔科学城作为世界级原始创新承载区，聚集了众多科研院所和大量科创精英，这些新时代的科创精英越来越注重生活品质，他们是生活方式的移民，喜欢怀柔青山绿水、不同于大城市的恬静休闲生活环境及良好的硬件配套。怀柔山区具备良好的生态环境、代表华夏文明的长城文化及便捷的交通条件，是科创精英理想的移居地，怀柔山区将更有机会因高端人才要素集聚、创新活力释放而闻名。

"十四五"期间，怀柔山区发展的新旧矛盾交织叠加，怀柔要实现"怀柔就是科学城、科学城就是怀柔"的理念和目标，最艰巨、最繁重的任务依然在农业、在农村，必须加快推进山区振兴和城乡融合。一是农产品供给未能满足高品质、高品位的消费需求。怀柔山区生态本底好，为产品、服务打上天然的绿色标签，但是农产品规模不大，产品供应"品牌不显、品质不优"，农产品品种品质结构与居民消费快速升级不相适应的矛盾日益凸显。二是促进城乡融合发展的体制机制和政策体系有待完善。城乡资源要素呈现非对等交换特征，土地、资金、劳动力等资源要素主要由乡向城单向流动，造成农村地区"失血""贫血"等现象。三是加快乡村建设的要求更加迫切。城乡基础设施和公共服务差距依然较大，农村整体面貌与建设百年科学城、打造世界城市的战略要求不相适应，全力塑造精美农村、加快解决"一条腿长、一条腿短"的任务十分迫切。四是高素质现代农民队伍亟待培育壮大。城乡居民收入差距依然较大的局面并未根本改变，农

---

① 本章由首都科技发展战略研究院课题组完成，执笔人为张亮亮、李淑敏。

民科技文化素质亟待提升，乡村振兴主体的作用尚未充分发挥，培育参与国际化科学城市建设的现代农民任务十分艰巨。五是山区产业承载突破困难。生态涵养功能规划限制了产业引进门类，粗放式民宿民俗开发透支大量的建设用地资源，新兴产业导入严重受到土地空间制约。

二、科学城引领怀柔城乡融合的发展思路

今后一段时期，怀柔将进入创新驱动、转型发展、加快建设"百年科学城"和世界级原始创新承载区的关键时期，怀柔山区建设对于怀柔跨越发展至关重要，承载着怀柔城乡融合发展中的生态环境建设、人文环境建设、服务环境建设、营商环境建设等多重重任，是怀柔科学城建设不可或缺的支撑。在此局势下，怀柔山区也将迎来提高国际竞争力，实现更高层次资源整合、优化配置、功能提升的关键时期。

怀柔山区必须重新审视其在首都发展中的地位与作用，深度结合"怀柔就是科学城、科学城就是怀柔"发展理念与"百年科学城"目标建设，以特大城市绿色腹地与科学城战略腹地的站位来看乡村的发展，明确山区振兴是"百年科学城"目标实现和纵深发展的重要举措，是打造"怀柔就是科学城"的重要突破口，是构建新型城乡形态、促进高质量发展的主战场，立足科学城与山区的城乡融合发展，充分发挥生态价值、美学价值、人文价值，全面释放发展动力和改革红利，以村庄改造拓展空间载体，以城镇化建设升级乡村功能，以高品质营商环境集聚高端资源，以科学城战略腹地站位争取上级政策倾斜，以创新创业生态建设形成自我成长，在与科学城、影都、会都的协同发展中争创机遇，最大限度地导入生产要素与新兴产业，全面优化山区产品与服务供给结构，强化提升山区文化与艺术特色，精细塑造山区的环境品质，打造生态郡、创新谷、科学驿站、诗画生活，向着最具魅力、充满活力、"三生"友好的国际化山区形态快速迈进。

三、怀柔山区与科学城融合发展的战略路径

怀柔乡村已经具备优势凸显的条件，拥有乘势而上的机遇，积累蓄势待发的力量，正迎来大有可为的全新发展阶段。本着生态、生产、生活"三生"友好的发展理念，提出绿色环境、绿色产业、绿色生活三大重点任务，激发沉淀的乡村资源，建设"山青—水秀—村精致—人友好—业有成—生活美"的山区，以系列"蝶变"推动怀柔乡村从承担农产品保障供应功能向承担多元复合功能转变，由承担附属功能向承担核心功能转变。

（一）打造绿色环境：凸显农业农村的生态价值

充分发挥乡村就近调节气候、净化空气、改善超大城市生态环境的重要作用，坚持生态环境保护与建设，突出自然景观与文化创意融合，让广大市民更好地感受农耕文化、

田园风光、自然之美，构建承载着桃源之梦的乡居理想家园。一是实施山区生态维育。执行与完善生态补偿与生态保护考核制度，全面推进水环境综合治理，保护好村域水面、水质。开展生态修复行动，加强生态基础设施建设，筑牢生态基底，合理有序引导生态控制线内村庄减量绿色发展。二是实施山区绿化美化亮化行动。按照山地森林景观型、乡野田园景观型、滨水景观型分类引导，重点结合燕山风情带、长城文化带、主要交通干道等沿线美丽乡村建设，发展旅游特色廊道，全力打造水清景美的魅力山区。建设艺术乡村，推动规划师、建筑师、工程师、艺术家下乡，使村子从洁化、美化向艺术化转变。三是加强特色传统村落保护与利用。实施古村落修缮、保护、利用工程，村居建筑形式、建筑色彩、整饰设计、建筑材料应体现怀柔本土风格。活化利用传统民居、长城、古驿道等传统文化资源，提升山区特色魅力。四是建设山区特色乡村风貌示范带。大力推进交通主干道和行政区边界沿线综合整治与示范创建，推进铁路、高速路、快速路、国道、省道沿线及村与村之间整体景观设计，加强村庄立面整治、道路绿化美化等工作，使道路沿线成为展示山区新活力的景观大道和风情走廊。

（二）发展绿色产业：凸显农业农村的经济价值

山区的发展要为城市核心功能提供战略空间，承接更多元和高能级的经济发展功能。依托科学城丰富的科技资源、人才资源、市场资源，着力培植战略新兴产业与引导传统产业创新，加快打造经济发展的重要增长极，为怀柔未来发展构筑新的战略支点。一是打造具有全球影响力的科创绿谷。抢抓知识溢出、创新生态建设、新兴产业衍生、人才消费服务等机遇，更加有效地发展引进与培育研发产业、科技服务业、清洁制造业，引导注册经济向实体经济转变，提升乡村经济发展内生动力。二是推动现代农业融合创新，构建现代农业产业体系。优化传统产业供给结构，农业发展要更加有效地走有机农业、科技农业、精品农业、品牌农业、休闲农业之路。三是引领乡村旅游转型升级。在旅游发展中更多地植入文化灵魂，开发更多有诗意、有温度的文旅产品。四是开创康养产业发展路径。以科学康养与中医药养生融合发展为特色，打造以"中医+科学"为特色的高山科学养生基地，在康养产业发展中深度挖掘区位与生态价值，丰富高端康养服务提供内容。

（三）共享绿色生活：凸显农业农村的人文价值

加快建设创新型田园城市，立足怀柔山区资源禀赋，以优越的田园生活、生态环境为基础，以高科技生态产业和先进的经营理念为支撑，打造科学家工作室、科技小院等人才载体，引进高技术研发产业、智慧产业、文创产业、康养度假产业等绿色产业入驻。同时，整合乡村土地资源，通过集中建设农民社区来解决乡村生活的现代化、生活与土地的集中利用等问题，推动农民身份的市民化和职业化转变。通过打造现代庄园，构筑高端社交商务平台，吸引城市消费聚集，实现乡村与城市之间要素的平等交换，构筑乡居生活的平衡，打造田园生态系统下工作生活一体化的现代乡村生活方式。创新型田园城市须以产业庄园集群为核心，基于高端商务、休闲度假、文化艺术、创新创业集聚区的定位，由产业开发运营商投资，差异化发展，带动城乡要素互动、三产融合、宜产宜商宜旅宜居。产业庄园集群的空间结构，以1∶9配比规划产业用地和农业用地，形成小型产业经营体，以政府、企业和村集体作为运营主体，多元化运营主体分工协作，减少政府的开发投入，避免过度商业化，同时兼顾农民利益，实现田园城市建设的共赢。

第十三章 以"京珠协同"凝聚珠海高质量发展新动能[①]

《横琴粤澳深度合作区建设总体方案》(简称《总体方案》)的出台,不仅为澳门经济适度多元发展搭建了新平台,更凸显了珠海在国家新一轮改革开放中的战略地位和责任担当,迫切需要珠海加快突破发展瓶颈,积极探索高质量发展的新路径,创新高质量发展的理念、模式与体制机制,在珠澳极点建设中打开新局面,在全面支持与服务深合区建设中彰显新担当。《总体方案》将科技研发和高端制造产业放在促进澳门经济适度多元发展的新产业的首要位置,鼓励发展集成电路、新材料、新能源、生物医药等产业。但是,从存量角度来看,仅凭澳门和珠海的资源难以支撑上述产业实现跨越式发展,外部增量将成为推动粤澳产业深度合作的主要动力源。以服务深合区建设为牵引,推动经济快速发展,珠海既需要立足粤澳资源禀赋和发展基础,充分挖掘大湾区内部城市潜力,也迫切需要"国家队"的进场。

在北京加快疏解非首都功能的战略背景下,"京企"的流动和外迁已成为趋势,一些城市正全力支持在京高科技企业在地方建立生产基地、销售中心和区域总部,积极承接北京外溢的央企总部、金融机构、科研院所、科技人才等创新资源,促进各类要素在北京和地方有序合理流动。珠海应紧抓北京疏解非首都功能的机遇,加强北京—珠海高科技产业和创新资源的对接和引进,打造承接北京非首都功能疏解的大湾区支点。

一、破题"双循环",京珠协同擘画湾区内外联动新图景

作为我国开放程度最高、经济活力最强、国际化水平领先的区域之一,粤港澳大湾区充分利用"一国两制"制度优势、港澳独特优势和广东改革开放先行先试优势,基础设施"硬联通"提速推进,资本、信息、技术等要素跨区域流动"软联通"加快形成,国际一流湾区和世界级城市群雏形渐露。大湾区融合发展进程加快,互利共赢的产业合作不断加强,开放共享水平不断提升,不仅增强了"1+1>2"的区域产业发展整体规模效应,也为区域内城市产业的空间集聚和创新溢出提供了广泛的机遇和场景。

珠海作为湾区重要门户枢纽城市之一,应加快推进与大湾区高校、科研院所、科技园区、龙头企业的全方位合作,积极引进和孵化大湾区优质科技项目,不断完善适应大湾区科技成果转化的创新创业环境,吸引各类产业发展核心要素落地,借力大湾区城

[①] 本章由首都科技发展战略研究院和珠海市民营经济发展研究院联合课题组完成,执笔人为邱英杰、梅耀敏。

市的初始禀赋与比较优势,实现要素和资源的优化配置,带动珠琴澳乃至大湾区的协同发展。

在内联湾区做好"存量文章"的同时,珠海应考虑外联首都深挖"优质增量"。科技创新离不开"高精尖"人才和顶尖高校资源的支撑。纵观国内,北京的科教和央企资源最为密集,肩负着全国科技创新策源地的使命。在疏解非首都功能的同时实现经济增长,已成为北京落实创新驱动发展战略和追求高质量发展的鲜明特征。为寻求更低的生产要素成本、更优的产业链条协同和更好的产业政策扶持,大量高科技产业和创新资源正向京外转移。

从科技成果转移看,2021年,北京市认定登记技术合同总量首次突破9万项,成交额突破7000亿元,其中,输出外省市技术合同成交额为4347.7亿元,输出津冀技术合同成交额为350.4亿元,仅占流向外省市成交额的8.1%。近年来,中关村科技成果除在北京本地转化外,五成多落地长三角、珠三角,仅有不足一成落地津冀地区。从高科技企业转移看,2017年以来,北京4年间累计迁出673家高新技术企业,数量位居全国第一,比排名第二的城市高出8倍之多。除政策吸引力外,产业结构与产业特色是企业决定搬迁的重要原因之一。由于京津冀三地总体产业梯次结构不明显,上下游关联程度不高,产业对接困难,仅有5%的企业留在天津和河北,大量企业选择向长三角和珠三角迁移。其中,北京至南京是最活跃的一条搬迁路径,有52%的企业选择外迁南京,远高于珠三角城市。从央企总部转移看,国资委旗下共有97家央企,51家为副部级央企,其中有34家总部设在北京。大量央企总部的存在,使北京成为世界500强企业最多的城市之一。然而,央企总部的"离京潮"愈演愈烈,仅2021年就有中国电子信息产业集团、中国船舶集团、中国长江三峡集团、中国华能集团等数十家央企搬离或被要求搬离北京。

身处中国改革开放的最前沿阵地,制度开放优势是珠海的最亮底色。珠海应主动作为、乘势而上,代表大湾区城市积极推动京珠协同发展,依托首都的战略资源力量,补齐大院大所偏少、产业集聚度偏低、产业链不够完整、高校专业设置与产业需求不匹配等短板弱项,携手澳门和横琴建强继广佛极点和深港极点后的大湾区"第三极核",助推大湾区加快实现从"两极拉动、多点发展"到"三核引领、多中心网络化"的战略性转变。

二、寻找"公约数",核心赛道描摹产业协同发展同心圆

新兴产业是引领未来经济社会发展的重要力量,当前新一轮科技革命和产业变革方兴未艾,新兴产业发展前景广阔、潜力巨大。北京新产业、新业态、新模式蓬勃发展,2021年,北京市高技术产业实现增加值10 866.9亿元,占地区生产总值的比重为27%;战略性新兴产业实现增加值9961.6亿元,占地区生产总值的比重为24.7%。北京高端产业的经济引领作用日益凸显,2022年前三季度,北京市新设科技型企业7.8万家,占新设企业比重的四成以上,高技术产业投资增长48.7%,占全市固定资产投资的比重为

14.2%。现代服务业对北京经济增长的贡献也进一步扩大,金融、科技、信息等服务业对经济增长的贡献率达到一半以上。

科技创新对北京高质量发展的支撑作用显著增强。北京发布高精尖产业"10+3"政策,打造新一代信息技术和医药健康"双发动机"。出台促进北京经济高质量发展的若干意见及"五新"行动方案。发布三批60项重大应用场景,加速前沿技术迭代升级。瞄准集成电路、医药健康、新能源智能汽车、新材料、智能装备等产业领域高端发展需求,加快培育形成一批具有全球影响力的科技领军企业,独角兽企业数量保持世界城市首位,隐形冠军企业数量大幅增加,"三城一区"主平台、中关村国家自主创新示范区主阵地作用显著增强,基本形成辐射京津冀、带动全国的全域联动发展格局。

北京的产业布局与珠海的产业发展蓝图交相呼应。当前,珠海产业发展坚持优结构、稳存量、扩增量并举,把发展经济的着力点放在实体经济上,紧紧围绕新一代信息技术、新能源、集成电路、生物医药与健康四大主导产业,以及智能家电、装备制造、精细化工三大优势产业集中用力,进一步延链、补链、强链,迅速做大做强珠海"4+3"支柱产业集群。北京外迁的企业也大多属于战略性新兴产业中的新一代信息技术、高端装备制造、生物医药等产业,与珠海的产业发展方向高度契合。

为解决结构性矛盾问题,推动经济发展稳中加固、争先进位,珠海应进一步聚焦集成电路、高端制造、生物医药等重点领域,以促进制造业创新发展为目标,以促进产业提质增效为动力,积极推动北京外溢科技产业资源落地珠海,坚持以产业链部署创新链、以创新链布局产业链,做好"建链、补链、强链"的文章,加快培育壮大战略性新兴产业集群,实现制造业由小变大、由大变强的历史跨越,带动珠海主导产业实现高质量发展。

三、攥紧"强拳头",战略招商筑牢新旧动能转换压舱石

在高质量发展的新要求下,珠海增强"战略招商"思维,从产业整体发展战略入手,围绕重大项目招引、产业生态建构、服务机制改革等方面,创新招商策略与模式。结合珠海实际,依托京珠协同做好战略招商应关注以下3个方面。

一是坚持重大项目拉动,强化有效投资。面向国家重大需求,结合珠海发展实际,推动中国科学院、中国工程院、中国医学科学院等大院大所在珠设立分支研究机构,积极争取外迁的央企总部落地珠海。加强与首都科技创新智库、行业协会等机构的合作,聚焦战略性新兴产业集群高质量发展,深挖首都优质项目资源,突出"招大引强"与"招新引优"并举,研究、细化、优选京珠产业协同招商方向,瞄准世界500强、中国500强、中国民企500强、行业100强等大企业和"独角兽""专精特新""隐形冠军"企业,以更积极的姿态、更超前的眼光、更长远的谋划,聚力引进一批有利于珠海传统产业优化升级、战略性新兴产业提质增效和新经济新动能培育的重大项目。

二是坚持资本招商带动,优化产业结构。充分发挥市场化基金放大引导作用,联合首都科技创新智库、专业投资机构等共同发起设立京珠协同产业投资基金,加大"以投促引"和对本地企业战略性投资的力度,实现地方产业发展与股权投资收益双赢。围绕

珠海产业链供应链中存在的突出问题，实施铸链、补链、稳链、扩链、强链等工程，引导科技部、中国科学院、北京市等的科技创新要素向珠海转移，引进一批有意愿到珠海进行产业化落地的硬科技、高成长性优质项目，着眼提升产业配套能力和整体竞争力，引进一批配套型项目，促进上下游、大中小、产供销整体配套，推动上下游产业延伸发展，由点带面形成产业生态，有针对性地打通堵点、补齐短板，增强珠海产业链供应链的稳定性和竞争力。

三是坚持保障机制联动，深化过程服务。聚焦集成电路、高端制造、生物医药等重点领域，紧抓京珠两地产业发展共同需要，在重大项目和企业引进过程中采取"一企一策"机制，量身定制"政策包"。支持配合服务好横琴粤澳深度合作区建设，主动融入共建"一带一路"，深度对接粤港澳大湾区，畅通国际国内经济循环，为项目发展拓展空间。持续深化"放管服"改革，纵深推进行政审批制度改革，为重点项目提供"绿色通道"。对新产业、新业态、新模式项目实施包容审慎监管，加快完善以负面清单为主的市场准入机制，持续提升京珠协同项目招商服务水平。

第十四章 "多链融合"城市创新生态系统：理论框架与机制设计[①]

一、城市创新生态系统理论基础及组织结构

（一）城市"多链融合"创新生态理论内涵

随着科技进步、产业变革、市场形势的不断变化，创新的不确定性、复杂性和模糊性进一步增强，对创新管理理论和实践均提出了新的挑战，创新范式从创新1.0的线性创新范式、创新2.0的"三螺旋"创新体系范式，开始向创新3.0的融合创新生态范式演变。

创新生态系统（Innovation Ecosystem）的概念起源于20世纪90年代，在21世纪初期进入应用决策层面，当前已成为世界各国研究创新问题的主要方式，怎样科学、合理、有效地提升创新生态系统的能级更是当前世界各国迫切需要解决的问题。对于城市创新生态系统的研究，国内外学者强调集群或群落的概念，创新群体与创新环境之间相互影响、相互作用是创新生态系统能级提升的根本。具体来说，要把一个城市的要素资源转化为竞争优势，除了劳动力、资本、物质资源等生产要素外，更需要具有较强的生产要素整合能力，而产业链、创新链、教育链和资金链作为城市创新的直接组织结构，能够按照某种特性或市场需求整合创新要素，并通过"多链"的融合发展实现新技术、新产品、新服务、新业态和新商业模式的衍生。因此，推动"多链融合"已经成为世界各国提高创新驱动效能的重要举措。

（二）城市"多链融合"创新生态系统结构

城市创新生态系统的本质是追求卓越，"多链融合"的核心目标是营造生命力强盛、根植力强大的创新生态系统，使全社会的创新活力充分迸发。综合科技、产业、金融、教育等要素功能，结合城市政策、市场及服务基础，"1+3+3"融合创新生态结构更能诠释城市的创新生态组成与功能地位（图14-1）。而"1+3+3"的充分与高效融合，更能推动城市创新向高能级、高附加值状态转变演化。

[①] 本章由首都科技发展战略研究院课题组完成，执笔人为赵峥、刘杨、李淑敏、常含笑。

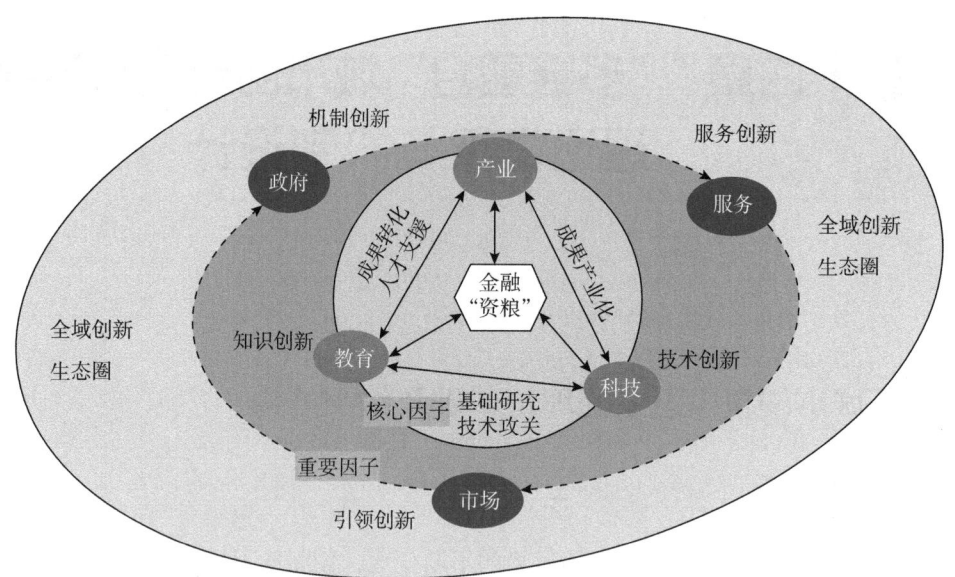

图 14-1　城市"1+3+3"融合创新生态结构模型

在这个融合创新生态结构中，产业链是产业发展的直接创造组织，在创新生态中处于引领位置；创新链是以产业链为导向，源于产业链并服务于产业链，是促进产业链发展壮大的最根本动力；教育链作为创新生产力促进组织，为创新提供知识原动力与要素支撑；资金链作为产业中最活跃的流动要素，深度嵌入系统中，担负着促进产业链、创新链和教育链发展壮大的"资粮"作用。从"四链"自身发展角度看，产业链、创新链、资金链与教育链自身发展的高级化是促进创新生态能级提升的"外在"显性动力；"四链"之间通过相互融合、相互协同、相互合作而产生的作用力，就可视为促进创新生态系统能级提升的"内在"隐性动力。正是通过"四链"自身发展及"四链"之间的相互融合、相互协同、相互合作，才将各类创新要素、创新资源转化为"外在"显性动力和"内在"隐性动力，从而提升城市社会经济发展的竞争力。

在四大要素之外，还存在三大变数，即市场、政府和服务，这是另外3个能够对创新生态条件产生重要影响的变量。市场是永恒导向；政府政策的影响是基础；服务链作为一种生产力促进组织，在产业链、创新链、教育链和资金链之间发挥着"黏合剂"的作用。

二、城市创新生态系统"多链"紧密融合机制

（一）创新链和产业链融合为统领

理论上，创新链是依托知识创新活动，以技术供给为核心，从基础研究到产业化的链式创新过程集合，反映了各创新主体在整个过程中的衔接、合作和价值传递关系。产业链则是从原材料一直到终端产品制造的各生产部门的完整链条，是一系列创新成果的

物质呈现。创新链和产业链的对接包括创新主体与生产主体的对接、创新成果与产品生产的对接、创新过程与产业发展的对接等。创新链和产业链互为支撑,科技创新是先导,产业升级安全是目标。强大的创新链有助于提升产业链附加值,增强产业链竞争力,降低因意外事件冲击导致的产业链外迁风险;稳健的产业链有助于激发创新活力,促进科研成果从样品到产品再到商品的转化,推动产业链从中低端向中高端迭代升级。创新链和产业链的精准对接有利于做强做大实体经济,推动城市向创新型城市转型。

(二)创新链和产业链对接始于创新,成于金融

资金链是维系产业正常生产经营运转、创新持续进行所需要的基本循环资金链条。通常,高新技术产业化的技术酝酿发明阶段、技术创新阶段、技术扩散阶段和工业化大生产阶段与企业发展的种子期、创建期、成长期、成熟期分别对应。每一阶段的完成和向后一阶段的过渡都需要资金的配合,而每个阶段所需资金的性质和规模都不同。

在种子期、创建期,由于距离收获季节时间太长,而且从创意的酝酿、基础研究到中试,再到产品开发存在很大的技术风险、市场风险、管理风险,因此,风险投资进入性较差,具有政府性质的政府资本发挥了更大的支持作用。到了成长期的技术发展和生产扩大阶段,产品开始向规模化、量产化过渡,VC、PE及一些股权市场的金融资本开始进入,并发挥主导作用。伴随技术的逐步成熟,产品获得市场的认可,甚至根据市场需要转型升级及能够规模化生产之后,银行资金和并购资金开始大规模介入,开始出现产融结合。成熟期后,企业产品的销售本身已能产生相当的现金流入,同时,这一阶段的技术成熟、市场稳定,企业已有足够的资信能力去吸引银行借款、发行债券或发行股票,成熟企业的闲置产业资本也探索进行再投资。从整个企业的生命周期或者是从技术到产业的演化过程看,在技术的不同成熟水平、产业的不同发展阶段需要不同类型的资本,它们在不同阶段相互"接棒",完成整个企业培育和成熟成长过程。

(三)教育链是创新链、产业链持续演进的动力支撑

教育创新是面向国家战略需要和世界学术前沿,自主开展科学研究、社会服务、文化传承等创新活动,推进产学研协同创新和成果转化,发挥文化育人作用,为人类文明贡献新思想、新知识、新技术。教育链与产业链、创新链有机衔接,是促进教育和产业体系人才、智力、技术、资本、管理等资源要素集聚融合、优势互补,打造支撑高质量发展的新引擎。

科技革命不断加速,给教育带来了巨大的挑战,新业态、新职位、新需求不断涌现,对教育人才供给能力与知识供给结构提出新的要求。面向未来,教育应该主动识变、求变、应变,以技术的集成应用促进产教融合、科教融合向大协同、大创新的方向跨越,围绕协同产业创新目标对教育的定位、理念、形态、学习过程、体制机制进行优化调整,为区域社会经济发展、产业结构升级、企业产品线改造提供前沿科学技术、专业高端人

才和全面的技能型人才。同时，与产业链协作，使得教育区域协同发展有据可依，有了扎实的经济基础、可靠的抓手、丰富的内容，进一步凝聚高校特色，为高校更好地融入区域创新发展大局寻找路径和方法。

（四）创新链、产业链、金融链、教育链有效对接，需要有为政府护航

一是顶层设计与统筹谋划，政府通过实施体制机制改革、搭建具有一定浓度和密度的资源要素集聚平台、发展科技市场、引育创新中介服务主体、强化知识产权保护等措施促进技术、市场、人才、资本精准对接。二是优化营商环境，营造市场化法治化国际化营商环境，持续推进"放管服"改革，构建亲清政商关系，建设高标准市场体系。三是发挥政策"指挥棒"作用，整合各类引导基金、扶持政策，对创新创业、企业成长、教育改革给予更多主动服务、精准扶持，助力企业跨越"死亡之谷"，在充满"不确定性"的百年大变局中，为创新加速、产业进化和教育变革提供"确定性"。

（五）创新生态建设更需要科技服务的"黏合剂"作用

科技服务体系以信息服务、知识产权服务、技术交易服务、检验检测服务、市场开发服务等为基础，以满足科技创新需求，促进科技成果研发、转化和产业化为目标，结合创新的进程对服务的需求，整合科技服务相关主体，构建专业化的科技服务有机体系。其中，合作互补是科技服务体系建设的实质，全方位系统化服务是科技服务体系建设的导向，行业及跨行业服务联盟或协会组织是科技服务体系的衔接枢纽。

（六）促进形成创新生态良性循环，必须发挥市场对技术研发方向、路线选择、要素价格、各类创新要素配置的导向作用

无论是围绕某一核心技术成果开发产品，还是将技术用于改进、提升产品或服务的特定性能，都不是单一的技术问题，而是涉及需求、定价、开发、设计、推广等多要素的复杂系统。唯有通过市场的手段，让技术得以作为一种市场要素自由流通，才能降低交易成本，让技术创新端和产品供给端紧密配合，对产业发展形成有力支撑。

三、城市创新生态系统"多链融合"总体要求

城市必须重新审视其在国家与区域创新发展格局中的地位与作用，以开放创新腹地与原始创新战略枢纽的站位来看城市的创新发展，明确科技、教育、产业、金融融合创新是打造城市目标实现和纵深发展的重要突破口，紧紧围绕城市发展战略目标，以强化高质量发展科技支撑为主线，以城市创新重点功能区为抓手，以自主创新和开放融通为推进路径，着力完善城市科技基础设施，推动关键核心技术攻关，着力强化企业创新主体地位，培育优势产业集群，着力完善科技服务体系，促进科技成果高效转化，着力推

进区域全面创新合作，营造活力繁荣创新生态，围绕产业链部署创新链，围绕创新链完善资金链，以创新链重塑教育链、人才链，促进创新链、产业链、教育链、人才链、资金链有机衔接，探索教育支撑创新、科技引领产业、金融赋能发展的融合新模式，打造科技、教育、产业、金融紧密融合的创新体系，为城市高端高质高新的现代化经济体系建设提供坚实支撑。

（一）健全鼓励支持基础研究、原始创新的体制机制

一要建立高端人才引育机制。培养、引进一批具有全球视野与战略前瞻能力的科技领军人才和高水平创新团队。发挥战略科技人才对革命性、突破性科学技术的洞察力及对关键领域世界格局、未来趋势、变革动力的把握力。二要完善财政科技计划形成机制和组织实施机制。建立重大科技基础设施建设运营多元投入机制，支持民营企业参与重大科技基础设施建设，支持企业承担科研任务，激励企业加大研发投入，提高科技创新绩效。三要结合不同类型、不同阶段的创新特征，建立科学价值、经济价值和社会价值等相结合的多元科技评价激励机制。强化以创新价值为核心的评价导向，对于基础性、前沿性的重大原始创新进行长期稳定的科研经费支持，让科研人员静心思考、潜心研究。四要建立严格的科研道德规范与自律机制。营造崇尚创新、鼓励尝试、宽容失败的创新文化氛围，引导科研人员稳定预期，潜心研究，甘于坐"冷板凳"。

（二）完善风投准入机制，构筑金融服务实力与优势

一是深入落实区域创业投资条例，拓展投融资渠道，完善募投管退生态。发挥政府财政资金、引导基金引领作用，引导市场化金融机构加大投资。建立社保基金、养老金进入创投行业作为长期资金来源的机制。以"知识变现"为切入点，推出定向支持城市各高校、科研机构科技成果转移转化的资产证券化产品。二是加强创投人才引进、完善创投行业配置建设机制。将创业投资人才纳入高端人才引进、人才培养、人才安居范围，对于符合条件的人才，参照特区金融机构同等待遇，享受人才奖励、落户、住房、子女教育、医疗和出入境等便利服务；将创业投资行业纳入创新型产业用房范围，为创业投资主体提供优质办公配套环境。三是进一步增强财政资金引导放大效应。综合运用无偿资助、后补助、奖励、政府采购、税收减免、风险补偿、股权投资等直接和间接投入方式，鼓励各类创新活动，形成财政资金"投入—运营—退出—再投入"良性循环机制。四是健全成熟产业内部再投资机制。鼓励成熟产业的龙头企业投资该行业中有市场前景的先进技术。

（三）健全产教融合发展机制，打造高质量创新引擎

一是建立产教融合人才培养机制。健全法律法规的刚性措施，保障校企联合培养人才深度合作，支持高校产教融合专业化人才队伍建设，提升产教融合服务专业化水平，提升产教融合、产学研合作在高校考核考评中的分量。鼓励城市高校设置产教融合工程师课程，支持工程师队伍的培养、培训、项目研发工作。二是建立产教融合、校企合作

评价机制。建立校企人才联引联育联评联认联用机制，促进高校、产业界杰出人才快速、自由、便捷地共享流通，释放"人才红利"，化解产教领域人才难以深度融合的瓶颈。三是建立校企双方的利益协调机制。明确校企双方合作中的共同利益，完善校企双方的权责分配机制。在设立校方院长全面负责学院管理工作的同时，设立企方院长全面负责产学研合作工作，促进企业更多参与到学院决策、建设、教学、管理、执行等各方面中，从而形成稳定有序的管理架构。四是建立健全产教融合沟通机制。吸纳高校、科研院所和高新技术企业等组建"智囊团"，全过程参与国家级产教融合示范区创建工作，充分发挥政府、主管部门、高校及产业界各方优势，最大化提升创建品质。

（四）完善科技成果交易与监管机制，规范交易行为

一是建立科技成果市场化评价机制。健全协议定价、挂牌交易、拍卖、资产评估等多元化科技成果市场交易定价模式，全面准确地评价科技成果的科学、技术、经济、社会、文化价值。利用大数据、人工智能等技术手段，开发信息化评价工具，综合运用概念验证、技术预测、创新大赛、知识产权评估及扶优式评审等方式，构建标准化评价。二是研究制定技术市场交易管理制度。建立健全知识产权交易和行业自律机制，推进全流程电子化交易，推进知识产权证券化。促进科技成果交易平台与各类金融机构、中介机构合作，形成涵盖知识产权界定、价格评估、流转交易、担保、保险等业务的综合服务体系。三是提升科技成果交易监管水平。打破地方保护，加强反垄断和反不正当竞争执法，规范交易行为，健全投诉举报查处机制，防止发生损害国家安全及公共利益的行为。加强信用体系建设，完善失信行为认定、失信联合惩戒、信用修复等机制。健全交易风险防范处置机制。

（五）建立区域联动机制，建设开放型协同创新高地

一是城市内土地资源统筹利用机制。加强高位统筹，注重长远规划，创新探索土地管理改革和管理方式转变，以促进技术成果就地产业化和新型产业结构构建为方向，深入结合城市国土规划专项，构建经济高质量发展的自然资源管理机制、灵活的调控机制，为城市融合创新势能叠加释放带来的高速、高效发展奠定空间制度保障。二是跨区产业化合作机制。以推动就近产业化、打造产业带、建设"飞地"园区为目标建设跨区域的产业化合作机制，以股份共持、资金共出、税收共享、政策共用等模式实施合作管理。构建由决策层、协调层和执行层组成的多层次政府合作机制框架，实施地方政府主要领导座谈会制度、设立日常协调办公室、建立专业委员会等形式，解决产业化合作中的具体问题。以跨区合作的制度体系和非正式制度体系形成以重点科教功能区为核心的高新技术产业集群。三是建立知识溢出管理机制。践行服务全国的发展使命，延伸城市重要科学平台与大科学装置的服务半径，建立开放协同创新联动机制、知识溢出管理机制，通过实施委托管理、技术转移、定制化研发等一系列措施，构筑重点科教功能区作为科技创新枢纽的良好环境。

（六）完善创新资源共建共享机制，提升资源利用效能

一是完善科学设施共享机制。落实资源开放共享理念，进一步探索并完善大科学装置、高校院所重大实验设施等优质资源统筹应用和开放共享机制，更好地服务于城市创新发展重大专项，为推动技术创新、优化实验环境提供重要支撑。二是完善科技创新资源协同机制。以技术转移机构建设发展为抓手，通过推动成果转移转化过程标准化、成果信息共享、成果转化渠道共建共用、科技成果联合推广等措施，强化高校科技成果转移转化能力建设，促进科技成果高水平创造和高效率转化，提升高校服务经济社会发展的能力。三要建立要素流动机制。建立完善的高端要素流动机制，推动高端人才、信息、技术等创新要素在区域内自由流动。在发展完善要素市场、健全要素交易规则的基础上，加强高技术要素利用的信息披露，维护要素市场的公平交易和有效运转。

（七）健全技术成果转化机制，扎实推进市场化运行

一是建立科技成果转化政策标准。城市应该充分利用先行区、示范区的优势，加快技术成果转化环节的制度探索与示范应用，在作价评估、知识产权切割、入股评定、税收管理、收益分配及后期运营等领域创建规范标准、组织验证，为其他区域有序有效的成果转化推进提供政策参考。二是建立促进技术要素市场化机制。赋予科研人员职务科技成果所有权和长期使用权，制定科技成果转化尽职免责负面清单和容错机制，开展科技成果转化贷款风险补偿试点。三是鼓励研发力量进入城市市场机制。制定科学技术转移促进条例、科学技术管理办法、产业技术能力强化办法等系列文件，细化鼓励科研人员创新创业机制、产业技术能力强化机制，为城市创新活动及科技成果商用化提供高效的平台与机制保障，推动科研人员、科研成果走向城市本地市场。四是推动收益权和分配权改革机制。完善知识产权切割机制，降低产权交易风险。明确学校、技术主体、产业化运营主体三方利润分配机制。创新大学教师考核与晋升机制，建立兼具垂直科研生态与横向技术成果转化生态的融合考核机制。建立技术成果转移协调机制，将先进的研发成果与市场资本及运营有效链接。五是专业化技术转移机构和技术经济人队伍引培机制。建立中介机构引入与培养机制、技术成果产业化人才培养机制，引进、培育专业化科技成果转移转化服务机构，将科技成果转移转化人才纳入各类创新创业人才引进培养计划，建立一支既掌握专业技术又熟知市场需求的专业化技术经纪人队伍。

（八）完善监测评估机制，精细化指导创新生态工程

一是建议出台城市"多链融合"发展管理办法。制定推进"多链融合"战略实施的路线图、项目库、融合政策试点，建立健全统计监测体系和评估考核机制，建立详细的评价约束条件，在便捷服务方面提供详细明确的条款指导。二是完善科研管理机制。健全市场经济条件下符合科研规律的科技管理体制，弱化数量考核指标，强化质量考核指标，加大研发投入强度和基础研究投入考核；建立健全科研评价体系、激励机制，鼓励

广大科研人员解放思想、大胆创新；支持对技术研发成果进行精准评估，帮助企业完成创新资源的精准对接与高效转化；深入推进科技计划管理改革，加强事中事后监管和科研诚信建设。三是建立城市科技创新年度评估监测体系。设立城市科技创新环境评估、监测办公室，引进第三方科技创新评估评价机构，建立"城市科技创新年度评估监测体系"，通过科技创新发展指数研究，连续、动态地跟踪和度量城市科技创新发展的进展情况，分析影响城市科技创新发展的主要因素，科学、客观、公平地评价城市科技创新发展成效，精细化指导城市科技创新发展工作。

第十五章 城市建设国家自主创新示范区的价值与路径①

国家自主创新示范区是指经国务院批准，在推进自主创新和高新技术产业发展方面先行先试、探索经验、做出示范的区域。当前，我国经济已由高速增长阶段转向高质量发展阶段，新旧动能加速转换，创新成为引领发展的第一动力。建设国家自主创新示范区是新时期党中央、国务院实施创新驱动发展战略、提升国家自主创新能力、加快创新型国家建设的重要举措。城市建设国家自主创新示范区既是贯彻落实国家创新驱动发展战略的重要部署，也是打造区域创新高地、产业高地、人才高地，培育区域创新发展新优势重要抓手。

一、城市建设国家自主创新示范区价值意义

一是有利于引领城市融入国家创新发展战略。建设国家自主创新示范区，依托创新政策的先行先试，可以高度开发与利用当地优势资源，全力营造良好的创新创业环境，全面提升区域创新体系整体效能，带动城市向开放创新先行区、转型升级引领区、协同创新示范区、创新创业生态区转变，并以打造国家技术创新体系的战略节点，深度融入国家科技创新发展大局。

二是有利于探索城市创新发展新路径。"十四五"时期是我国创新驱动高质量发展攻坚期，各个城市比以往任何时候都强化科技力量建设，建设国家自主创新示范区无疑是城市加强科技力量建设并依托科技创新实现突破发展的最佳路径，将有效推进以科技创新为核心的全面创新，加快形成以创新为主要引领和支撑的经济体系和发展模式，推动传统产业向中高端迈进，为开创高质量发展新局面提供根本保证。

三是有利于优化区域协同创新新格局。我国经济社会发展区域化特性非常明显，经济圈、城市群、经济带引领区域优势资源就近整合。国家自主创新示范区的建设能够破除体制机制障碍，营造市场化、国际化、法治化的营商环境，政策优势与发展机遇促进区域产业、空间、资金、信息、数据、城乡功能重新布局，区域一体化协同创新机制加速形成，离散式创新向体系化创新转变，跨区域协同创新更加频繁，功能错位、协同互动的一体化发展大势构筑区域创新发展新格局。

四是有利于打造国际化创新创业生态圈。建设国家自主创新示范区，更利于聚焦特定领域开展国际交流，支持国际科技组织、国际科研机构、跨国技术转移服务机构、国

---

① 本章由首都科技发展战略研究院课题组完成，执笔人为赵峥、刘杨、李淑敏。

际媒体等在示范区设立分支机构，运用国际规则吸引国际同行搭建国际交流平台，以更加开放的姿态融入全球创新网络，为城市创新链与全球创新链深度耦合打开新局面。

二、城市建设国家自主创新示范区目标定位

一是打造国家科技创新战略实施重要支撑区。充分利用示范区内创新资源和产业基础，主动承担与落实国家科技创新发展战略，并把执行国家战略要求作为示范区建设的重要使命和责任，依托先行先试在特定领域积极探索，通过解决重大发展问题为国家战略部署贡献城市力量，提供城市经验。

二是打造创新引领高质量发展示范区。紧扣城市产业升级发展需求，把促进优势特色产业延链补链强链作为主攻方向，围绕产业链部署创新链，围绕创新链打造产业链，提升科技创新对经济增长的贡献率，推动产业不断向价值链高端攀升，引领城市创新转型、经济跃升，为全国同类城市的高质量发展提供示范。

三是打造产业转移与技术成果转化样板区。抢抓国际国内产业分工深刻调整机遇，推动示范区政策先行先试优势向市场资源优化配置转变，建立符合科技创新规律和市场经济规律的产业转移和技术成果转化服务体系，强化与科技发达城市创新主体深度合作，加大国内外创新成果在示范区转化应用，依托智力资源导入加快打造城市新兴产业发展高地与创新型经济发展引擎。

四是打造开放创新与交流合作引领区。建设城市开放创新中心，释放开放与创新政策乘数效应，在技术研发、资源引进、科创平台建设、重大科技项目承接等方面优化合作机制，为城市高水平开放创新探索新模式新经验。

五是打造区域一体化发展先导区。以协同创新思路打破区域壁垒，以一体化思路着手要素布局，引领区域构建协同有序、优势互补、联动高效的一体化创新网络、融合互助产业集群，率先探索区域合作由项目协同向制度协同转化，引导与融入城市群、经济圈、产业带一体化发展。

三、城市建设国家自主创新示范区重要路径

（一）深化体制机制改革，推动政策先行先试

坚持科技创新和制度创新"双轮驱动"，优化商事制度改革，推动管理体制创新，开展运行机制试验，引导创新激励机制完善，最大限度地激发和调动创新潜能，推动创新治理水平大幅提高。

一是推动管理体制创新。赋予示范区在体制改革和机制创新方面充分的自主权和决策权，支持示范区探索建立有利于创新发展的管理体制和机制。建立示范区与所在地区发展改革、工业和信息化、科技、财政、教育、市场监管、人力资源社会保障等部门"直通车"制度，允许示范区在项目申报、财政补助、人才认定、证照办理等方面实行直接申报。

赋予示范区内事务审批管理权,将外商投资服务业鼓励类和允许类项目审批和小额贷款公司、融资性担保公司备案等权限下放至示范区。

二是构建高效运行机制。坚持"小政府、大服务"理念,创新管理职能设置,减少管理层级,构建高效精干的管理体系。推动示范区围绕服务型、效能型政府建设,在公共服务领域由服务提供者向服务组织者的角色转变。深化行政审批制度改革,坚持依法行政,取消部分行政审批事项,放宽市场准入。

三是营造先行先试政策环境。赋予国家自主创新示范区政策先行先试的权力,率先全面实施国家自主创新示范区"6+4"政策。聚焦国家自主创新示范区创新发展面临的突出问题,在股权激励改革、税收政策改革、科技成果处置权和收益权改革、科研项目经费管理改革和高新技术企业认定等方面出台政策试点文件。探索建立与区域发展相适应的产学研用股权激励机制、税收优惠政策,实现高等学校所投资企业股权和分红激励、个人贡献股权奖励及科技人才税收优惠。建立国家科技金融"拨、贷、投"融合服务试点,设立专项资金、引导资金,培植天使投资基金、产业投资基金等各类基金。

四是建立跨区域创新联动机制。推动建立政府引导、市场运作相结合的统筹协调机制,构建协同有序、全方位发展、优势互补、科学高效的一体化创新体系。协同推进基础设施互联互通、创新资源开放共享,推动优质教育、卫生、文化、体育资源入驻国家自主创新示范区,促进金融、信息、人才对接交流。制定示范区土地资源管理与统筹利用计划,以股份共持、资金共出、税收共享、政策共用等模式实施合作管理。

(二)强化创新要素培育,提升自主创新能力

聚焦自主创新能力提升,重点培育企业创新能力,集聚科技创新人才,推进创新平台建设,为示范区创新驱动高质量发展提供源头供给。

一是提升企业创新能力。壮大创新型企业梯队:构建"科技型中小企业—高新技术企业—科技型领军企业"梯次培育体系,大力推动高新技术企业和科技型中小企业"倍增"行动,形成高新技术企业和科技型中小企业加速增长的良性态势。实施"科技型领军企业"培育计划,推动一批科技型企业实现跨越式发展,形成一支成长速度快、创新活力强、具有技术优势和市场优势的科技型领军企业和"链主企业"队伍。增强企业创新发展实力:推进示范区内中小企业公共技术服务平台建设,围绕产业集聚区,依托大学、科研院所、大型企业、龙头企业、科研人才、设备、技术资源建立一批为中小企业提供产品研发、设计、试验和检测的共性技术服务平台。支持企业牵头组建创新联合体和技术创新战略联盟,引导创新要素集聚,共同承担重大科技项目,提升企业整体创新力和市场竞争力。全面落实研发费用加计扣除、高新技术企业、技术先进型服务企业等税收政策,激发企业自主创新内在动力。

二是集聚科技创新人才。着力培养高层次领军人才:坚持把人才引育贯穿示范区建设始终,全面落实国家、区域已有人才政策,支持示范区制定科技人才发展规划和高层次人才特殊支持政策。鼓励示范区内企业与科研院所、高等院校合作建立创新基地和研发产业园,以科技重大专项、重大创新平台建设为抓手,推进高层次人才培养与科技计划、

创新平台建设过程结合，吸引和支持高层次科技领军人才和高水平创新团队开展创新活动。着力完善人才发展机制：推动示范区完善人才激励机制，建立更加灵活的人才管理机制，打破人才流动、使用、发挥作用中的体制机制障碍。营造有利于科技人才发展的制度环境，拓展人才双向流动机制，落实科技人才在高校、科研机构和企业间双向兼职。鼓励科技人才利用科技成果创办科技型企业，赋予科研人员职务科技成果所有权和长期使用权等。

三是培育创新平台体系。布局建设高能级创新平台：围绕示范区重点产业发展方向和技术需求，坚持扩大增量和优化存量并重，加大创新平台在优势特色产业和新兴产业中的布局，培育若干具有重要影响力的重点实验室、技术创新中心、产业创新中心、制造业创新中心。支持创新型龙头企业牵头，联合高校、科研机构和社会团体，以产学研合作形式设立产业技术研究院等新型研发机构。支持城市已建成的新型研发机构充分发挥作用。合力构建创新共同体：鼓励示范区内技术创新资源整合能力强的企业牵头，联合行业上下游企业和高校、科研院所等科研力量，组建联动产业链、供应链、创新链升级的新型创新合作组织和利益共用体，加速开展技术研发和融合攻关。广泛集聚产学研创新资源，开展技术合作，搭建技术研发、检验检测公共服务平台，攻克关键技术，推动成果转化，联合培养企业，提升企业自主创新能力。

（三）构建优质服务体系，激发创新创业活力

加快聚集国内外高端创新创业要素，提升技术成果转化孵化成效，努力把示范区打造成为创新创业的集聚区、示范区，将创新创业的强大活力转化成为示范区经济发展的新动能。

一是促进科技成果转化。构建高水平成果转移转化综合服务平台：建立成果转移转化综合服务平台，深化信息交汇、成果展示、技术交易、技术咨询、科技金融、创新人才、知识产权、创业孵化等科技创新综合服务供给，形成覆盖科技成果转化全链条的一站式服务体系。强化技术成果转移转化服务主体建设，设立示范区科技成果转移转化专门机构，承担成果转移转化重大任务，引入国内外高水平科技成果转化服务机构，提升转移转化服务专业水平。支持高校、科研院所在示范区内建设技术转移中心或技术转移机构，推动科技成果供需精准对接。打造高素质成果转化专业化队伍：吸引和鼓励高校院所科技人员在履行岗位职责的前提下，兼职到示范区等从事科技成果转化活动。支持示范区建设技术转移人才培养基地，健全技术经纪人/经理人等专业人才培养机制，建立科技成果转移转化人才职称评聘制度，不断创新技术转移人才培养模式。

二是大力开展产业孵化。加快产业孵化器布局：引导龙头企业、高校和科研院所围绕产业链建设专业化众创空间、专业孵化器，促进大中小企业融通发展。开展"苗圃（众创空间）—孵化器—加速器—产业园"创新创业链建设，鼓励骨干企业、高校、科研院所建设各类孵化机构。支持建立一批低成本、便利化、全要素、开放式的新型众创空间。推动城市大学科技园提质增效，鼓励城市大学牵头培育建设大学科技园。提升孵化服务能力：强化孵化机构从业人员培养，打造专业化创业导师队伍。鼓励孵化机构利

用互联网、大数据、人工智能等新技术提升服务效率，提高市场化运营能力，加强企业化运作。鼓励金融机构向孵化机构倾斜金融资源。健全孵化机构绩效评价、动态管理和政策支持机制。鼓励孵化机构组建双创联盟或联合体，促进区域间的经验交流和资源共享。

三是完善科技金融服务。提升政策性金融服务：围绕示范区建设发展需求和战略性新兴产业融资规律，进一步建设并完善示范区政策性金融服务体系。结合示范区产业集聚特点、扶持发展需要和政府财力状况，引导社会资本合作发起设立若干产业子基金，进行市场化运作。引入第三方专业基金运作管理机构，采取市场化运作机制灵活管理基金，对基金投资与收益采取多样化考核机制，有效增加投资资本供给。引进区域银行、投资、担保、保险等金融机构，降低商业性金融市场风险。深化科技信贷创新：积极配合监管部门探索实施差别化的科技金融监管政策和考核评价体系。支持银行、创业投资、科技担保等机构面向科技型企业开展股权债权相结合的融资服务。联合金融机构、投融资机构、中介服务机构共同搭建科技金融综合服务平台，完善科技型企业征信体系。

四是优化知识产权运营。提升知识产权创造、运用、保护、管理和服务能力。建设"区块链+知识产权"服务平台，完善知识产权评估、托管、交易等服务。拓展知识产权金融服务，探索推行知识产权证券化，健全小型企业、微型企业和个体工商户专利技术转化项目质押贷款等服务。鼓励企业与科研院所、高校以建立知识产权利益分享机制为纽带开展关键共性技术研发、创新成果有效转化应用。加强知识产权保护，严厉打击侵犯知识产权行为，依法支持权利人知识产权侵权损害赔偿请求。

（四）加强科技开放合作，挖掘协同创新潜力

紧扣国家重大战略和示范区创新发展需求，深化区域合作与协同创新，强化全球创新网络链接，在借势发展、借智作为、借力推进上重点部署，拓展创新发展新赛道，在示范运行中带动示范区超常规发展。

一是深化区域合作。借力国家战略构筑发展新优势。深入对接国家能源战略、国家创新战略、国家网络安全战略、国家军民融合战略，争取重大科技基础设施、重大科研项目在示范区落地，以战略机遇叠加发展潜力，为构筑示范区发展优势开辟新路子、拓展新赛道。推进示范区与国内科技资源集聚区合作，建设适配区域发展需求的"科技飞地"，同步在示范区内布局实验室、研发中心、技术中心、创业孵化机构，创建双向流通、资源共享、研发合作、产业共育、科教互助等互动模式，借力破解示范区转型升级中的人才、技术难题。

二是引领协同创新。深入落实城市群及经济圈协同发展战略，把国家自主创新示范区打造成为一体化跨区合作的标志性平台，以资源最优配置为主导，全面加强区域间创新资源的深度融合。共建区域科技创新协同联动机制，共同构筑优势互补、协同互助的科技创新生态圈和创新城市群，实现创新创业与技术创新、效率变革、产业升级和现代化经济体系建设更加紧密结合，为区域生态保护和高质量发展提供有力支撑。

三是链接全球创新网络。以特色优势产业的科技合作为切入点,深度融入全球创新网络。依托城市重点科技合作平台,引进落地国外先进技术,培养具有国际视野的科研人员及高水平的卓越工程师。围绕国家自主创新示范区重点产业,积极组织举办国际交流活动。加强与国际创新高峰地区、海外合作中心、海外孵化器交流,引进海外相关产业技术在示范区转移转化。

第十六章 城市创新发展国际前沿：基于"2022西丽湖论坛"国际专家主题演讲[①]

"创新一子落，城市满盘活。"城市作为现代化的重要载体，创新动能越来越成为构成其核心竞争力的关键要素。随着新一轮科技革命在全球掀起创新热潮，城市如何厚植创新"土壤"，构建灵活高效的创新支持服务体系，推动科技、资本、产业深度融合，从而进一步提升城市经济发展的韧性和潜能，成为全球城市发展讨论的焦点。本章围绕健康城市、城市教育、城市数字发展及民生城市等方面，邀请4位国际专家进行主旨阐述，现将主要观点汇编如下。

一、科技对健康城市的发展具有重要意义

——世界顶尖科学家协会主席、诺贝尔化学奖得主罗杰·大卫·科恩伯格

近年来，健康城市逐渐成为城市规划建设与创新发展领域的重要议题。随着城市经济发展水平的提高，人们对生活质量的要求也越来越高，因此，从某种程度上来说，拥有一个良好的环境和设施有利于民生城市的发展。而颗粒物空气污染作为人类健康的最大威胁之一，研究显示，每年有超过1000万人死于呼入了受污染的空气，这意味着全球每5例死亡中就有一例是由空气污染造成的。PM 2.5通过嗅觉神经到达大脑，有充分的证据证明其会对人的认知造成影响。也有统计数据表明，空气污染会通过增加缺勤而减少劳动力供给。空气污染同样会降低员工的工作效率。最近的一项研究表明，成都的PM2.5年平均值已降至中国平均水平，由此将减少至少13亿元的医疗费用，节省至少10亿元的医疗保险报销。在中国，PM2.5空气污染每年造成100万人死亡，仅健康相关成本就高达6.5万亿元。为此，中国正在寻求高科技解决方案。要解决这个问题，首先要认识到，任何人都无法管理其无法衡量的东西。因此，要在正确把握衡量与统计的基础上，通过精准有效的科技成果转化手段才是正确之道。

举例而言，以色列移动物理公司已经开发出第一种真正有影响力的测量手段。Mobile Physics（简称"MP"）是一家软件公司，其开发的一种视频传感器就是通过软件来测量PM2.5浓度。运用这种传感器分析不需要额外的软件，也不需要互联网

[①] 本章内容来自2022西丽湖论坛的专家主题演讲整理，执笔人为文艺璇。

连接，甚至可以运用手机进行测量。经过测试，其测量的精度也非常高，如温度的误差值正负不超过 1 ℃。MP 类的科技型企业代表着一种技术手段，即未来所有物联网设备，包括可穿戴设备、智能家居、暖通空调和智能汽车，都将通过仅使用设备上现有的硬件就能感知并衡量其所需的环境检测值。通过这种方式，实现"软测量"和"传感器融合"的目标，也就是说，通过应用软件来实现硬件效果，以提升进一步的综合传感能力。这项技术还将在智能手机和其他智能设备上创建一个高质量、超局部环境数据的大型数据库，从而产生具有超高空间和时间分辨率的全球环境地图。这些数据在个人和公共卫生方面的应用将助力建成一个更健康、更富有成效的社会，并在医疗费用、保险和生产力方面节省大量费用，为健康城市的综合性发展保驾护航。目前，中国已经投资了超过 4000 亿美元用以减少 PM 2.5 污染，通过运用更多硬科技来推动环境治理水平，并在防治大气污染的全球目标中勇担重任。这一非凡的成就仅仅是一个开始。

二、未来的城市创新发展会越来越依赖于基础学科教育

——菲尔兹奖得主、美国国家科学院院士、中国科学院外籍院士埃菲·杰曼诺夫

数学是一个整体，其中的研究领域都很重要，数学也是一个国际化的学科，所有人探究相同的问题，得到同样的答案。纵观历史，数学从未像现在这样直接且深刻地影响我们的生活，也从未像今日这样受到来自社会各个层面的重视与支持。数学是一门非常古老的科学，几千年来，它与技术进步齐头并进，一直是任何教育课程的主要科目之一。其原因在于，使用数学语言，精确是唯一的方法论，不是"多或少精确"，而是精确。现在每个人都在谈论人工智能，但众所周知，人工智能产生于数学。在数学中，有一个枯燥而精确的名字：多维空间的模式识别。多年来，这是一个模糊的领域，缺乏深刻的思想和关键领域的应用。然而，强大的计算机出现了，使得这个鲜为人知的领域被提升到人工智能的地位，这也是自动驾驶汽车、医学成像等技术的关键一环。

推动人工智能发展的因素十分多元，作为基础学科的数学尤为重要。主要有两个方向：第一是大数据，使得经典问题被广泛验证；第二是向机器学习，通过试错来模仿人类的学习。这两个方向在数学上都处于起步阶段，也都将一直是数学应用的中心。但是，如果把数学仅看作某种技术引擎，那就大错特错。数学不仅是这样，换句话说，基础学科的力量不仅如此，包括数学在内的基础学科是艺术。在实验科学中，真理的标准是实验的重复。无论提出什么假说，都必须得到其他实验室的独立证实。在数学中，真理的标准是证明。数学证明可以非常漂亮，也可以非常难看。这让数学家的假说和行为都与艺术家类似。

证明的目的是对于"是什么"的理解。对数学家来说，仅知道某事是对或错还远远不够，他们还需要知道"为什么"。令人惊奇的是，修补技术和艺术奇迹般地转化为了巨大的生产力。那有没有一种可能，也将包括数学在内的基础学科的相关领域通过以不牺牲其领域本身学术发展为代价用以反哺城市发展？这是未来城市创新亟须思考的问

题。数学是一个整体，其所有领域都互相提供创意，除此之外，各领域间的转化和应用也会在一定的积累后形成质的飞跃。

以深圳的数学发展为例，珠三角地区以其商业上的成功而闻名。然而，未来的城市创新与可持续发展可能越来越依赖于基础学科教育。

深圳，更广泛地说，珠三角地区和粤港澳大湾区，需要一流的大学，特别是各个层次的一流基础学科教育，这一目标只能通过合作的方式来实现，如大学与高中合作，甚至在理想的情况下，大学也可以与科技公司合作。每年广东优秀的高中毕业生大都会选择清华大学、北京大学、中国科技大学、复旦大学，还有一些人去了国外的顶尖大学。他们确实在做对自己和未来职业有好处的事，这并不是在抱怨。任何人都该钦佩这些大学为城市和社会发展做出的巨大贡献，并给予它们应有的评价。如同参与比赛的时间太晚了，这就是为什么我们必须付出更多的努力，投入更多的资源，才能进入顶级联赛。举例而言，20世纪初的加州大学正是如此。当发现基础教育成为城市发展的短板后，加州政府动用了加州所有的经济力量，建立了加州大学，并吸引了斯坦福大学、加州理工学院等顶尖私立大学加入。如今的加州大学才能得以跻身世界顶尖大学的榜首，反之再看看加州的 GDP 构成，最主要的占比都来源于高科技企业，这同样要归功于加州顶尖的大学。总的来说，伟大的城市需要一流的大学。

三、城市的创新发展必须彻底重新思考与科技的所有关系

——欧盟委员会高级专家马克·卢克斯·吉西

科技的力量不再仅是城市创新发展的助推器。城市与科技的融合需要一种新形态，其核心是科技创新对城市带来的影响。目前，我们已经看到了这种趋势在美国和欧洲兴起。在中国，由于人口规模、区域发展差异大，以及对科技创新的重视程度不够等因素，一些发达城市也面临着发展空间受限、社会治理结构失衡、产业结构趋同、生活成本高等问题。在新一轮全球大科技革命中，中国处于后发地位，正经历着从"跟跑"到"并跑"再到"领跑"的转变，中国未来如何通过对城市发展规律的把握，以产业发展、科技转化为牵引推进创新驱动成为当务之急。具体而言，我们必须规范城市对技术的使用，但这还不够，必须更深入地改变范式，改变我们的思维方式，改变我们的行为方式，包括政治、伦理、性别，以及精神层面的改变。我想把这种新范式称为"跨现代性"，这与"超人类主义"正好相反。"跨现代性"的原则是一种软硬兼得的技术手段。也就是说，城市的发展需要一种新的创新文明，需要建立一个新的全球积极范式。

在每个国家都有大量公民在默默工作，在农业、建筑、教育、医疗、商业、性别平等和精神等方面进行创新。这些无声的扎根是创新文明和全球范式发展的新种子，不论是数量还是强度都在每日剧增。这些无声的种子将以一种不同的方式发生作用，让我们生活的城市发生改变。在过去的一个世纪里，在许多地方，创新已经从科学和工程领域延伸到了城市生活的方方面面。但对于大多数人来说，创新仅是所生活的世界里一些最简单和最容易理解的事情。城市中居民对创新的普遍认识，以及技术发展过程中对社会

产生深远影响的技术进步和变化近乎一无所知,这是一种普遍存在但又无比重要的现象。我们已经看到,技术革命和创新发展在全球范围内发生得如此之快,但如果不了解这些发展是如何发生及怎样影响人类生活的,那么人类创新活动中最重要也是最有意义的影响就会被无限度衰减。

因此,城市的科技创新发展必须彻底重新思考与科技的所有关系。如果说工业时代是科技创新主导的时代,那么,21世纪则是以技术创新和知识变革为核心的新一轮的科技革命和产业变革的时代。技术创新将占据重要地位,同时将改变城市间乃至国家间的竞争格局。

四、在处理城市发展未来时,必须把重点放在民生福祉的优先事项上

——世界银行全球ICT业务负责人兰迪普·苏丹

城市发展规划建设中的优先事项与民生福祉之间存在密切关系。规划建设城市时应该充分考虑和探索民生福祉优先排序的实现途径与实现方式。当今世界,我们正在目睹周围越来越多的不确定性和动荡,城市未来发展的不确定性指数也呈持续上升趋势。随着气候变化、能源冲突、社会裂痕和全球性流行病肆虐,不确定性水平还将继续增长。在这种背景下,我们需要系统地研究影响未来的趋势和因素,为当前城市发展的路径提供信息。在一个变得越来越复杂和不确定的世界中,对于未来的思考可以帮助我们做出更好的决策。在处理城市发展未来时,我们必须把重点放在少数几个优先事项上,使得城市的发展成果更多地惠及全体居民,让每个人都能共享发展的成果。

举例而言,著名的美国铝业公司(Alcoa)董事长兼首席执行官保罗·奥尼尔(Paul O'Neill)就用一个单一的指标——零工伤扭转了公司。这是一个引人入胜的故事。零工伤确保工人和管理人员意见一致,单一的关注改善了机械的维护,提高了生产力。为报告工伤而建立的信息系统改造了查询管理信息系统,使其更加现代化。美国铝业公司的市值在1987—1999年增长了9倍。在现代城市发展中,政府零工伤的现象有利于实现零失业的理想目标。如果不关注教育、医疗保健行业,以及将创新成果惠及所有人,零失业就无法实现。换句话说,如果不建立具有针对性的全国技能和能力清单,就无法彻底解决失业问题。这种清单将涉及数字认证的新方法。

鉴于城市发展规模化的重要性,专注于快速培训的沉浸式技术的规模化和创新升级将不可避免。因此,我们需要启动数字孪生计划,以确保劳动力的快速重组。在虚拟现实和增强现实的帮助下,数字品牌和数字证书将使我们能够汇集真正充满活力的城市发展源头之水。为了实现这一愿景,城市的创新发展必须以人为中心进行规划,这也要求城市决策者需要设计更加稳定、公平和富有同情心的社会发展机制。

总的来说,我认为每个人都应该过上有尊严和充实的生活,也许约翰·列侬的歌曲《想象》会在这样的世界里成为现实。

附 录

附录1 指标解释及数据来源

1. 居民中大专以上学历人数比重

居民中大专以上学历人数比重指该城市拥有大专以上学历人数在6岁以上居民中所占的比重。

$$居民中大专以上学历人口比重 = \frac{本专科学历人数 + 研究生学历人数}{6岁以上居民数} \times 100\%。$$

资料来源：各省最新人口普查资料。

2. 万名从业人员中科学技术人员数

从业人员期末人数指报告期末最后一日24时在各级国家机关、党政机关、社会团体及企业、事业单位工作，并取得工资或其他形式劳动报酬的人员数。

年平均从业人员数指本年度从业人员期末人数与上一年度从业人员期末人数的平均值。

科学技术人员指调查单位内部从事科学研究、技术服务和地质勘查3类活动的人员，包括直接参加上述3类项目活动的人员及这3类项目的管理人员和直接服务人员。

$$万名从业人员中科学技术人员数 = \frac{科学技术人员数}{年平均从业人员数} \times 10\,000。$$

资料来源：国家统计局《中国城市统计年鉴》。

3. 地方财政科技投入占地方财政支出比重

地方财政科学技术支出指地方财政预算内安排的用于科学技术方面的支出，包括科学技术管理事务、基础研究、应用研究、技术研究与开发、科技条件与服务、社会科学、科学技术普及、科技交流与合作等。

地方公共财政支出包括一般公共服务、国防、公共安全、教育、科学技术、文化体育与传媒、社会保障就业、医疗卫生、环境保护、城乡社区事务、农林水事务、交通运输等方面的支出。

$$地方财政科技投入占地方财政支出比重 = \frac{地方财政科学技术支出}{地方公共财政支出} \times 100\%。$$

资料来源：国家统计局《中国城市统计年鉴》。

4. R&D 投入强度

R&D 经费投入指在科学技术领域为增加知识总量（包括人类文化和社会知识的总量），以及运用这些知识去创造新的应用而进行的系统创造性活动的经费支出，包括基础研究、应用研究、试验发展 3 类活动。

$$R\&D投入强度 = \frac{R\&D经费投入}{地区生产总值} \times 100\%。$$

资料来源：国家统计局《中国城市统计年鉴》。

5. 每万人吸引外商投资额

当年实际使用外商投资金额指批准的合同外资金额的实际执行数、外国投资者根据批准外商投资企业的合同（章程）的规定实际缴付的出资额和企业投资总额内外国投资者以自己的境外自有资金实际直接向企业提供的贷款。

$$每万人吸引外商投资额 = \frac{全市当年实际使用外商投资金额}{常住人口} \times 10\,000。$$

资料来源：国家统计局《中国城市统计年鉴》。

6. 平均融资披露金额

平均融资披露金额指单个城市年度公开披露融资金额的最低估值。

资料来源：企查查数据库。

7. 人均教育经费

人均教育经费指城市财政支出中的教育经费与常住人口之比。

$$人均教育经费支出 = \frac{财政支出中的教育经费}{常住人口}。$$

资料来源：国家统计局《中国城市统计年鉴》。

8. 互联网宽带接入用户数

互联网宽带接入用户数指城市当年累积的宽带开通户数。

资料来源：国家统计局《中国城市统计年鉴》。

9. 孵化器数量

孵化器是一种新型的社会经济组织，其职能主要是通过提供研发、生产、经营的场地，通信、网络与办公等方面的共享设施，系统的培训与咨询，政策、融资、法律和市场推广等方面的支持，降低创业企业的创业风险和创业成本，提高企业的成活率和成功率。众创空间是通过市场化机制、专业化服务和资本化途径构建的低成本、便利化、全要素、开放式的新型创业公共服务平台的统称。

资料来源：科技部火炬中心。

10. 在孵企业数

在孵企业指进驻上述孵化器和众创空间中的企业。
资料来源：科技部火炬中心。

11. 创业板上市和新三板、科创板挂牌企业数

创业板又称二板市场，是专为暂时无法在主板上市的创业型企业、中小企业和高科技企业提供融资途径和成长空间的证券交易市场。中国创业板的市场代码以 300 开头。新三板市场原指中关村科技园区非上市股份有限公司进入代办股份系统进行转让试点，因挂牌企业均为高科技企业而不同于原转让系统内的退市企业及原 STAQ、NET 系统挂牌公司，故称为新三板。2013 年 12 月 31 日起，股转系统面向全国接收企业挂牌申请。
资料来源：万得信息 Wind 数据库。

12. A 股上市企业数

A 股，即人民币普通股票，是由中国境内注册公司发行，在境内上市，以人民币标明面值，供境内机构、组织或个人以人民币认购和交易的普通股股票。
资料来源：万得信息 Wind 数据库。

13. 每万人专利申请量

专利申请量是国内外知识产权行政部门受理申请专利件数。

$$每万人专利申请量 = \frac{专利申请量}{常住人口} \times 10\,000。$$

资料来源：国家统计局《中国城市统计年鉴》。

14. 每万人发明专利授权量

发明专利授权量指经国内外知识产权行政部门授权且在有效期内的发明专利件数。

$$每万人发明专利授权量 = \frac{发明专利授权量}{常住人口} \times 10\,000。$$

资料来源：企查查数据库。

15. 地均 GDP

地区生产总值指按市场价格计算的一个地区所有常住单位在一定时期内生产活动的最终成果。
行政区域土地面积指辖区内全部陆地面积和水域面积，包括耕地、荒山、荒地、山林、草原、滩涂、道路和建筑物占地等陆地面积，以及河流、湖泊、水库等水域面积。

$$\text{地均 GDP} = \frac{\text{地区生产总值}}{\text{行政区域土地面积}}$$

资料来源：国家统计局《中国城市统计年鉴》。

16. 城镇居民人均可支配收入

城镇居民人均可支配收入指反映居民家庭全部现金收入中能用于安排家庭日常生活的收入，是家庭总收入扣除交纳的所得税、个人交纳的社会保障费及调查户的记账补贴后的收入。

$$\frac{\text{城镇居民人均}}{\text{可支配收入}} = \frac{\text{城镇居民可支配收入}}{\text{城镇居民人口}} = \frac{\text{家庭总收入-交纳个人所得税-个人交纳的社会保障支出-记账补贴}}{\text{城镇居民人口}}$$

资料来源：国家统计局《中国城市统计年鉴》。

17. PM2.5 年均浓度

PM2.5 指大气中直径≤2.5 微米的颗粒物，也称可入肺颗粒物。PM2.5 年均浓度指全年的 PM2.5 平均浓度值。

资料来源：国家统计局《中国城市统计年鉴》。

18. 万元地区生产总值能耗

万元地区生产总值能耗指一定时期内该地区每万元地区生产总值所消耗的能源量，本报告以全社会用电量代表能耗，全社会用电量及地区生产总值均为市辖区数据。

$$\text{万元地区生产总值能耗} = \frac{\text{全社会用电量}}{\text{地区生产总值}}$$

资料来源：国家统计局《中国城市统计年鉴》。

19. 国家技术转移示范机构数

技术转移机构指为实现和加速技术转移过程提供各类服务的机构，包括技术经纪机构、技术集成与经营机构及技术投融资服务机构等，但单纯提供信息、法律、咨询、金融等服务的机构除外。国家技术转移示范机构指为推进全国技术转移一体化建设，根据《国家技术转移促进行动实施方案》和《国家技术转移示范机构管理办法》，经国务院有关部门，各省、自治区、直辖市、计划单列市科技厅（委、局）推荐和专家评议后，由科技部确定并实行动态管理的技术转移机构。

资料来源：科技部《全国技术市场统计年度报告》。

20. 中国大学 ESI 高被引论文数

基本科学指标数据库 ESI（Essential Science Indicators）是目前国际上衡量科学研究绩效、跟踪科学发展趋势的基本分析评价工具，共分 22 个学科领域。高被引论文是根据 ESI 统计被引频次排在相应学科领域前 1% 的论文，即在同年度同学科领域中被引频次排名位于全球前 1% 的论文，是衡量科研成果影响力的重要指标之一。

资料来源：科睿唯安基本科学指标数据库 ESI。

21. 科技创新型企业规模

科技创新型企业指利用科学技术创新产品或提供服务的企业，其拥有高投入、高风险、高回报等特点。本研究中科技创新型企业规模数量统计口径采用的是高新技术企业与"专精特新"企业规模数量的合集。

资料来源：企查查数据库。

附录2 评价方法

课题组选择多级综合方法，将各项反映城市科技创新发展基本特征的指标转化为综合反映城市科技创新发展水平的总指数，具体包括以下几个步骤。

一、原始数据的标准化

城市科技创新发展指数属于多指标综合评价，为消除评价中计量单位的差异和指标值在数量级上的差别，保证各个具有不同量纲的指标能够进行有效合成，在采集指标的原始数据以后，需要对指标原始值进行无量纲化处理，以解决指标的可综合性问题。本报告中采用直线型无量纲化方法，这一类型的方法有多种，包括标准化法、指数法、阈值法等，此处采用阈值法。在21个三级指标中，有19个指标与城市科技创新发展呈正相关性，即正向指标，有2个指标为逆向指标。正向指标与逆向指标分别采取不同的无量纲化处理方法，具体如下。

如果指标是正向指标，即指标值越大，越有利于城市科技创新发展，计算公式为：

$$X_i = \frac{x_i - x_{\min}}{x_{\max} - x_{\min}}。 \tag{1}$$

若指标属于逆向指标，即指标值越大，越不利于城市科技创新发展，计算公式为：

$$X_i = \frac{x_{\max} - x_i}{x_{\max} - x_{\min}}。 \tag{2}$$

式中，X_i 为转换后的值，$x_{\max}$ 为样本最大值，$x_{\min}$ 为样本最小值，x_i 为指标原始值。所有指标经过无量纲化处理后，指标值均分布在 [0, 1]，1为最高水平。

二、加权综合

对经过无量纲化处理的各项指标进行加权合成，即得到上一级指标的综合得分。指标合成的关键在于指标权重的确定。由于在研究设计指标体系时已假定三级指标同等重要，因此，本研究采用三级指标等权重方法，二级指标的权重为各自包含三级指标个数在对应一级指标包含三级指标的总个数中所占比重，一级指标的权重为各自包含的三级指标权重之和，加权综合后最终得出城市科技创新发展指数。

三、指标分析

根据指标体系，城市科技创新发展指数包括总指数和各分项指数。具体地，城市科技创新发展指数为总指数，下设创新资源、创新环境、创新服务和创新绩效等一级分项指数，以及创新人才、研发经费、政策环境、信息环境、创业服务、金融服务、科技产出、经济发展、绿色发展、辐射引领等10个二级分项指数，城市的总指数及各级分项指数排名不同，分别反映各城市科技创新发展的总体水平和结构状况。

后 记

当前，我国全面建成小康社会，实现第一个百年奋斗目标，开启实现第二个百年奋斗目标新征程，创新俨然被摆在了国家发展全局的核心位置。城市作为国家全局发展的主要空间载体，无论从任何一个维度上讲，都必须将创新作为第一动力。《中国城市科技创新发展报告》自2017年开始研究并每年发布，报告编制的初衷是希望通过思想和观点的碰撞，持续探索并总结城市迈向创新驱动发展过程中的经验和不足，进而为城市科技创新提供决策参考。经过多年的坚持，报告获得了社会各界的广泛关注，并荣获光明日报智库研究成果一等奖等荣誉。

为了更好地探索和研究城市创新这一重要议题，《中国城市科技创新发展报告2022》汇聚了更加庞大的专家力量，不仅依据"中国城市科技创新发展指数指标体系"对288个地级及以上城市的科技创新水平进行评估，全貌展示中国城市科技创新总体态势和特征，还通过专题形式，进一步丰富了城市创新理论，补充了不同城市的创新实践与案例。

本报告是由首都科技发展战略研究院、中国社会科学院城市与竞争力研究中心和北京师范大学创新发展研究院联合支持的重要成果，得到了全国各地多个专题研究小组的大力支持。

感谢来自科技部、国务院发展研究中心、国家统计局、中国科学技术发展战略研究院、中国科学技术指标研究会、国家信息中心、中国社会科学院城市与竞争力研究中心、中央社会主义学院、京津冀国家技术创新中心、北京化工大学、北京市科学技术委员会、北京市科学技术研究院、北京市经济信息中心、北京市农村经济研究中心、国家能源集团、深圳市南山区人民政府、珠海市民营经济发展研究院、企查查科技有限公司、科学技术文献出版社等机构的专家的指导和帮助！

《中国城市科技创新发展报告》是一个开放性平台，我们希望通过本报告为中国城市创新驱动发展献言献策。此外，本报告数据众多，体量庞大，难免有不足和不妥之处，敬请各位读者不吝赐教，批评指正。

创新不可能一蹴而就，需要久久为功，付出长期艰苦努力，我们欢迎关注城市创新的有识之士共同参与，以科技创新助力城市高质量发展。